および本書の構成の関係

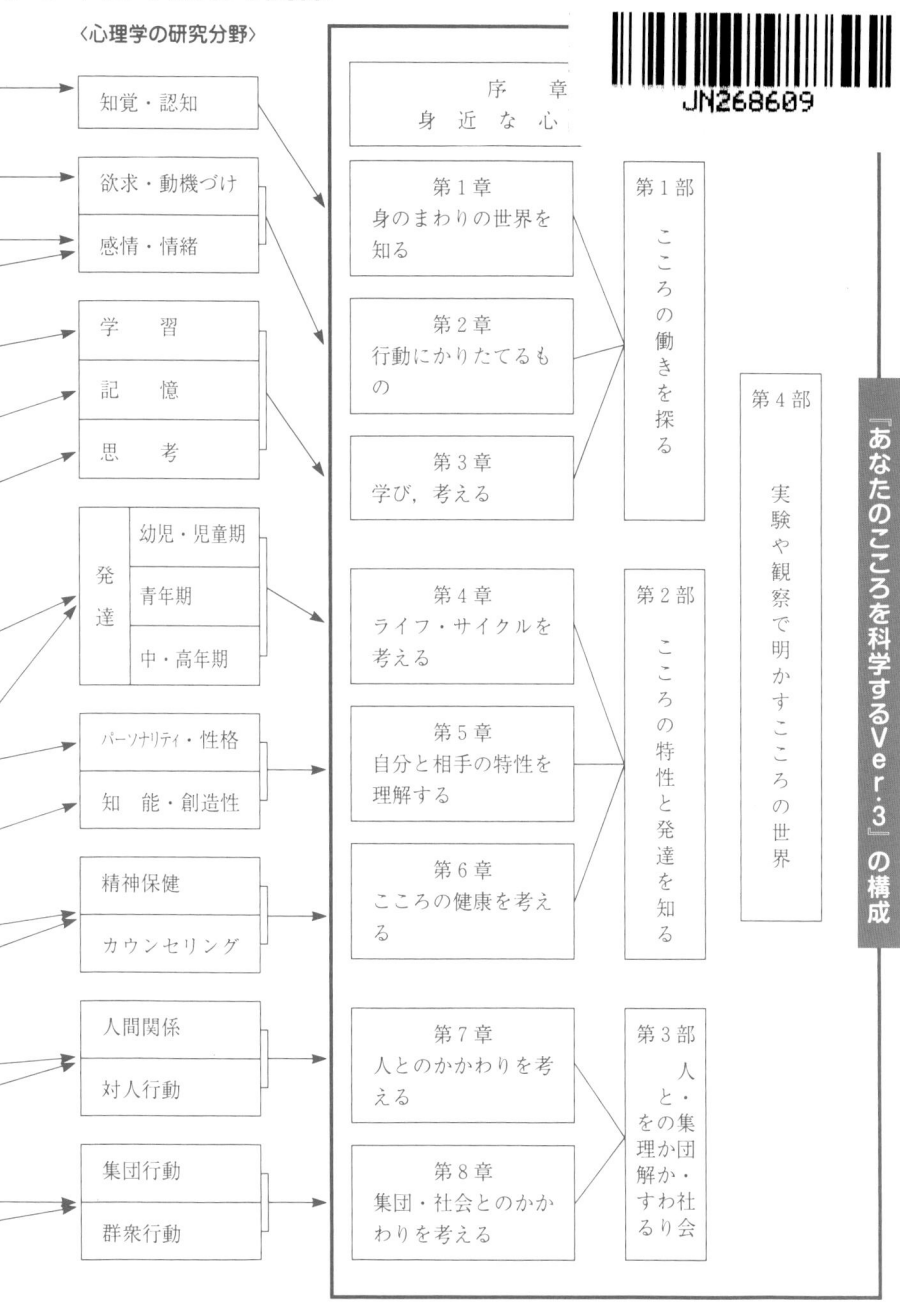

〈心理学の研究分野〉

研究分野	章	部	
知覚・認知	序章 身近なこ…		
欲求・動機づけ / 感情・情緒	第1章 身のまわりの世界を知る	第1部 こころの働きを探る	
学習 / 記憶 / 思考	第2章 行動にかりたてるもの		
	第3章 学び，考える		
発達（幼児・児童期／青年期／中・高年期）	第4章 ライフ・サイクルを考える	第2部 こころの特性と発達を知る	第4部 実験や観察で明かすこころの世界
パーソナリティ・性格 / 知能・創造性	第5章 自分と相手の特性を理解する		
精神保健 / カウンセリング	第6章 こころの健康を考える		
人間関係 / 対人行動	第7章 人とのかかわりを考える	第3部 人と人・集団・社会とのかかわりから理解する	
集団行動 / 群衆行動	第8章 集団・社会とのかかわりを考える		

『あなたのこころを科学するVer.3』の構成

あなたのこころを科学する Ver.3

編著
古城和敬
上野德美
高山智行
山本義史

著
加來秀俊
古川雅文
高尾兼利
有馬比呂志
林 智一

北大路書房

はじめに

　本書の初版が刊行されて10年が経過しました。その間に，改訂版（Ver.2）を世に問い，そして今回，Ver.3 を刊行するにいたりました。このように息の長い書としてあるのもひとえに，読者の皆さんのご支援によるものと感謝しています。

　1997年の Ver.2 の刊行に際して，いじめ・不登校，阪神・淡路大震災の被災者への心理的な支援など，当時の社会問題への心理学の果たす役割について触れました。その後も，日本や世界でさまざまなことがありました。日本の学校教育では，不登校の生徒が依然増加し続け，その対策として心理カウンセラー（臨床心理士など）が配置されるようになりました。日本人の自殺や，親による虐待，そして社会的ひきこもりなども増加しています。この間の日本の社会問題は，その多くがこころの健康の問題とつながっているように思います。

　世界に目を向けると，人々を震撼させた2001年9月11日の米国同時多発テロ事件とそれによって派生した軍事的，政治的な出来事がまず思い浮かびます。少し専門的になりますが，アメリカの心理学会（APA）の2002年総会では，「9/11テロリズム」を冠したシンポジウムや学会発表があり，こうした問題への心理学の貢献やかかわり方が議論されました。ほほえましいところで，2002年ノーベル賞の日本人ダブル受賞は記憶に新しいと思いますが，その年のノーベル経済学賞は，心理学の理論と技法を取り入れて経済現象の説明を試みたアメリカの心理学者と経済学者の2人が共同で受賞しました。

　これから心理学を学ぶ皆さんも，わたしたちの日々の小さな営みから日本や世界の大きな出来事までこうして見渡す時，心理学がそれらと深いかかわりをもっていることにある程度気づくのではないでしょうか。心理学はわたしたちの日常生活に定着し，しかも深刻な社会問題の解決にも寄与する学問であることを改めてここで述べておきたいと思います。

　本書は初版の企画以来，心理学の入門書として，①専門用語を多用せず，必

要最小限の知識をわかりやすく紹介する，②日常生活で経験する身近な例を引き合いに出して説明する，③各章間の関連性を重視し，知識の体系的な習得をめざす，④各章末にキーワードや課題，参考図書欄を設け，内容理解の定着化と深化を図る，⑤実験・実習資料集を活用して，読者が"自分"を発見し，他者をよりよく理解する機会を提供する，などのさまざまな工夫をしてきたつもりです。

そして，今回の改訂では，こうした基本理念のもとで，心理学の基礎知識が過不足なくコンパクトに盛り込まれているかを再度チェックし，冗長な記述は削除し，新たに必要と認められる事項を加えました。また，読者の"自分探し"をもっとサポートし，こころの働きの不思議さ・おもしろさを体験してもらうために，第4部Ⅱの心理学実験・実習の資料集をいっそう充実させることにも努めました。

わたしたちの意図が本書を通じて読者の皆さんに伝わるかどうかは，読者の皆さんの判断を待ちたいと思います。忌憚のないご意見，ご批判をお寄せ下さい。

Ver.2 の段階で本文をかなりコンパクトにしたので，今回，執筆者はさらなる凝縮にたいへん苦労したことと思います。この場を借りてご協力に感謝いたします。

この Ver.3 の企画は，もう2年前からあり，早々に執筆者全員による編集会議も開きましたが，編者の1人が長期の海外出張をするなどもあって，またまた遅い出版になってしまいました。この Ver.3 の出版をご快諾いただいた北大路書房小森公明社長，そしてわたしたちの遅稿をあたたかく，忍耐強く待っていただいた編集部の奥野浩之氏に記して深い謝意を表します。

2003年3月

編　者　古城和敬
　　　　上野德美
　　　　髙山智行
　　　　山本義史

目　次

はじめに

序　章　身近な心理学——心理学の概念と課題——………………………1
　§1　心理学とは何か　*1*
　　　1．あなたの中にある"素朴な心理学"／2．行動の科学としての心理学
　§2　心理学の課題と研究領域　*4*
　　　1．心理学を学ぶ意義／2．心理学の領域——本書との関連で

第1部　こころの働きを探る
——見えない世界の心理学的法則——

第1章　身のまわりの世界を知る——知覚の働きとその特性——……………10
　§1　知覚とは　*10*
　　　1．知覚的世界の特性／2．知覚的世界と物理的世界／3．感覚，知覚，認知
　§2　見えているものはまとまりをもつ——知覚の統合性　*16*
　　　1．対象としてのまとまりの成立／2．その他の時間的・空間的統合
　§3　ものは見えるようにしか見えない——知覚的特徴と物理的特徴の不一致　*23*
　　　1．錯覚／2．知覚的恒常性
　§4　ものはそれだけでは見えない——知覚の枠組み　*25*
　　　1．空間的枠組み／2．概念的枠組み／3．知覚に及ぼす情動・欲求の効果

第2章　行動にかりたてるもの——欲求・動機と情緒の世界—— … *30*

§1　行動にかりたてる力　*30*
1．欲求と動機づけ／2．動機づけの過程

§2　さまざまな動機の特徴　*32*
1．動機を分類すると／2．一次的動機／3．二次的動機／4．内発的動機／5．欲求の階層構造

§3　欲求不満（フラストレーション）　*39*
1．欲求不満（フラストレーション）／2．欲求不満耐性／3．葛藤

§4　感情・情緒とは　*43*
1．"情"を表すことば／2．情緒の種類／3．情緒の発達

§5　情緒と行動　*47*
1．情緒と身体・生理的変化／2．情緒と行動

§6　情緒の理論　*49*
1．ジェームズ＝ランゲ説／2．キャノン＝バード説／3．情緒の認知説

第3章　学び，考える——学習・記憶・思考のプロセス—— … *53*

§1　学習とは　*53*

§2　学習を成立させる方法　*55*
1．条件づけ／2．社会的学習

§3　学習結果をどのように保存するか——記憶の過程　*60*
1．記憶のモデル／2．記憶の枠組み／3．記憶を促進させる方法／4．忘却

§4　思考の働き　*67*
1．思考とは／2．問題解決

第2部　こころの特性と発達を知る
―― パーソナリティの発達と病理 ――

第4章　ライフ・サイクルを考える ―― こころの生涯発達 ―― ……………72

§1　生まれる前の赤ちゃん ―― 胎児期　*72*
　1．医療の発達／2．心身の機能

§2　生まれてすぐの赤ちゃん ―― 新生児期　*73*
　1．原始行動／2．母性

§3　微笑みや「マンマ」が言えるまで ―― 乳児期　*75*
　1．母子相互作用／2．認知発達

§4　遊びの中で育つ子どもたち ―― 幼児期　*78*
　1．社会性の発達／2．認知発達

§5　学び合う子どもたち ―― 児童期　*80*
　1．社会性の発達／2．認知発達

§6　青年期 ―― 自分らしさの確立に向けて　*81*
　1．変化するからだ・こころ・人とのかかわり／2．アイデンティティ ―― 自分らしさの確立／3．青年から成人へ ―― 親密性　対　孤立

§7　中・高年期 ―― 人生の午後を生きる　*85*
　1．中年期の変化とアイデンティティ／2．世話すること・はぐくむこと ―― 世代性　対　自己陶酔／3．高齢期の多様性とエイジズム／4．人生のしめくくり ―― 自我の統合性　対　絶望／5．ライフ・サイクルという視点 ―― 完結性と連続性

第5章．自分と相手の特性を理解する ―― 性格と知能の科学 ―― ………………92

§1　性格について　*92*
　1．人さまざま／2．性格をどう考えるか ―― 性格の理論から／3．性格をどうとらえるか ―― 性格検査

§2　性格は変えられるか ―― 性格形成の要因と改変の可能性　*99*
　1．性格の発達的変化／2．文化と性格／3．性格は変えられるか

§3　知能について　*102*

1．かしこさとは／2．かしこさを測る——知能検査／3．知能検査による知能の発達曲線

§4　創造性について　**105**

1．創造的思考／2．創造的思考の過程／3．創造性の内容と創造性検査

第6章　こころの健康を考える——青年期の精神保健—— ……………**110**

§1　青年期とこころの健康　**110**

1．ある青年の断片／2．現代の青年期

§2　こころの健康のしくみ　**114**

1．こころの健康の基本／2．こころの健康のしくみ

§3　こころの病の成り立ち　**121**

1．こころの病の具体像とその意味／2．こころの病の意味／3．こころの病の成り立ち

§4　青年期の精神保健　**127**

1．こころの病に陥らないために／2．こころの病に深入りしないために

第3部　人・集団・社会とのかかわりを理解する
——社会的行動の科学——

第7章　人とのかかわりを考える——対人行動の心理—— ……………**134**

§1　他者の理解と判断　**134**

1．対人認知とは／2．他者のパーソナリティの認知／3．対人関係の認知

§2　他者に示す自己　**138**

1．自己開示——こころを開く／2．自己呈示——自分を演出する

§3　他者に示す表情やしぐさ　**142**

1．コミュニケーションにおける表情やしぐさの役割／2．顔の表情と視線／3．身体動作と姿勢

§4　他者への働きかけ　*145*
　　1．コミュニケーションと説得／2．要請技法と承諾
§5　他者への援助と攻撃　*150*
　　1．他者への援助／2．他者への攻撃

第8章　集団・社会とのかかわりを考える──集団行動の心理──……*156*
§1　集団行動の特徴　*156*
　　1．リーダーとメンバー──リーダーシップの機能／2．集団思考と集団決定／3．社会的促進と社会的手抜き
§2　集団のまとまりと規範　*163*
　　1．集団のまとまり──集団凝集性と集団モラール／2．集団規範と同調
§3　群衆行動の心理　*165*
　　1．うわさ（流言）とパニック／2．ファッション（流行）の心理
§4　現代社会に生きる青年たち　*170*
　　1．孤独感／2．ソーシャル・サポート

第4部　実験や観察で明かすこころの世界
──心理学の研究法と実験・実習の資料集──

Ⅰ　心理学の研究法 ……………………………………………*178*
　1　実証性を重視する心理学　*178*
　2　心理学のさまざまな研究法　*179*
Ⅱ　心理学実験・実習の資料集 …………………………………*186*
　1　盲点の観察　*190*
　2　幾何学的錯視──調整法によるミュラー・リアー錯視の測定　*192*
　3　独自性欲求尺度　*196*
　4　気分調査票　*199*
　5　理性感情行動療法　*202*
　6　記憶を促進するスキーマ　*204*

7　理解と記憶　**205**
8　一般性セルフ・エフィカシー（自己効力感）尺度　**207**
9　幼児の思考特徴――数の保存の実験　**210**
10　子どもの遊び　**212**
11　ジェンダー・パーソナリティ・スケール　**214**
12　自分史によるライフ・レビュー　**218**
13　加齢に関するクイズ（FAQ）　**221**
14　「自立・依存」測定尺度　**223**
15　大学生活適応感尺度　**227**
16　恥と自己愛に関する質問表　**231**
17　自己モニタリング尺度（SMS）　**234**
18　感情的コミュニケーション検査（ACT）　**238**
19　集団決定の効果の測定（NASA 課題）　**241**
20　ソーシャル・サポートの測定（SSQ 9）　**245**

引用・参考文献　**248**
事項索引　**253**
人名索引　**259**

【編集部注記】
ここ数年において，「被験者」（subject）という呼称は，実験を行なう者と実験をされる者とが対等でない等の誤解を招くことから，「実験参加者」（participant）へと変更する流れになってきていますが，執筆当時の表記のままとしています。文中に出現する「被験者」は「実験参加者」と読み替えていただきたいと思います。

コラム

① 物理的世界と知覚的世界　　　　　　　　　　　*14*
② 奥行き知覚の手がかり　　　　　　　　　　　　*21*
③ ごほうびは意欲を高めるか？　　　　　　　　　*40*
④ うそ発見器　　　　　　　　　　　　　　　　　*48*
⑤ 丸い形は愛される——ベビー図式　　　　　　　*76*
⑥ エリクソンのライフ・サイクル論　　　　　　　*84*
⑦ ポックリ寺の帰り道——ポックリ願望と個人の尊厳　*87*
⑧ 昔から現代まで，人はタイプ分けを好む　　　　*95*
⑨ こころの中に住む親，大人，子ども——交流分析理論　*98*
⑩ ホンネとタテマエ　　　　　　　　　　　　　　*116*
⑪ 秘密の意義　　　　　　　　　　　　　　　　　*126*
⑫ カウンセラーと「寅さん」　　　　　　　　　　*129*
⑬ マインド・コントロール——巧妙な精神操作の手口　*149*
⑭ あなたは傍観者，それとも勇気ある援助者？　　*153*
⑮ あなたはどの席に座りますか？　　　　　　　　*159*
⑯ あなたは"ノー"と言えますか？——権威への服従　*166*
⑰ 豊川信用金庫の取りつけ騒ぎ　　　　　　　　　*169*
⑱ 日本人らしさってなに？——日本人の国民性　　*173*

序　章

身近な心理学

―― 心理学の概念と課題 ――

　心理学は"こころ"の科学である，と言われています。しかし，少し漠然としすぎています。本書の冒頭にあたり，まず，心理学とは何かということを，"こころ"をどうとらえるかという問題とともに明らかにしておく必要があります。ここではあなたの日常生活の事例を引き合いに出しながら，こうした問題を考察していきます。その上で，心理学の意義や研究領域を簡潔に紹介します。この序章を通じて，心理学があなたにとって身近な学問であることを理解してほしいと思います。

§1　心理学とは何か

1. あなたの中にある"素朴な心理学"

　心理学のイメージを，高校を卒業したばかりの人たちに尋ねてみたことがあります。予想どおり，彼らが心理学について抱いているイメージは非常に多様でしたが，「人のこころを読み取る」「こころの中をのぞく」といった読心術であるかのようなイメージをもっている人も少なくありませんでした。こうした回答がまったく見当はずれであるとは言い切れませんが，どうも心理学に対してはさまざまな誤解があるようです。

　心理学についての誤解の背景には，"こころ"というものが神秘的で不可解であるといった考えや構えがあり，また，そのために，心理学が自分とは無縁の，

近寄りがたいものという意識にもつながっているようです。

　心理学はあなたと無関係のものではありません。日頃のあなた自身が心理学の実践者であり，研究者であると言うべきほどに身近な学問なのです。

　あなたが初対面の人と会った時のことを想定してみましょう。あなたは，その人と対面しあいさつを交わしただけで，その人がどんな性格の持ち主かといったことを判断しようとするはずです。あいさつをする前に，相手を見ただけでも例えば「この人は太っているから，温厚な性格だろう」といった判断を下したりします。そうした総合判断は，その人に対する日常の接し方の枠組みとなり，実際にあなたはその枠組みに沿ってその人と接し始めることでしょう。これは，あなたの中に人間観についての"あなたの心理学"があって，それがあなたなりに"実践"されていることを示しています。

　つまり，あなたは，あなたなりに**主観的な経験として蓄積してきた"素朴な心理学"をもち，それを実践している**わけです。その意味で，あなたは"素朴な心理学者"なのです。

　もちろん，あなたの"素朴な心理学"の対象は，上の例の人間観に限られるものではありません。あなたは，通学・通勤の電車の中で毎日どのあたりに座りますか。その時すでに乗車していた他の乗客がどこに座っているかを考え合わせると，習慣化されたあなたの行動は，実はあなたなりの一定のルールに従った合理的な行動としてとらえ直すことができるかもしれません。考えたり記憶することも，そして"もの"を見る，聴くといった，ふだんあたりまえのこととして繰り返している活動さえ，同じことが言えそうです。

　このように考えると，あなたの日常の行動のすべてが，あなたの"素朴な心理学"のシステムに基づいて実践されていると言えます。

2. 行動の科学としての心理学

　あなたの"素朴な心理学"は，あなたの主観的経験の蓄積によって獲得されたものですから，その実践のあり方もあなたにだけ特有に認められるかといえば，そうとも限りません。他の人にも共通に認められることが少なくないと思われます。

　科学としての心理学は，そうしたあなたなりの主観的な心理学や何気なくあたりまえのことのように獲得されている経験を，第4部Ⅰで述べるような客観的方法を用いて，あなただけでなく他の人にもあてはまる**行動の法則**として整理し体系化したものです。行動の法則というのは，**どのような条件（原因）の時にどのような行動（結果）が生じるか**という，行動の因果関係を表します。

　レヴィンは，これを $B=f(P, E)$ という式で表しています。Bは行動，Pは個人（生活体），Eは環境，そしてfは関数を意味しています。行動は個人と環境の関数である，つまり，**行動はその人の置かれた環境や状況とその人の内部の状態の関係によって決定される**というわけです。その人の内部の状態には，欲求や感情・情緒などをはじめ，パーソナリティや性格，価値観などの個人的な特徴も含まれます。したがって，この式は，○○タイプの性格とか××傾向が強い（または弱い）といったさまざまな個人差が環境との相互作用を通じて異なる行動を引き起こすという意味も含んでいます。

　ところで，ここでいう行動とは，外から観察可能なものだけを指すのではなく，意識や考えたり記憶したりするような直接には目に見えない内部の活動（これを**心的活動**と呼んでおきます）を含みます。むしろ，後者の方が大きなウェイトを占めます。

　したがって，「心理学が"こころ"の科学である」という時の**"こころ"は，心的活動を含む行動の過程の総体の意味でとらえられる**のです。

　心理学は，生活体の行動（心的活動）が生起したり，終止する時のPとEの関係を詳しく検討し，そこに存在する法則を見い出そうとする学問なのです。これは，けっしてあなたの"素朴な心理学"から遠く離れたものではなく，一人ひとりの"素朴な心理学"を基盤に置いて確立されたものです。ですから，心理学はあなたを見つめ，あなたを語り，あなたのニーズを満たす身近な学問なのです。

§2　心理学の課題と研究領域

1. 心理学を学ぶ意義

　心理学が客観性を備えた科学としての地位を確立したのは，19世紀の半ば以後と考えられています。したがって，まだ百数十年しか経っていません。「心理学の過去は長いが，歴史は浅い」と言われるのはそのためです。

　科学の目的は，記述，予測，および制御であると言われています。現代の心理学が科学である以上，これらの目的をもち合わせていることは当然です。こうした観点から心理学の意義を集約すると，第1に，どのような条件の時にどのような行動が生じるか（行動の法則）を明らかにすることで**自分と他者をよりよく理解する**こと，第2は，そうした心理学的知見に基づいて人間行動を予測し，また制御することで**人間生活の向上を図る**ということです。

　しかし，心理学をこれから学ぶあなたにとっては，こうした心理学の意義ははるか遠くの目標のことのように感じられるかもしれません。わたしたちはそれで構わないと考えています。あなたは心理学を学ぶにつれて，少しずつ自分や他者のこころあるいは行動を科学的に，分析的に見つめる態度を形成させていくはずです。わたしたちは，こうした態度こそ何よりも大切であると考えています。

　こころあるいは行動を科学的，分析的にとらえる態度は，あなた自身や友人の行動について，複雑さを許容した上で，よりよく理解することにつながるのです。実験的な検証を経て定着した心理学的知見に対しても「わたしだったら，どんな行動をとるだろうか」「別の条件が加わったら，どんな結果が得られるか」といった一歩踏み込んだ問題意識に発展させるでしょう。これは，あなたが"素朴な心理学"を科学としての心理学に再構造化するプロセスでもあるのです。あなたが心理学を学ぶ意義とわたしたちが望むゴールは，まさにこの点にあると言ってよいと思います。

2. 心理学の領域——本書との関連で

　心理学は，人間のあらゆる行動を対象としています。あなたの意識的な行動も，そしてあなたが何気なく気づかずにとっている行動もすべて対象となります。あなたの日常の行動のすべてが対象なのです。あなたとは縁遠いことかもしれませんが，最近よく耳にする株価とか円相場のような経済現象でさえ，投資家の微妙な心理を反映した結果であり，心理学の対象となり得るのです。ですから，心理学は非常に広範囲な研究領域をもつことになります。

　したがって，発達心理学，学習心理学，人格心理学，臨床心理学といったさまざまな研究部門に分化して，研究が進められています。本書でも，大まかにはこうした分類法に沿って構成されています。

　次のページの図は，日常生活の中であなたがとっているふだんの行動がどのようなものか，それらが心理学の研究分野のどれに該当するか，そして，それらが本書のどこで主に言及されているかを，図式化したものです。心理学の学問体系を大まかに理解しようとする時にも役立つと思います。

　この図の説明として，あなたが「大勢の人と一緒に行動する」時を考えてみましょう。あなたには，サークルやクラス，職場の仲間といった"こころ"の拠り所となる集団がいくつかあるはずです。そこにいるとほっとする安心感があり，みんなで取り組むと一人の時より仕事がはかどったりもします。しかし，その反面，"赤信号，みんなで渡れば恐くない"のように，一人の時にはとらない危険な行動をとったり，ミーティングなどで「皆と違う意見をもっていても，皆に合わせてしまう」同調行動をとることも多いと思われます。このように見ると，集団や社会は，あなたの行動にさまざまな影響を及ぼしていることがわかります。こうしたあなたの集団行動が，本書の第8章「集団・社会とのかかわりを考える」で詳しく考察されるのです。

　この図を参考にして，あなたが最も興味ある章から読み始めて下さい。ただし，それぞれの章は，あなたの行動をそれぞれ別の視点から考察しています。異なる章で取り扱われる行動や特性の間に密接な関連があることを忘れないで下さい。全体的視野と相互の影響性や関連性を踏まえて，人間行動を見つめる姿勢が必要です。

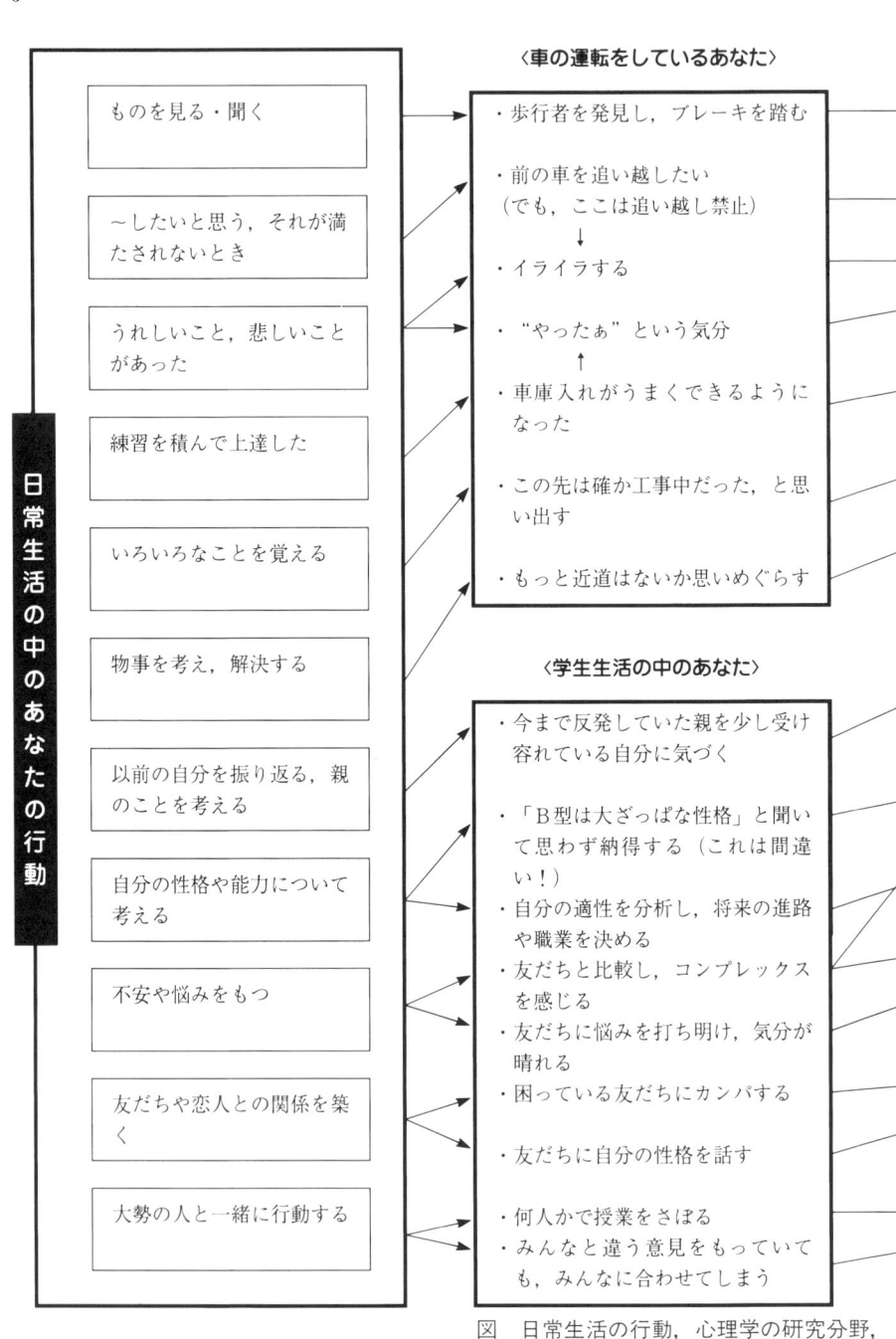

日常生活の中のあなたの行動		〈車の運転をしているあなた〉
	ものを見る・聞く	・歩行者を発見し，ブレーキを踏む
	〜したいと思う，それが満たされないとき	・前の車を追い越したい（でも，ここは追い越し禁止）↓・イライラする
	うれしいこと，悲しいことがあった	・"やったぁ"という気分↑
	練習を積んで上達した	・車庫入れがうまくできるようになった
	いろいろなことを覚える	・この先は確か工事中だった，と思い出す
	物事を考え，解決する	・もっと近道はないか思いめぐらす

〈学生生活の中のあなた〉

- 以前の自分を振り返る，親のことを考える
- 自分の性格や能力について考える
- 不安や悩みをもつ
- 友だちや恋人との関係を築く
- 大勢の人と一緒に行動する

・今まで反発していた親を少し受け容れている自分に気づく

・「B型は大ざっぱな性格」と聞いて思わず納得する（これは間違い！）

・自分の適性を分析し，将来の進路や職業を決める

・友だちと比較し，コンプレックスを感じる

・友だちに悩みを打ち明け，気分が晴れる

・困っている友だちにカンパする

・友だちに自分の性格を話す

・何人かで授業をさぼる

・みんなと違う意見をもっていても，みんなに合わせてしまう

図　日常生活の行動，心理学の研究分野，

序章　身近な心理学

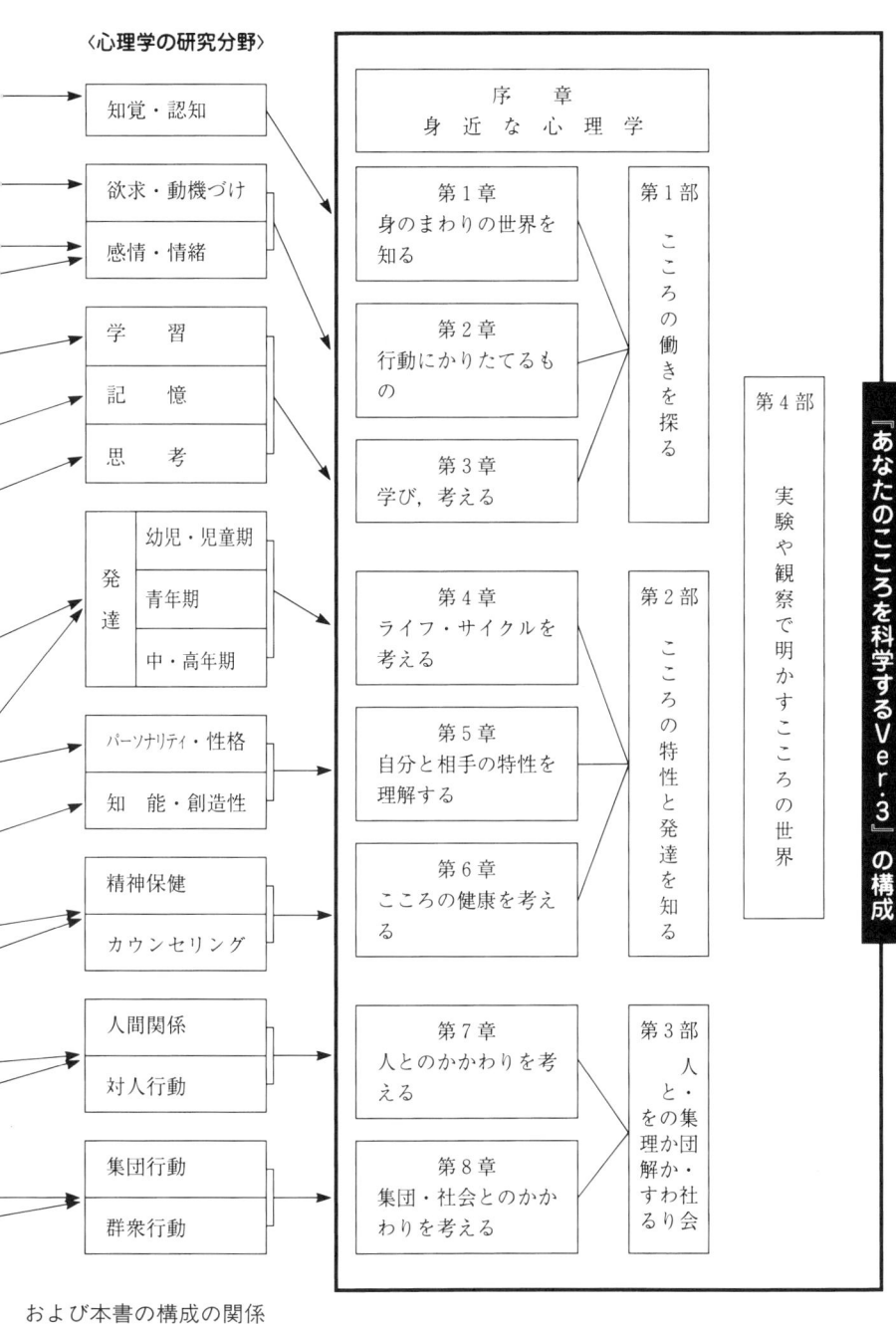

〈心理学の研究分野〉

```
知覚・認知 ──→ ┐
欲求・動機づけ ─┐│
感情・情緒 ───┘├→ 序章 身近な心理学
学習      │
記憶      ├→ 第1章 身のまわりの世界を知る  ┐
思考      │                              │
            │  第2章 行動にかりたてるもの   ├ 第1部 こころの働きを探る
発達 ┬幼児・児童期│                        │
    ├青年期   ├→ 第3章 学び，考える      ┘
    └中・高年期│
パーソナリティ・性格┐  第4章 ライフ・サイクルを考える ┐
知能・創造性    ├→ 第5章 自分と相手の特性を理解する ├ 第2部 こころの特性と発達を知る
精神保健      │  第6章 こころの健康を考える      ┘
カウンセリング  ┘
人間関係    ┐   第7章 人とのかかわりを考える   ┐ 第3部 人とのかかわり・集団や社会の理解
対人行動    ├→                             ├
集団行動    │   第8章 集団・社会とのかかわりを考える┘
群衆行動    ┘
```

第4部　実験や観察で明かすこころの世界

『あなたのこころを科学するVer.3』の構成

および本書の構成の関係

○参考図書

東　洋・大山　正・詫摩武俊・藤永　保（編）　1970　心理学の基礎知識　有斐閣
原岡一馬・河合伊六・黒田輝彦（編）　1979　心理学－人間行動の科学　ナカニシヤ出版
丸野俊一・針塚　進・宮崎清孝・坂元　章　1994　ベーシック現代心理学1　心理学の世界　有斐閣
大山　正・詫摩武俊・金城辰夫（編）　1971　心理学を学ぶ　有斐閣
末永俊郎（編）　1971　講座心理学1　歴史と動向　東京大学出版会
高木貞二（編）　1961　心理学　東京大学出版会

○キーワード

心理学の意義　　こころと行動　　行動の科学　　行動の法則　　$B=f(P, E)$
心理学の領域

○課　題

1. 本章を読む前と読んだ後で心理学のイメージはどのように変わりましたか。心理学とは何かを自分のことばで表現してみて下さい。
2. こころのとらえ方はさまざまな変遷をたどってきました。その歴史は，心理学の歴史そのものです。心理学史を少し調べてみましょう。
3. 心理学の成果があなたの身のまわりのどのようなことに活かされているか，活かすことができるかを考えながら，あとの章に進んで下さい。

第 1 部

こころの働きを探る
―― 見えない世界の心理学的法則 ――

第1章

身のまわりの世界を知る

――知覚の働きとその特性――

　わたしたちが生活していく上で,身のまわりのようすを見たり聞いたりすることや,自分自身の身体の調子を感じたりすることはきわめて重要なことです。わたしたちを取りまく世界を環境と呼ぶなら,わたしたちは環境(の変化)を知り,それに応じて適切な行動(これを適応行動と呼びます)をとることで日々の生活を営んでいると言えます。「知覚」はこれを可能にするこころの働きです。もちろん,ことば,文字,ジェスチャーなどを用いたコミュニケーションができるのも「知覚」の働きのおかげです。わたしたちは,知覚の働きを通して成り立っている世界,つまりこころの世界の中で生活しているのです。

§1　知覚とは

　知覚の働きを通して成立している世界を知覚的世界と呼ぶことにしましょう。知覚的世界は,物理学に代表される自然科学がとらえ法則化しようとする物質の世界(物理的世界)とは異なる法則で秩序づけられています。

1. 知覚的世界の特性

(1)　知覚の外在性

　ものは,わたしたちの体の外の空間のある場所に位置しているように知覚されます。しかし,生理学では,知覚的世界の成立が脳の働きによるものと教えています。脳は頭蓋の中にあり,その意味では,知覚的世界は頭蓋の中にある

ことになります。なぜそれが体の外に広がっているように知覚されるのでしょうか（→コラム①）。

（2） 知覚の統合性

ものは，他のものから区別されて，あるまとまりをもった対象として知覚されます。例えば，図1-1(a)は重なり合った2つの円に見え，向かい合った三日月形（図1-1(b)）とか，レンズとひょうたん形（図1-1(c)）のようには見えません。なぜなのでしょうか（→§2）。

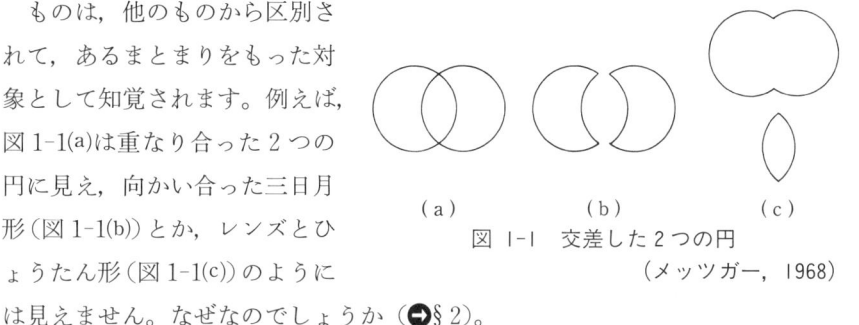

図 1-1　交差した2つの円
（メッツガー，1968）

（3） 知覚的特徴と物理的特徴の不一致

知覚されたものの特徴と，そのものの物理的な特徴とは必ずしも一致しません。**錯覚**と**知覚的恒常性**がその代表例です。ここでは図1-2に錯覚の一例をあげておきます。この図には同心円が描かれていますが，そのように見えるでしょうか（→§3）。

（4） 知覚の選択性

図 1-2　フレーザー図形

わたしたちは身のまわりにあるものすべてを常に明瞭に意識しているわけではありません。あるものは細部にわたってはっきりと知覚していますが，それ以外のものはかなりあいまいです。例えば，この部分を読んでいる時，読み進んでいる部分の文字ははっきりと見えているでしょうが，2～3行離れた所の文字や，この行の端の文字でさえそれが何であるかはほとんどわからないでしょう。このように同時に存在する，いくつかの意識可能な（知覚，記憶，思考などの）対象のうちの1つかその一部に焦点を合わせ，それを明瞭にとらえている状態，あるいは明瞭にとらえようとする働きを**注意**と言います。注意を向けられていないものは，多くの場合「見ていても見えておらず，聞いていても聞こえていない」のです。ただし，注意は常に意識的に方向づけられるわけではありません。意識的意図的に方向づけられる

注意を**随意的注意（意図的注意）**と言いますが，特に意識しなくても対象に注意が向かうこともあり，そのような注意を**不随意的注意（自発的注意）**と呼びます。

（5） 知覚の文脈（枠組み）依存性

対象や出来事の知覚は，多くの場合，それ自身（にかかわる情報）が与えられただけでは成立しません。例えば，図1-2の錯覚の図には，同心円の背景に中心に向かう渦巻きのパターンが描かれていました。錯覚が現れる当該部分のまわりに必ず別の図が文脈として存在しているのです（➡§4）。

2．知覚的世界と物理的世界

知覚的世界がこころの世界であるからといって，物理的世界とまったく無関係にあるわけではありません。当然両者を結びつける仕組みがあるはずです（この仕組みや関係を研究する学問分野を「**精神物理学（心理物理学）**」と呼ぶことがあります）。少なくとも，わたしたちが身のまわりの世界について知るためには，物理的世界のようすを知らせてくれる情報と，その情報を受け取る仕組みが必要です。前者の情報を伝えるものが**刺激**，後者の仕組みの身体的側面が感覚器官とその中にある**受容器**です（ちなみに，コラム①からもわかるように，刺激も感覚受容器も物理的世界に所属します）。

（1） 刺激と感覚受容器

刺激とは，人間や動物など生物に作用して感覚・知覚（両者の区別については後で述べます）といった何らかの意識的体験を引き起こす可能性のある物理的・化学的エネルギーのことです。例えば，ある範囲の電磁波は光の感覚を，空気振動は音の感覚を，化学物質は味や臭いの感覚を引き起こします。感覚を引き起こす最小限の物理的・化学的エネルギーの値を**刺激閾**（あるいは**絶対閾**），それ以上値を大きくしても感覚の大きさが変化しなかったり痛みなど別の感覚を引き起こすエネルギーの値を**刺激頂**と言います。

感覚受容器は，目や耳などの感覚器官の中にあって，与えられた物理的・化学的エネルギーを神経興奮としての電気的信号に変換する神経組織のことです。特定の受容器の神経興奮は特定の感覚の生起とほぼ対応しています（表1-1）。

また基本的には，特定の受容器は特定の種類の刺激に対して神経興奮を生じ

表 1-1　感覚の種類（金城，1990）

感覚名		様相（モダリティ）	適刺激	受容器
視		明るさ 色	電磁波の可視光線部	眼球底網膜の錐体と桿体
聴		音	音振動	内耳蝸牛内基底膜の有毛細胞
嗅		匂い	揮発性物質	鼻腔内上部の嗅細胞
味		味	水溶性物質	舌味蕾中の味細胞
体性	皮膚	触(圧)	触感，圧感	圧力	皮膚下の各種触圧細胞・小体
		温	温かさ，熱さ	電磁波の熱線部あるいは温度刺激	皮膚下のルフィニ小体
		冷	冷たさ		皮膚下のクルーズ小体
		痛	痛み	強度の各刺激 侵害刺激	皮膚下の自由神経終末など
	深部	筋運動 (自己受容)	(緊張感) (弛緩感)	張力	筋・腱用の受容器
		平衡	(緊張感) (目まい)	加速度	内耳前庭器官の受容器
		内臓	(緊張感) (痛み)	圧力・張力・その他	各種内臓に付着する受容器

やすい構造となっています。受容器の神経興奮を優先的に引き起こす刺激をその受容器の**適刺激**，そうでない刺激を**不適刺激**と呼びます。ただし，例えば，柱に頭をぶつけて「目から火が出た」というように，不適刺激であってもその受容器での神経興奮を引き起こすことができれば，受容器に応じた感覚が生起することもあります。

（2）遠刺激と近刺激

つきつめれば，感覚や知覚といった意識的体験は，身のまわりに何らかの事物・出来事がなくても，受容器に適切な神経興奮が引き起こされれば，成立することになります。**仮想現実感（バーチャル・リアリティ）** の仕組みはこの原理に基づいています。さらに，最近では，目の感覚受容器から神経連絡のある大脳皮質領域に強い磁気を当てることで，光の感覚が生じる，ということも知られています。つまり，感覚や知覚が成立する条件は，厳密に言えば，感覚受容器およびそれ以後の神経系の活動です。

しかし，感覚受容器での神経興奮を引き起こす主要な原因は，そこに物理的・化学的エネルギーが到達することであり，通常，そのエネルギーは直接的にも

コラム①

物理的世界と知覚的世界

　あなたは，自分の日常生活が，知覚的世界と物理的世界の区別とはまったく無関係に進行していると思うでしょう。そもそも，そのような区別自体まったくむだであるように思われるかもしれません。それではなぜ，あえてこのような区別をする必要があるのでしょうか。メッツガーによる図①-1を参考にしながら，物理学と生理学の知識を借りて，わたしたちが目の前にある事物，例えばリンゴの存在を知る過程を考えてみましょう。

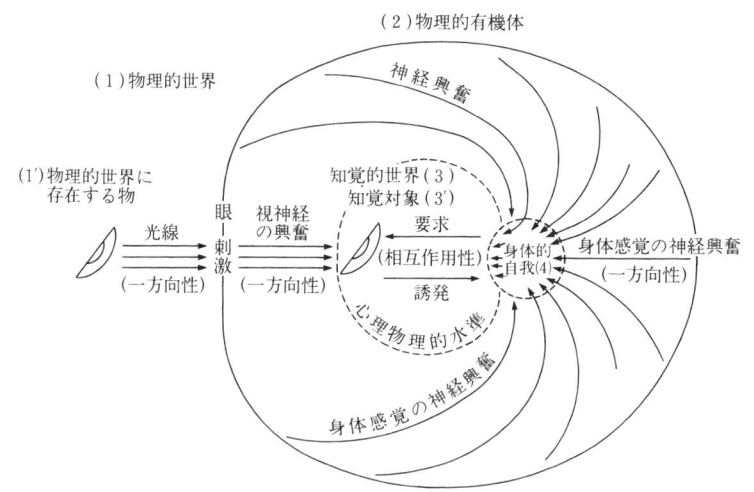

図 ①-1　物理的世界と知覚的世界との従属関係
（メッツガー，1997；鷲見，1970より一部改変）

A．知覚成立の物理的・生理学的過程

　物理的世界(1)の中にあるリンゴ(1′)は，それ自体としては光（光を感じるのは意識的体験ですので，正確には，物理的エネルギーである電磁波です）を発していません。したがって，同じ物理的世界(1)の中にある太陽とか電灯などの光源から発した光が，リンゴ(1′)に反射して，その反射光の一部が物理的有機体(2)であるわたしたちの目に到達し，目の網膜に投射されます。その光は網膜の受容器での神経的興奮を引き起こし，その興奮が視神経路を通って，大脳皮質の視覚中枢に伝達されます（➡第2章図2-2）。そして，さらにその興奮が記憶などにかかわる他の皮質部位にも伝搬され，さまざまな生理的過程が経過する全体的な皮質過程の中で，目の前にある対象がリンゴである，という知覚が成立してきます（知覚的世界(3)と知覚対象(3′)）。

　この事情は，触覚や手足の運動から生じる身体感覚受容器の神経的興奮を通して知覚される自らの身体についても同様です（身体的自我(4)，これは，意図，感情，要求などをもったあらゆる行動の主体としての自我とも考えられます）。

B．心理物理的水準における対応

ここで注意すべきことは，光に関する物理的過程にせよ，網膜から視覚中枢へそしてさらに大脳で進行する生理的過程にせよ，これらの記述は，いずれも結局は物理的法則に従う，物理的世界の中での出来事だということです。それらは，わたしたちが目の前にリンゴを見ている，という意識体験そのものではありません。生理的過程はあくまでも物質的な過程であり，それだからこそ，物理的世界と知覚的世界とは別個の現実として区別しなければならないのです。

わたしたちにできることは，せいぜい，リンゴを見ているという意識体験に直接対応した生理的過程が，大脳の中のどこかで生じているはずだ，ということを仮定することだけです。図①-1で心理物理的水準と名づけられた領域も，あくまで知覚的な意識体験と直接対応づけることができると**仮定された**大脳の生理的過程を表しているにすぎません。したがって，心理物理的水準として点線で囲まれた領域内のあらゆる項目は，正確には，「……に対応する生理的過程」とされるべきものです。

残念ながら現在の生理学的知識は，この完全な対応づけという理想からはほど遠いところにあります。**神経心理学**と呼ばれる分野において，大脳の特定部位の活動と心理的機能との関係が精力的に研究されていますが，それでもせいぜい大ざっぱな対応づけにすぎません。他方，そのような完全な対応づけができたとしても，わたしたちの意識体験がはたして説明されたことになるのか，という疑問は依然として残ることでしょう。その意味でも，物理的世界と知覚的世界との区別は必要です。

C．知覚に影響を及ぼす主体的要因

図①-1の中の心理物理的水準に現れる身体的自我と知覚対象との関係は，知覚的世界のさまざまな特性を考える上で重要です。例えば，注意を向ければ，ある限界内で，以前見えなかったものが見えるようになることがあります。つまり，物理的世界の中の事物の特性は変化していないのに，わたしたちの側の要求，期待，注意などに応じて，事物の特性が変化したかのように知覚されます。しかし，念力のようにまだ物理学的に確認されていないような働きを認めない限り，わたしたちが直接身体的に接触せずに，物理的世界の中の事物に対して何らかの影響を及ぼすことなどできないはずです。このようなことが起こるのは，**知覚的世界の中に現れている対象と自我**との間の（したがって，心理物理的水準でのそれらに対応した生理的過程の間の）相互作用のためなのです。

D．開かれた世界としての知覚的世界

ところで，これまでの話から，知覚的世界が閉じられた世界であるかのような印象を抱かれたかもしれませんが，それは正しくありません。わたしたちは，身のまわりのようすを知るだけではなく，それに働きかけ，さらにその結果がどうなったかをも知覚しています。例えば，わたしたちは，眼の前に置かれたリンゴをただ眺めているだけではなく，それがおいしそうであれば，手にとって口に運び，食べます。そしてその結果，眼の前にもはやリンゴはなくなります。つまり，知覚的世界の中での食べるという行為は，それと同時に，物理的有機体の大脳の運動中枢，運動神経，運動器官（例えば，手とか口）を経て，物理的世界の中での出来事となり，その行為の経過と結果は，物理的有機体の感覚器官，感覚神経，大脳の感覚中枢を経て，知覚的世界に反映されるのです。したがって，その意味では，知覚的世界は，知覚と行為を通して物理的世界と相互交流する開かれた世界なのです。

間接的にも知覚される対象からやってくる，ということも事実です．その意味では，刺激は3つの段階で定義することができると言えるでしょう．感覚受容器での神経興奮を**近刺激**，その神経興奮を引き起こす適刺激がやってくる事物を**遠刺激**として区別することもあります．このような区別は，§3で解説する「錯覚」と「知覚的恒常性」を定義し理解する上で重要です．

3. 感覚，知覚，認知

知覚とは，身のまわりの事物，出来事，あるいは身体の状態を知るこころの働きです．それはまた，知覚により生じた意識体験も意味し，さらにその意識体験は，質的内容に応じて，感覚，知覚，認知と区別されることがあります．

一般に，**感覚**とは，特定の刺激と感覚受容器との関係から生じるような意識体験，つまり，事前の刺激に直接規定される知覚的体験を言います．例えば，沸騰しているやかんに触れても，お灸（きゅう）をすえられても，同じように「熱い」と感じます．熱刺激が何であろうと，その刺激が皮膚下の熱受容器に作用すれば，この「熱い」という感覚が生じます．

他方，より具体的で，まとまりをもった対象や出来事についての意識体験が，一般に**知覚**と呼ばれています．例えば，「熱いのはやかんだった」という時，熱さとか，やかんの形とかが1つの具体的な「やかん」という対象にまとまって，意識体験としてとらえられるような場合です．ただ，この場合，必ずしもその対象が「やかん」という名前であることを知らなくても構いません．

事物の名前や意味の認識まで生じるような，つまり過去経験の記憶や知識をともなう知覚的な意識体験は，**認知**と呼ばれています（ただし，より広い意味で認知という場合には，第3章で述べられる学習，記憶，思考，あるいは言語などのこころの働きも含みます）．

§2 見えているものはまとまりをもつ
——知覚の統合性

あなたのまわりにあるものをよく観察してみましょう．そうすると，それぞ

れは色，形，大きさ，音，におい，肌触り，その他さまざまな特徴をもっていることに気づきます。しかも，それらは時とともに微妙に変化しているかもしれません。しかし，ふだん，あなたは，そういった個々の特徴に注意を払うでしょうか。特別に何かの特徴に注意を向けているのでなければ，通常は，あるまとまりをもった具体的な対象を知覚しているはずです。とすると，そのように対象をまとめ，他の対象から区別するこころの働きがあるはずです。

1．対象としてのまとまりの成立

目に見える範囲（視野）の中に何もなく，その中が等質的で一様に照明されている時，霧に包まれたような，距離感のはっきりしない，やわらかな印象の空間しか見えないそうです。これを**全体野**あるいは**等質視野**と呼びます。

この全体野の中で，何かが知覚されるためには，周囲と異なる領域が必要です。そして，いったん異なる領域が生じると，わたしたちはこの領域と，その周囲とをそれぞれ異なる性質をもつものととらえます。

（1） 図と地の分化

図1-3は，あなたにはどのように見えるでしょうか。黒い背景の中に白い杯か壺の形を見るかもしれませんし，白い背景に黒い顔形のシルエットが向き合っているのを見るかもしれません。ただ，白い杯と黒い顔が同時に見えることだけはないはずです。

視野が異質な領域に分かれる時，ある領域は周囲から分離してまとまり，形として浮き出して見えますが，他の領域は背景として，

図 1-3　ルビンの杯

形の背後に広がるように見えます。前者を**図**，後者を**地**と呼びます。「図と地の分化は，知覚の基本的な事象で，"もの"が知覚されるということは，それが図として，周囲の地から分化すること」（野口，1976）にほかなりません。

図と地の分化に関して，一般に，閉じた領域（図1-3の白い領域），相対的に小さい領域（図1-4(a)），空間の主軸（垂直，水平）方向に広がる領域（図1-4(b)），内側にあって囲まれた領域（図1-4(c)），あるいは対称的であったり，均整

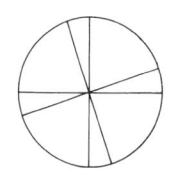

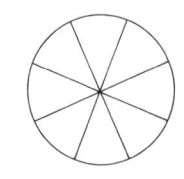

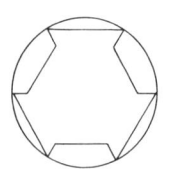

(a) 小さい領域　　(b) 空間の主軸方向に広がる領域　　(c) 内側の領域　　(d) 対称な領域

図 1-4　図と地の分化を規定する要因（野口，1976）

のとれている領域（図 1-4(d)）が図になりやすいとされています。

(2) 図の群化

視野の中にいくつかの図が成立するとき，通常，これらの図の間にはある秩序をもったまとまりが生じてきます。これを**群化**あるいは**体制化**と言います。

しかし，もっと重要なことは，図 1-1 に示したように群化において，いくつかの可能なまとまり方の中から特定のまとまり方が優先的に選択される，ということです。

それでは，なぜ特定のまとまり方が優先されるのでしょうか。群化を規定する要因（**群化の要因**）には，次のものがあります。

① **近接の要因**　　距離の近いもの同士まとまって見えます（図 1-5(a)）。
② **類同の要因**　　類似の性質のものがまとまって見えます（図 1-5(b)）。
③ **閉合の要因**　　閉じた領域を作るものがまとまって見えます。図 1-5(c) 1 は 2 のようにはまとまりません。
④ **良い連続の要因**　　良い連続あるいは滑らかな経過を示すものはまとまって見えます。図 1-5(d) は，閉合の要因によると 8 つの閉じた部分にまとまりそうですが，連続した波形をなす三角形と矩形にまとまります。
⑤ **良い形の要因**　　単純な，規則的な，あるいは対称的な，つまり良い形となるものがまとまって見えます（図 1-5(e)）。
⑥ **共通運命の要因**　　ともに動くもの，変化するもの，逆に移動している周囲の中で静止しているもの，つまり運命をともにするものは，まとまって見えます。図 1-5(f) 1 は，近接の要因で 3 つずつのまとまりを作り

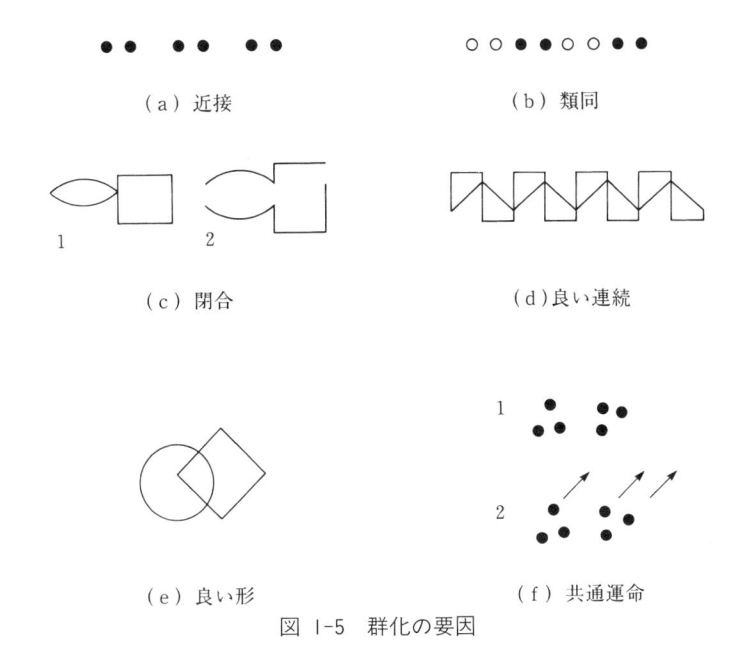

第1章 身のまわりの世界を知る　**19**

```
●●  ●●  ●●        ○○●●○●○●
 （a）近接           （b）類同
```

```
（c）閉合           （d）良い連続
```

```
（e）良い形         （f）共通運命
```

図 I-5　群化の要因

ますが,（f)2の矢印が示すように上の3つが同時に移動し始めると,それらと下の静止している3つとがそれぞれまとまりを作るようになります。

　他にもいくつかの要因がありますが,原則は「最も簡潔なまとまり方をする見え方が優先する」ということです。なお,これらの要因によって,視野(あるいは知覚的世界)全体として,最も簡潔で,秩序あるまとまりを形成しようとする傾向があることを,**プレグナンツの原理**と呼んでいます。

2. その他の時間的・空間的統合

　刺激を時間的・空間的に統合して秩序ある知覚的世界を形成することは,知覚の基本的な働きです。さらに,いくつか例を見ていくことにしましょう。

（1）仮現運動

　踏切の信号機や道路工事の現場にある赤い警告灯のように,2つの光点をその位置を変えずに交互に点滅させると,まるで1つの光点が往復運動している

ように見えることがあります。つまり，空間の異なる位置で継時的に与えられた2つの刺激が，1つの対象の移動としてまとまって知覚されるのです。このように2つ以上の対象が実際には移動しておらず継時的に点滅を繰り返す時，1つの対象が移動しているかのように知覚されることを**仮現運動**と呼んでいます。仮現運動は映画の原理です。

（2） 両眼立体視と両耳聴

わたしたちがそれぞれ一対の眼と耳をもっていることは，空間内の対象の位置や方向の知覚にとってきわめて重要です（●コラム②）。

例えば，わたしたちの眼は約6〜7cm左右に離れていますので，空間のある点に両眼の焦点を合わせる時，そこから隔たった位置にある事物から網膜に投影される像（**網膜像**，すなわち近刺激）は，図1-6のように，左右の眼でわずかに異なっているはずです（これを**網膜非対応**と言います）。

また，聴覚において，正面から水平方向にずれた音源からの音は，左右の耳に時間的にずれて，異なる強さで到達します。つまり，音源が右にずれていれば，右耳には，左耳より早く，強い音が到達することになります。

しかし，いずれの場合も，わたしたちは，二重写しの対象や二重の音ではなく，空間の中のある距離，ある方向に位置づけられ，統合された対象を見，音を聞いているのです。

とすると，このようなずれをもつ刺激対を左右の眼あるいは左右の耳に分離して与えてやれば，逆に，立体空間を再現できることになるでしょう。実体鏡や，ステレオ録音，バイノーラル録音などは，その例です。図1-7の中央に衝立をたて，左右の眼がそれぞれの側の図形だけ見えるようにして，2つの像を融合させてみましょう。何が見えるでしょうか。

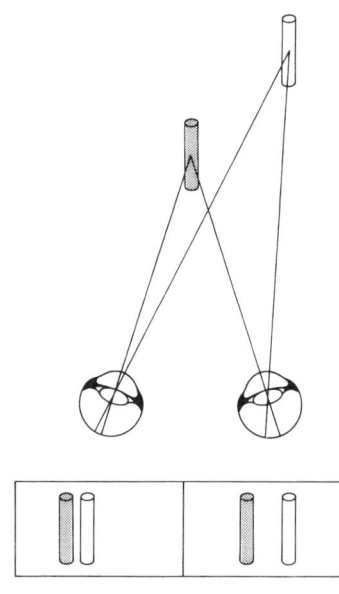

（a）左眼での見え（b）右眼での見え
図 1-6 網膜非対応
(Coren et al., 1979)

コラム②

奥行き知覚の手がかり

　距離の相対的な遠近をとらえることを**奥行き知覚**と言い，それを可能にする情報を奥行き知覚の手がかりと言います。奥行き知覚の手がかりには，わたしたちの身体に生まれつき備わっている機能に基づく生理的手がかりと，わたしたちが成長発達する中で獲得してきた経験的手がかり（心理的手がかり）があります。

1．生理的手がかり

（1）　**眼球調節**　図②-1に眼球の模式図を示します。水晶体は遠くを見る時薄く，近くを見る時厚くなります。網膜に焦点が合うようにするためです。この調節がうまくいかないのが近視や遠視です。

（2）　**輻輳**　近くのものを両眼で見る時，黒目の部分が内側に寄ってきますし，遠くのものを見る時は黒目の間隔が広がります。注視している対象を網膜の中心領域（中心窩近傍）に結像させるためです。

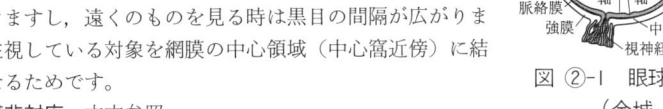

（3）　**網膜非対応**　本文参照。

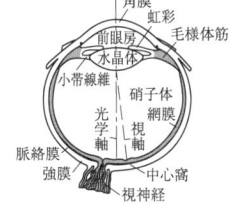

図 ②-1　眼球の構造
（金城，1990）

2．経験的手がかり

（1）　**相対的大きさ**　同じ大きさの対象であっても，その対象までの距離が大きくなれば，相対的に小さく見えます（図②-2の1）。

（2）　**線遠近法**　物理的には平行関係にある対象であっても，遠方に行くほど両者の間隔が狭まって1点に収束していくように見えます（図②-2の2）。

（3）　**重なり合い**　手前にある対象は，その後ろにある対象の見えを一部妨げます（図②-2の3）。

（4）　**きめの勾配**　近くにある砂利や草木は大きく間隔もまばらに見えますが，遠方になるほど小さく密に見えるようになります（図②-2の4）。

（5）　**陰影**　上方から光が当たることを前提とすれば，下側に陰がある時にはふくらみに，上側に陰がある時にはへこみに見えます。

（6）　**大気遠近法**　近くにある対象の色や形は明瞭に見えますが，遠方の対象の色や形は不鮮明に見えます。

（7）　**運動視差，オプティカル・フロー**　対象の移動やわたしたち自身の移動にともなって，対象の側面の見え方が変化することを運動視差と言います。また，移動にともなう景色の見えの変化の仕方は，移動の仕方に特徴的です（図②-3）。

（8）　**形の複雑さ**　複雑な形状の対象はそれだけで立体感をもって見えます。

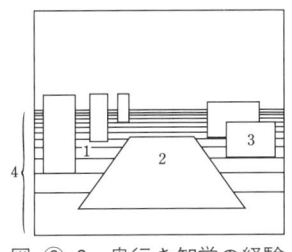

図 ②-2　奥行き知覚の経験的手がかり
（ホッホバーグ，1981）

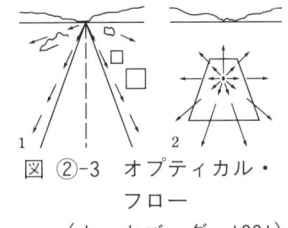

図 ②-3　オプティカル・フロー
（ホッホバーグ，1981）

図 I-7　ランダムドット・ステレオグラム

（3）　異なる感覚様相間での統合

　同じ事物からの刺激であっても，そのエネルギーの性質に応じて，異なる感覚器官・受容器に分かれて伝達されています。しかし，通常，あなたはそれら個々の感覚に気づくことはないでしょう。あなたは，それらの感覚が統合されたものとしての具体的な対象を知覚しているはずです。

　このことは逆に，異なる刺激源からの刺激が，1つの統一された対象の知覚に導くこともあることを示唆します。例えば，映画館では，スクリーンの端にスピーカーが置かれていますので，映像と音とは異なる方向からあなたに到達しているはずです。しかし，あなたは，映像の中に現れるそれぞれの人物や事物から音が出ているように知覚しているでしょう。つまり，異なる感覚様相間で統合が生じているのです。ただし，そうではあっても，それらの間には優先順位があり，わたしたち人間では，通常，視覚が優先されます。

（4）　知覚と運動の統合

　自動車の運転免許をおもちでしたら，運転の練習を始めた当初を思い出して下さい。はじめは前方のようすなどあとまわしで，位置を確かめながらブレーキやアクセルなどを操作していたのではありませんか。しかし，熟達してくると，それらを見なくても，まわりのようすに即応して運転できるようになったでしょう。知覚に導かれて，身体運動がよどみなく調和的に行われることを，**知覚―運動協応**と言います。あなたが日頃，何の苦労もなく歩いたり，階段を昇ったりできるのも，この知覚―運動協応が成立しているおかげなのです。

　ところで，眼や頭を動かして見まわしたり，あなた自身が移動している時，網膜像は大きく動揺しているはずです。しかし，あなたには身のまわりの世界は依然として静止し，安定しているように見えるでしょう。また，逆立ちする

時のように，頭や身体を傾けると，網膜像も傾くはずですが，あなたは世界の方が傾いたと知覚してはいないでしょう。前者を**位置の恒常性**，後者を**方向の恒常性**と言います。つまり，わたしたち自身の動きにともなって生じる，遠刺激に無関係な近刺激の変動は巧妙に補正されており，そのおかげでわたしたちは動揺のない世界を知覚できるのです。

§3　ものは見えるようにしか見えない
——知覚的特徴と物理的特徴の不一致

　知覚的世界の際立った特徴をとらえる手がかりは，物理的世界の事物の（物理的計測によりとらえられた）特徴とそれに対応する知覚対象の（知覚された）特徴とを比較し，両者が一致しないことを示すことです。例えば，目の前にある2本の線分の長さをものさしで測って(物理的計測)，同じ長さであることを確かめたが，それにもかかわらず，それらは同じ長さには見えない，ということになれば，物理的世界と知覚的世界が一致していないことは明らかです。

　知覚対象の特徴との比較に際して，物理的事物の特徴をどのようにとらえるかによって，錯覚と知覚的恒常性という2つの現象を見ることができます。

1．錯　　覚

　錯覚とは，知覚された対象の特徴が，物理的，客観的に計測された事物自体の特徴（遠刺激）と一致していないことを言います。

　図1-8は，**幾何学的錯視図形**と呼ばれているものです。(a)の2つの水平線分は，物理的には同じ長さですし，(b)の対になった線分は物理的にはそれぞれ直線で互いに平行です（第4部IIのミュラー・リアー錯視図形を用いて錯覚を測定してみましょう）。図1-2も代表的な幾何学的錯視図形です。

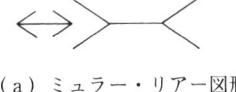

(a) ミュラー・リアー図形

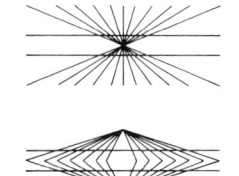

(b) ヘリング図形とウント図形

図 1-8　幾何学的錯視

図1-9は，**明るさの対比**と呼ばれているものです。内側の正方形の灰色は，物理的には4つとも同じ量の光を反射しています

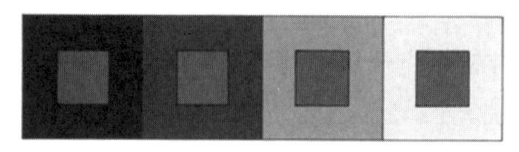

図 1-9 明るさの対比（Coren et al., 1979）

ので近刺激としての網膜上の神経的興奮もすべて等しく，したがって同じ明るさに見えるはずです。あなたにはそう見えるでしょうか。

図1-10では，上下が逆転した黒い輪郭線の三角形の上を，白い正立した三角形がおおっているように見えますが，その白い三角形を示す物理的な輪郭線はありません。物理的には輪郭線がなくても，ものの形が知覚される時，その輪郭を表す部分を**主観的輪郭線**と言います。

図 1-10 主観的輪郭線（カニッツァ，1985）

これらは見まちがいなどではありません。よほど特殊な見方をしない限り，そのようにしか見えないはずです。これらは，あなたにとって，まぎれもなく知覚的な事実なのです。

2. 知覚的恒常性

知覚的恒常性とは，錯覚とは対照的に，近刺激が変化するにもかかわらず，知覚された対象の形や大きさなどの特徴があまり変化しないかそのまま保持されていることを言います。

例えば，人が向こうから近づいてくるか，あなたがこちらから近づいていく時，網膜像の大きさは距離に反比例して徐々に大きくなるはずです（図1-11）。しかし，あなたは，実際に，そのよう

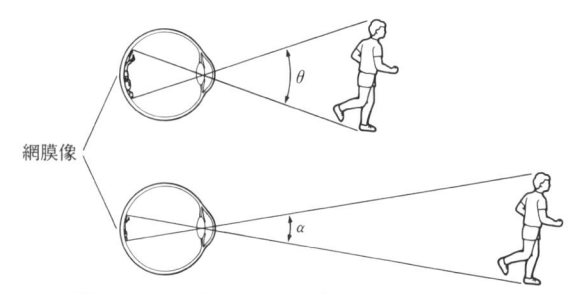

図 1-11 対象までの距離と網膜像の大きさ（Goldstein, 1989）

に極端な大きさの変化に気がつくでしょうか（**大きさの恒常性**）。

あるいは，前後に傾いた長方形を見る時，その網膜像は台形のはずですが，あなたはそれをやはり長方形として知覚するでしょう（**形の恒常性**）。

また，白い紙は，日光のもとで見るのと日陰で見るのとでは眼に反射されてくる光の量は異なり，網膜受容器の神経的興奮の程度も異なるはずです。しかし，あなたには，両者が同じ白さに見えるでしょう（**白さの恒常性**）。

その他前述した位置や方向の恒常性も，知覚的恒常性の例です。

あなたが，もしこのような近刺激の変化に即応した知覚的世界の中で生活していかなければならないとしたら，時々刻々と形や色や大きさなどを変える対象を前にして，こころの休まる暇もないことでしょう。知覚的恒常性は，知覚的世界の安定性を保つために必要不可欠な働きなのです。

§4 ものはそれだけでは見えない——知覚の枠組み

対象や出来事の知覚は，多くの場合，それ自身にかかわる刺激が与えられただけでは成立しません。図の成立には，まず刺激の質の異なる少なくとも2つの領域が存在することが必要でした。また，錯覚が現れる当該部分のまわりに必ず別の図が文脈として存在していたはずです。つまり，知覚的世界の中にある対象や出来事は，背景，基準，文脈といったさまざまなものに関係づけられており，その意味では，この関係の枠組みの中で特定の知覚が成立していると言えるのです。

1. 空間的枠組み

大きさや形の知覚において，幾何光学的に同じ網膜像（近刺激）を生じる遠刺激の数は無限です（図1-12）。したがって，原理的には，そのような多義的な近刺激からさまざまな知覚が生

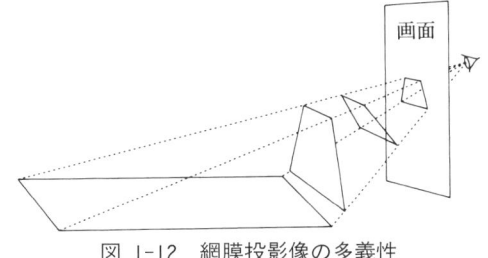

図 1-12 網膜投影像の多義性
（ホッホバーグ，1981）

じてくる可能性があります。

　ところが，あなたは日頃，そのような大きさや形のあいまいな対象ではなく，空間の特定の位置にあって，特定の大きさや形をしている対象を知覚しているはずです。つまり，距離，位置，方向といった**空間的な枠組み**の中で，対象の知覚は成立しているのです。

　物理的空間と一致しない空間的枠組みが形成されることにより生じる錯覚の例は，図1-13にあげる**エイムズの歪んだ部屋**に見ることができます。

　この部屋は，のぞき窓から両奥までの距離が大きく異なるよう設計されているので，物理的に同じ大きさの対象が両奥に置かれると，片目でのぞいた時のそれぞれに対する網膜像の大きさは異なります。しかも，わたしたちは「部屋は四角いもの」という空間的枠組みについての先入観あるいは仮説をもっていますので，両奥の対象はほぼ同じ距離にあるように知覚されます。その結果，より大きな網膜像を生じる物理的に近い対象の方が，より大きく見える，つまり，大きさの恒常性が働かない，ということになるのです。

（a）単眼で見た歪んだ部屋

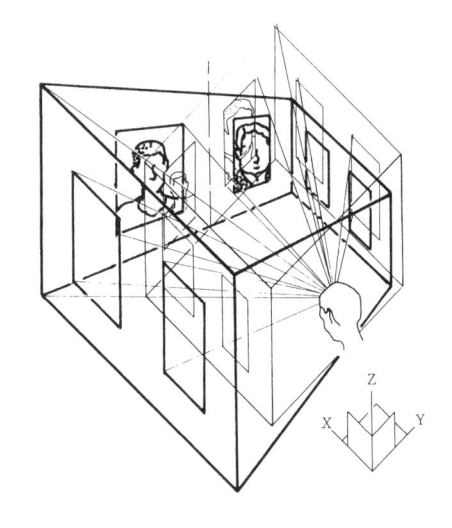

（b）実際の部屋の構造（太線）と知覚された部屋の構造（細線）

図1-13　エイムズの歪んだ部屋（Ittelson, 1952）

2. 概念的枠組み

　対象としてのまとまりに，あなたがもっている**概念**や**知識**が影響することがあります。図1-14を見て下さい。そこには何が見えるでしょうか。たいていの人は，白地に黒の斑点しか見えないと思います。それでは，どこかに白黒のぶちの犬がいるというヒントではどうでしょうか。今度は，公園の中を散歩している，頭をたれた犬の姿が見えてきたのではないでしょうか。

　このような例は，熟練した医者が，レントゲン写真から病巣を見つけ出したり，熟練した技術者が，機械があげる騒音の中から異常音を聞き取るといった場合にも見ることができます。つまり，彼らは，わたしたちがまったく気づかないような，あるいは気づいても意味づけできないような微妙な対象の変化を，経験から獲得した（ことばではうまく表現できないようなものも含む）知識を背景として，見つけ出し，意味づけているのです。先生が，あなたのあまりに達筆な字で書かれた答案を，何とか解読してくれるのもそのおかげなのです。

図1-14　何が見えるでしょうか？（リンゼイ・ノーマン，1983）

3. 知覚に及ぼす情動・欲求の効果

　食事時に街中を歩くと，やたら食べ物屋の看板やショウウィンドウのメニューが目につきますが，食事をすませてしまうと気にもしなくなる，という経験はだれにでもあると思います。また，ふだんならほとんど聞き取れないような小さな声でも，他人の会話の中にあなたの名前が出てくると，すぐにそれと気がつくことでしょう。

　他方，用事を言いつける母親の声や，時には悪意のこもった他人の表情や言動でさえ，なかなかそれと気がつかなかったり，その意味を取り違えたりすることもあります。

　つまり，わたしたちは，多くの場合，自分にとって価値あるものや欲求の対象となるものにはいち早く気がつきます（**知覚的促進**）が，自分にとって都合が悪く，できれば避けたいようなものには，往々にして気がつかないか，別のものとして知覚します（**知覚的防衛**）（欲求や情動については，➡第 2 章）。

　また，このように個人の欲求や情動が対象や出来事の知覚に影響を及ぼすことは，さらに，同じ対象に関しても，個人個人の心理的特徴に応じて知覚のされ方が異なる場合がある，ということを示唆します。例えば，**投影法**と呼ばれる性格検査（➡第 5 章，第 4 部Ⅰ）は，あいまいな対象をあなたがどのように見るかによって，性格や態度といったあなたの心理的特徴を探ろうとするものです。

　この章では，あなたの知覚的世界を特徴づけているさまざまな性質や法則を見てきました。それは，あなたに次のことを理解してほしかったからです。つまり，知覚的世界は，「物理的世界から特定の部分が選択的に抽出され，再構成され，さらにその部分部分に意味が附与された世界」（古崎，1977）であること，したがって物理的世界が物理的法則によって秩序づけられるのと同様に，知覚的世界は独自の知覚的法則によって秩序づけられていること，そしてあなたが実際に生活を営んでいるのは，物理的世界の中ではなく，この知覚的世界の中にほかならない，ということです。

　わたしたちは，日頃，見，聞き，感じている世界をあたりまえのものとして

とらえています。しかしそれを，物理的世界と知覚的世界というように，分析的，批判的にとらえ直してみると，わたしたちのこころの働きの巧妙さ，不思議さ，といったものが浮かび上がってくるでしょう。あるいは，あなた自身がとらえている世界が他の人がとらえている世界とはたして同じものなのか，という疑問もわいてくるかもしれません。これを機会に，一度，あなたの身のまわりの世界を分析的な目で見直してみてはいかがでしょうか。

○参考図書

柿崎祐一・牧野達郎（編） 1976 知覚・認知 有斐閣
ホッホバーグ，J. E. 上村保子（訳） 1981 知覚 岩波書店
リンゼイ，P. H.・ノーマン，D. A. 中溝幸夫・箱田裕司・近藤倫明（共訳） 1983
情報処理心理学入門Ⅰ・Ⅱ・Ⅲ サイエンス社

○キーワード

知覚　知覚的世界　物理的世界　精神物理学　感覚　認知　刺激
仮想現実感　遠刺激　近刺激　注意　意図的注意　自動的注意　全体野　図　地　群化（体制化）の要因　網膜像　知覚－運動協応　錯覚
知覚的恒常性　知覚の文脈　知覚的促進　知覚的防衛

○課題

1. 知覚の外在性は，コラム①の心理物理的水準での知覚対象と身体的自我との関係から説明できるでしょう。どのように説明できるのか，考えてみて下さい。
2. どのような時に自動的注意が働くか考えてみましょう。
3. パーソナルコンピュータをおもちなら，第4部Ⅱのプログラムを用いて，「盲点の観察」と「幾何学的錯視」の実験を体験してみましょう。いずれのプログラムもフリーのプログラム言語を利用しています。詳しくは当該のページを見て下さい。

第2章

行動にかりたてるもの

——欲求・動機と情緒の世界——

　人はなぜ行動するのでしょうか。あなたは何かをする時，はっきりと理由を意識して行動することもあれば，なぜこんなことをしたのだろうと考えることもあるでしょう。いずれにしても，わたしたちが行動するには，行動を引き起こす力となるものが必要と考えられます。それらは欲求や動機ということばで言い表されます。また，あなたは，楽しいことで喜んだり，悲しいことで泣いたりと，さまざまな感情をこれまでに体験し，そして今も体験していると思います。こうした感情や情緒は，それ自体が行動を引き起こす力ともなります。

　ここでは，さまざまな欲求や動機のメカニズム，それらが満たされない時にありがちな行動，そして感情・情緒の働きについて考察します。

§1　行動にかりたてる力

1. 欲求と動機づけ

　「人はなぜ行動するのか」と質問されたら，あなたはどのように答えるでしょうか。食事をするのは空腹だからであり，水を飲むのはのどが渇くからだと答えるかもしれません。つまり，何かの不足や欠乏を感じ，それを満たすために何かをしたいという気持ちになるから行動するという回答です。

　また，お菓子を食べた人にその理由を尋ねると，空腹ではなかったのだが，たまたま目の前にお菓子があったのでと答えることがあるかもしれません。あ

るいは,「なぜ山に登るのか」という問いに対して,ある登山家は「そこに山があるからだ」と答えています。これらは,「お腹がすいた」とか「〜のためには山に登る必要がある」とかいうようにわたしたちが感じる不足や欠乏の感じを満たすためではなく,目の前に見えるお菓子とか山といった外部的な環境自体が目標となって,それを獲得するために行動を起こすこともあることを示しています。

　何かの行動に結びつく「〜したい（あるいは,したくない）」という気持ちのことを**欲求**と呼んでいます。そして,欲求も含めて,行動を直接的に引き起こす原因を総称して**動機**と呼びます。ある行動は,何らかの動機から生じているのです。

2. 動機づけの過程

　動機は,わたしたちの内部の不足や欠乏から発するものと,外部的な環境に導かれたものという2つの要因からなると考えられています。そのうち,内部的な要因は**動因**と呼ばれ,外部的な要因は**誘因**と呼ばれています。そして,これら2つの要因のかかわりによって人や動物（これらを総称して生活体と呼ぶ）に行動を起こさせる過程が**動機づけ**です。つまり,動機づけとは,生活体にある行動を喚起させ,それを維持し,一定の方向に導く過程を総称したものです。

　この動機づけの一般的な過程を示したのが,図2-1です。ただし,この図では,身体内部からであろうと,外部環境からであろうと,欲求を引き起こすのは刺激であるという意味で,動因も誘因も刺激ということばで統一されています。つまり,何らかの刺激を受けることで,わたしたちにはある目標に向かお

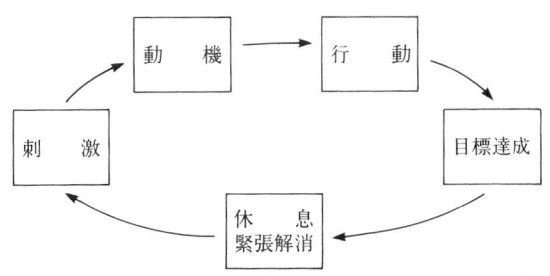

図 2-1　動機づけの過程（Morris, 1976；佐藤, 1979）

うとする動機が生じ，その動機に基づいて実際に行動することで目標を達成し，その結果，動機が充足されて心理的緊張が解消される，ということになるのです。

現実には動機と行動との関係は複雑で，例えば，やせるためなら空腹をがまんすることだってあるように，1つの動機から典型的な行動が示されることばかりではありません。

§2　さまざまな動機の特徴

1．動機を分類すると

動機を大きく2つに分けると，まず**一次的動機**と**二次的動機**に分けられます。一次的動機は生まれつき備わっているもので，二次的動機は生後の経験を通して獲得されたものです。また，**生理的動機**と**社会的動機**の2つに分類することもできます。主に生命の維持と種族の保存にかかわる動機を生理的動機と言い，人と人とのかかわり合いの中で働く動機を社会的動機と言います。

さらに，こうした分類の仕方に加え，行動が外的報酬を獲得するための手段であるのか，それとも行動そのものに内在する内的報酬を動機とするものであるかによって，**外発的動機**と**内発的動機**に分類することもできます。

この他に，恐怖，怒り，愛，喜びといった情緒が動機として機能する情緒的動機があります。これについては§5で触れることにします。

2．一次的動機

（1）　ホメオスタシス性動機

わたしたちの体温がだいたい36〜37度で一定であるように，人間や動物には外的条件が変化しても，体内での状態を一定の状態に保ってバランスをとる生理的調整機能があります。キャノンはこうした機能を**ホメオスタシス**と呼んでいます。

一次的動機はその多くが，このホメオスタシスと関連した動機であるため，ホメオスタシス性動機と呼ばれることもあります。飢餓，渇，睡眠などがその

代表です。これらの動機が満足されないと, ついには生活体の死を招きます。

(a)飢餓動機 食事をしないでいるとお腹がすいてきます。すると, 食物に対する欲求が大きくなり, 飢餓動機が生じてきます。

キャノンとウォシュバーンは, 空腹感は胃の収縮によって生じると説明していますが, 手術で胃を切除された患者も空腹感を訴えますし, 胃と脳の間の感覚神経が切断されても空腹感が起こるとも言われています。

摂食には血液中の糖分の水準が関与しているとも言われています。満腹のネズミに空腹のネズミの血液を注入すると, 満腹であるはずのネズミがさらに食べ始めるのです。このような血液中の糖分の情報が感知され, 摂食行動を調整するシステムが視床下部（図2-2参照）に備わっているとされています。

(b)渇動機 身体内の水分が欠乏すると, 水分を摂取しようとする渇動機が生じます。一般に, これは口やのどの渇きとして意識され, それをいやすために摂水行動が生じます。しかし, 摂水行動自体は必ずしもこのような時に生じるとは限らないようです。渇動機の生理的メカニズムは飢餓動機のそれと似ているようで, 例えば, 動物の視床下部のある部分を電気的に刺激すると摂水行動が生じることが知られています。

(c)特殊飢餓 動物はある栄養素が欠乏すると, その栄養素をうまく補うことができる食物を選択して食べることが知られています。このような特殊な栄養分を求める欲求を特殊飢餓と言います。リヒターらは, ネズミの前にいろいろな栄養素の食物を並べ, どれでも自由に選択して食べるようにした**カフェテリア実験**でこのことを示しました。しかし, 人間における食物の選択は社会的, 文化的条件に左右されることが多く, 個人の嗜好にも影響されます。心理的に十分満足のいく食事をとっていても, 生理的に満足でないならばビタミン欠乏症などに陥ることもあり得るのです。

（2） 性動機

性動機は生理的動機ですが, 飢餓動機や渇動機などのホメオスタシス性動機のような生活体の生命の維持に関するものではなく, 種の保存にかかわる動機です。

性動機は性ホルモンと神経中枢とのかかわりで生じてきます。性ホルモンには雄性ホルモン（アンドローゲン）と雌性ホルモン（エストローゲン）とがあ

34　第1部　こころの働きを探る

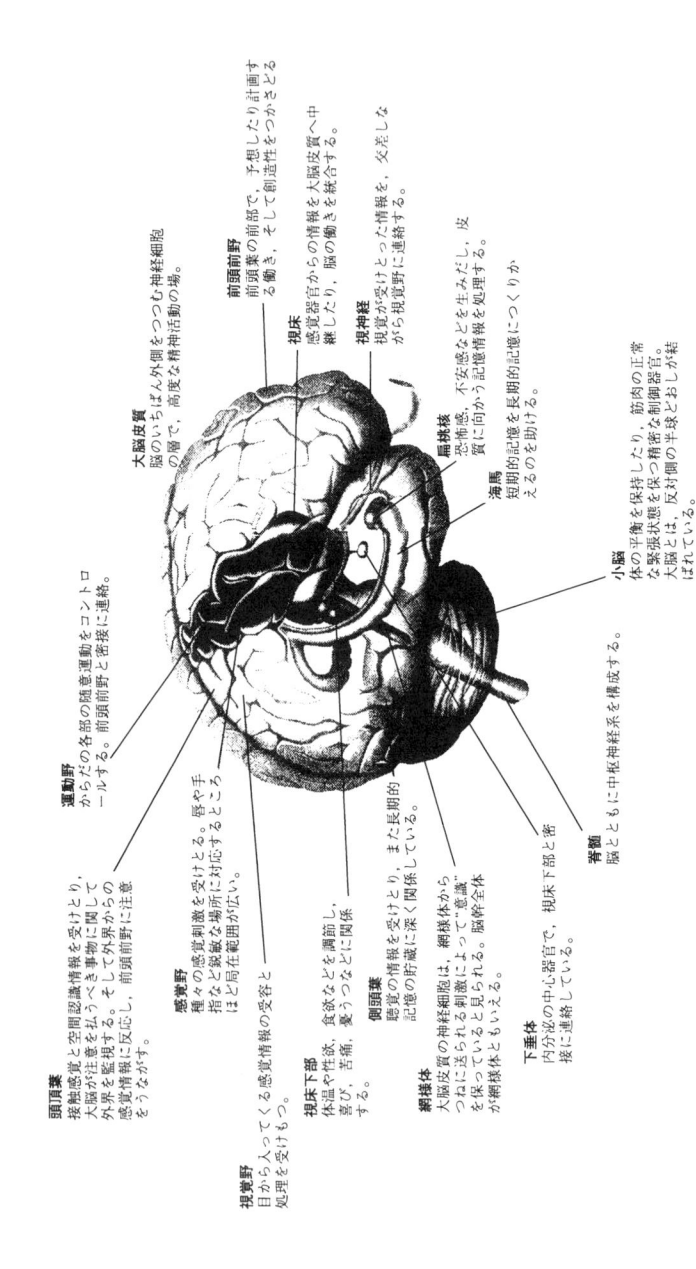

頭頂葉
接触感覚と空間認識情報を受けとり、大脳が注意を払うべき事物に関して外界を監視する。そして外界からの感覚情報に反応し、前頭前野につながす。

視覚野
目から入ってくる感覚情報の受容と処理を受ける。

視床下部
体温や性欲、食欲などを調節し、喜び、苦痛、愛うつなどと関係する。

側頭葉
聴覚の情報を受けとり、また長期的記憶の貯蔵に深く関係している。

網様体
大脳皮質の中心器官は、網様体からつねに送られる刺激によって"意識"を保っているとも見られる。脳幹全体が網様体ともいえる。

下垂体
内分泌の中心器官で、視床下部に密接に連絡している。

運動野
からだの各部の随意運動をコントロールする。前頭前野と密接に連絡。

大脳皮質
脳のいちばん外側をつつむ神経細胞の層で、高度な精神活動の場。

前頭前野
前頭葉の前部で、予想したり計画する働き、そして創造性を大脳皮質へ中継したり、脳の働きを統合する。

視床
感覚器官からの情報を大脳皮質へ中継したり、脳の働きを統合する。

視神経
視覚がとらえた情報を、交差しながら視覚野に連絡する。

扁桃核
恐怖感、不安感などを生みだし、皮質に向から記憶情報を長期的の記憶の助ける。

海馬
短期的記憶を長期的の記憶にたくわえるのを助ける。

小脳
体の平衡を保持したり、筋肉の正常な緊張状態を保つ精密な制御器官。大脳とは、反対側の半球どうしが結ばれている。

脊髄
脳とともに中枢神経系を構成する。

図 2-2　脳の部位とその働き (金子他, 1988)

り，その双方が雄では精巣で，雌では卵巣で作られますが，雄においては雄性ホルモンの分泌が，雌においては雌性ホルモンの分泌が多く見られます。性行動は下等動物ほど，性ホルモンに影響される割合が大きく，高等動物になるほど大脳皮質（図2-2参照）の役割が大きくなってきます。

人間の性動機に関しては，大脳皮質が性的欲求や性行動に重要な部分を占めるため，経験的および社会的要因が関与してきます。

3. 二次的動機

（1）二次的動機の獲得

一次的動機が生得的なものであるのに対して，**二次的動機**と呼ばれるものは**経験や学習によって獲得された動機**です。

二次的動機の主要なものは**社会的動機**です。わたしたちは成長過程において，生理的動機や内発的動機を基礎として社会的要請にうまく応えられるように，これらの社会的動機を獲得してきたのです。マレーは人間の社会的動機を達成，親和，攻撃，自律など20のカテゴリーに分類しています。ここでは，達成動機と親和動機について触れてみましょう。

（2）達成動機

達成動機は，困難や障害を克服し卓越したことを成し遂げたい，競争事態で人よりすぐれたいという動機を言います。マクレランドらは図2-3のようなマレーのTATの図版（投影法の一種→第5章，第4部Ⅰ）などを用いて，そこから報告される空想物語を分析し，個人の達成動機の強さを測定する方法を開発しています。また，達成動機の高い人は成功の確率が低すぎたり高すぎたりする課題よりも適度な難易度をもった課題を目標として選択する傾向のあることをアトキンソンは指摘しています。

図2-3 達成動機を測定するTAT図版の一例（図版番号7BM；Murray, 1971）

（3） 親和動機

親和動機は，マレーによると，身近な人たちと強い絆で結ばれたいという動機です。シプレイは社会の中での孤立を避ける動機という意味で用い，アトキンソンは他人との感情的な交流を積極的に作り出そうとする動機という意味で使っています。親和動機は達成動機と相反する面をもった動機と言えるでしょう。フレンチは達成動機が高く，親和動機が低い人は共同作業の相手に嫌いでも有能な人を選び，達成動機が低く，親和動機の高い人は仕事に対する能力よりも対人関係を重視して選択を行うことを示しています。

社会的動機にはこの他に独自性欲求などがあります。第4部IIに独自性欲求を測定する尺度を載せていますので自己評定してみて下さい。

4．内発的動機

あなたはコラム③にもあるように，「今度よい成績をとったら，○○を買ってあげるから」と言われ，一所懸命勉強したことはありませんか。その時のあなたは，○○を得ることが目的で，勉強することはそのための手段であったことになります。このように，成績や金銭，賞，是認，社会的承認など外的報酬を得ることを目的とした行動の動機を**外発的動機**と言います。これに対して，外的報酬を目的とせず，行動や活動自体が目的となっている行動も見られます。子どもが絵を描くことに熱中したり，大人が趣味に没頭したりすることなどがその例としてあげられるでしょう。このように，**外的報酬によらず，行動それ自体が報酬（目的）**となる動機を**内発的動機**と言います。以下では，内発的動機のいくつかを見ていきます。

（1） 感性動機

わたしたち生活体は，日常さまざまな外的刺激にさらされていますが，これらの刺激がなくなってしまったらどうなるでしょうか。

感覚遮断の実験（図2-4）の結果がこの答を出してくれます。この実験では，防音効果の高い灯のついた小部屋にベッドを置き被験者を寝かせます。被験者は，ぼんやりとしか光の通らない半透明のゴーグルをつけ，厚い手袋と厚紙の腕おおいをつけます。そして，マスキングノイズと呼ばれる単調な雑音を聞かされます。この手続きの中では，きわめて単調な刺激にのみさらされることに

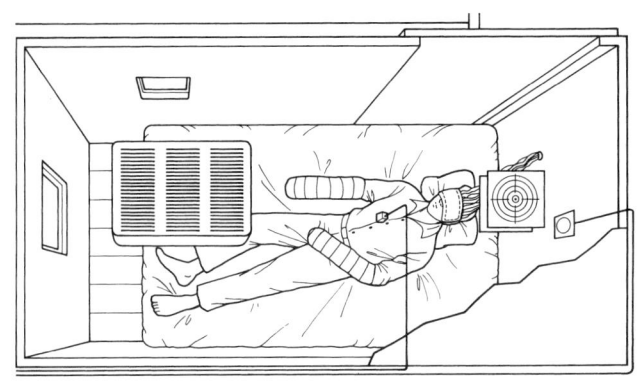

図 2-4　感覚遮断実験の模様(Heron, 1957)

なります。大学生の被験者は，高い報酬を受け取り，食事とトイレは自由で，一日そこに寝ていればよく，実験はいつ中断してもよいといったたいへん恵まれた立場に置かれます。しかし，快適に過ごせるのは実験開始後一眠りする間だけで，目をさますとしだいにいらだち始め，単調さを打ち破るために，独り言を言い，歌をうたって努力するようになります。さらには意識の集中ができなくなり思考が混乱し，幻覚を生ずるようになります。相当よい報酬にもかかわらず，大半の被験者は2日から3日で実験を中断してしまいました。このことから，わたしたちが正常な状態にあるためには適度な外的刺激が必要であることがわかります。こうした適度な外的刺激を求める動機を**感性動機**と呼んでいます。

（2）**好奇動機**

何か新しい刺激や新奇性を求める動機を**好奇動機**と呼んでいます。バトラーは赤毛ザルを使って好奇動機を測定しました。2つの窓のついた箱に赤毛ザルを入れます。窓は内側から押して開けるようになっていて，それぞれ別の色の扉がついています。正しい色の扉を押すと窓が開き外を眺めることができます。赤毛ザルは外を見るという報酬だけで速やかにこの弁別学習（●第3章）を行うようになります。外の景色が報酬となったのです。どの程度外を見たがるかということは窓を開ける回数によって決まり，窓を開ける回数が好奇動機の強さを示します。バトラーは外の景色を変えてこの回数を測定することで，好奇動機を測定しました。

新奇性が高いほど，好奇動機は高まるのでしょうか。結果は仲間のサルや動く玩具では高い率を示し，大きなサルや犬がいる場面では窓を開ける率は低下しました。これは，新奇性が高すぎると恐怖を喚起し，適度な場合に好奇動機を最も高めることを示しています。人間の好奇動機の測定ではさまざまな図形提示によって測定されますが，好奇動機は図形の複雑さが増すほど強くなると考えられています。

(3) 接触動機

赤ん坊が母親にしがみついて離れようとしないのはなぜでしょうか。常識的に考えられる一番主要な要因は母親の授乳でしょう。授乳すなわち基本的な快に母親の存在が結びついたためと考えられます。もう1つの要因は，わたしたちが接触への動機をもっていることです。接触動機の存在については，ハーロウの実験が示唆的です。彼は生まれたばかりの赤毛ザルの赤ちゃんを母親から隔離して布製と針金製の代理母親で育てました。一方の群は布製の母親からミルクが与えられ，もう一方の群では針金製の母親からミルクが与えられるようになっていたのですが，いずれの群のサルも布製の母親に長い時間しがみついていました。さらに，クマのぬいぐるみを見せて恐怖を与えた時にも，やはり布製の代理母親の方にしがみつくことが観察されました（図2-5参照）。

この結果から，ハーロウは愛情（愛着）の形成には食欲を満たしてくれること（授乳）よりもむしろ，やわらかさやあたたかさといった皮膚接触が重要であると考えました（➡第4章）。今日，いわゆるスキンシップの大切さが言われるようになったのも，こうした背景があるのです。

図 2-5　ハーロウの実験に用いられた代理母親(Harlow, 1958)

5. 欲求の階層構造

マズローは欲求が階層構造をもつと考えています。人間は常に何かを欲求しており，人間が完全に満足な状態にあるのはほんの短い時間であって，1つの欲求が満足されると次の欲求が起こるというのです。そして，欲求の階層構造

の最も基底に生理的欲求を置き，それについで安全の欲求，愛情・所属の欲求，自尊の欲求，そして最後に自己実現の欲求を置いています（図2-6）。「衣食足りて礼節を知る」という諺があるように，生理的欲求が満たされなければ安全や愛と所属のような社会的欲求は芽生えないのです。社会的な欲求の満足があって自己の評価への欲求が生まれ，自己の存在の意義を求める欲求が生じるのです。

しかし，それぞれの欲求が完全に満足されなければ次の欲求が生じないということではなく，低次の欲求がある程度満たされれば，より高次な欲求が生起すると考えられます。

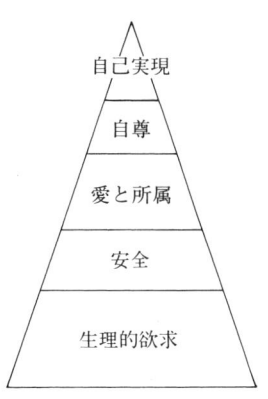

図 2-6　欲求の階層組織図
(Maslow, 1954)

§3　欲求不満（フラストレーション）

1. 欲求不満（フラストレーション）

わたしたちは1つの目標に向かって動機づけられ行動を起こしています。それを完全に阻止されるということは大なり小なり自己の存在が脅かされます。**欲求不満**（フラストレーション）とは，このように目標への行動をさえぎられたり，動機の満足を妨げられたりする状況やその結果としての心的状態を言います。しかし，わたしたちの動機づけの中でまったく欲求不満を起こさない状況はごくまれであって，わたしたちは何らかの形で欲求不満状況に置かれることが多いと思われます。

欲求不満は情緒的動機の役割を果たし，行動を引き起こします。情緒的動機やそれと行動との関係については，§5でも紹介します。

まず，欲求不満は攻撃を喚起するという考え方があります。これは**欲求不満―攻撃仮説**（→第7章）と呼ばれ，ミラーとダラードはネズミを使ってこのことを示しています。攻撃は一般的には欲求を阻止する障害に向けられますが，

コラム③

ごほうびは意欲を高めるか？

　「今度，成績があがったらごほうびにおもちゃを買ってあげるからがんばりなさい」こうしたせりふを親から言われた経験はありませんか。もちろん，これは，子どもにもっと勉強してもらいたい，がんばってもらいたいと思う親心からのことばでしょう。また，確かにその時点では意欲的に（？）勉強するようです。ところが，長い目でみるとこうした報酬が子どもの自発的な意欲（内発的動機づけ）を減退させることがあります。

　レッパーらは，絵を描くことが好きでよく絵を描いている3歳から5歳の子どもたちを3群に分け，このことを実証しています。1つの群の子どもたちには，よくできたらごほうび（きれいな賞状）をあげると言って，よい絵を描けばごほうびを与えました。そして，ごほうびの約束をしない群や約束はしないが絵を描いた後にごほうびを与える群も設けました。そして，1〜2週間後に子どもたちの自由遊び時間の行動が観察されました。その結果，絵を描いてごほうびをもらった群の子どもたちは，他の2群の子どもたちに比べて自発的に絵を描く者が明らかに少ないことがわかったのです。つまり，ごほうびを期待して絵を描くようになると，絵を描くことが報酬を得るための手段となってしまい，もともともっていた絵を描くことへの意欲を低下させてしまうのです。

　親は，子どもの行動をコントロールしようとして，外的報酬を使いがちです。それが子どもの内発的動機に水をさすことがあることを，わたしたちも十分認識しておく必要があります。

これが許されない状況では，攻撃はそれと無関係な対象に，八つ当たりするといったように向けられます。

それでは，欲求不満のイライラするような情緒によって，自己の存在が脅かされないような状況を作り出すにはどうしたらよいでしょう。欲求不満事態とあまりかかわりのない発達段階まで退行することができれば，自己の存在を守ることができます（●第6章）。これを**欲求不満退行仮説**と呼んでいます。

またどうにもならないという気分が強調されるとどうなるでしょう。やらねばならないという気持ちにせきたてられながら，やることのできない状況です。その場合，わたしたちはせきたてられる気持ちだけを満足するために無目的な行動をとりがちになります。そして，その行動はステレオタイプなものになってしまいます。例えば，どうしても遅刻できない会合に行くのにバスがなかなか来ないといった場合，わたしたちはどんな行動をとるでしょうか。時間はわかっていても絶え間なく時計を見たり，貧乏ゆすりをするかもしれません。これを**異常固定仮説**と呼んでいます。

2．欲求不満耐性

わたしたちは欲求不満の状態に陥った時，非合理的な手段に訴えるだけでなく，欲求不満に耐える力ももっています。こうした，欲求不満に耐える力を**欲求不満耐性（フラストレーション・トレランス）**と呼んでいます（●第6章）。

欲求不満耐性は生まれながらに備わっているものではなく，生後の経験によって学習されていくものです。つまり，欲求不満耐性の強さは，これまでに欲求不満になった時，それをどのように受けとめ，どのように処理してきたかによって異なってきます。例えば，過保護で思いどおりに欲求が満たされ，欲求不満の経験が少ない子どもは，ちょっとした障害にも耐えることができず，耐

性が弱く，また，たえず欲求不満状況に置かれ，それに対する合理的解決法を確立できなかった子どもも耐性が弱くなります。したがって，欲求不満耐性を育てるためには，幼児期からある程度の欲求不満を経験させながら，欲求不満に対処するための方法を教え，自信と積極的態度を養うことが必要です。

3. 葛　藤

　心理学と哲学とが同じ時間に開講されていて，どちらも同じくらい魅力的であるが，どちらか一方しか選択できない時，あなたならどうしますか。日常の生活で，「どちらにしたらいいか？」選択に迷う場面にしばしば遭遇すると思います。これは，**葛藤**と呼ばれていますが，レヴィンは葛藤には以下の3つの基本型があげられるとしています（図2-7）。図2-7の誘意性というのは，目標がもっている接近させたり回避させたりする属性を言います。例えば，空腹の人にとっての食物は接近したい正の誘意性をもつことになるし，罰や苦痛をもたらすものは負の誘意性をもつものと言えます。ただし，これらの3つの葛藤はあくまで基本型であり，実際，わたしたちはこれらが複雑にからみ合った葛藤を体験しています。

（1）接近－接近葛藤

　ともに正の誘意性をもった2つの目標にはさまれて選択に迷う場合で，例えば，合格した2つの大学のどちらを選ぶかといった場合などがあげられます。

（2）回避－回避葛藤

　負の誘意性をもった2つの目標の間にはさまれて進退きわまる状態を言います。勉強するのもいやだが，落第するのも困るという場合です。

（3）接近－回避葛藤

　同一の目標が正の誘意性と負の誘意性を同時にもつ場合で，フグは食べたいが命は惜しいという例があげられます。

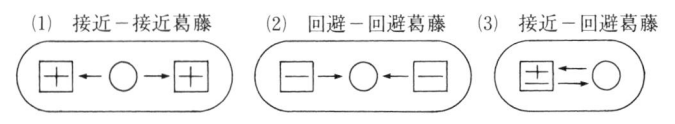

図2-7　葛藤の3つの基本型（Lewin, 1935；篠田，1976）

§4 感情・情緒とは

1. "情"を表すことば

"情"を表すことばには感情，情緒・情動，気分，情操などたくさんのものがあります。

感情とは，好き－嫌いに代表されるような，こころに感じる意識（主観的経験）のことです。もっと詳しく言うと，対象に対するある種の価値づけが感情です。いわば，いろんな刺激に対して比較的おだやかに生じるこころの動きで，快－不快に大別されます。

感情の中でも，喜怒哀楽のように急激に生じ，短時間で終わる比較的強い感情を**情緒**あるいは**情動**と呼んでいます。情緒は運動的・行動的側面を含んでいて，表情や身ぶり・手ぶりといったしぐさなど身体的に表出されます（→第7章）。また，心臓がドキドキしたり，胃が痛んだりといったような生理的な変化も引き起こします。生理的変化や表出行動に焦点を合わせて研究する立場や医学では，情動の方が多く用いられますが，いずれも英語の emotion に該当しほぼ同義に用いられています。

爽快な気分，憂うつな気分などのように，情緒に比べ比較的弱くおだやかで持続的な感情状態を**気分**と言います。楽しいことがあると，何となくこころが浮き浮きするとか，つらいことがあって気分が晴れ晴れしないという状態で，健康や気象にも影響されると言われています。また，人やものの好き嫌いなど，特定の対象に対する比較的安定した感情的反応を**好み**と言います。

学問，道徳，芸術，宗教など社会的・文化的な価値をともなったものに向けられる感情を**情操**と言います。別の見方をすれば，日常生活の経験の中で学習された感情や気分とみなすことができます。親の子どもに対する愛情といった家族や所属集団などに対する感情も含まれます。

このように，人の"情"を表すことばは，その強さ，持続期間，あるいは対象によってさまざまに異なります。しかし，基本的には同じこころの動きを示

しているので，この章では，厳密な用語法にこだわらず，それらをまとめて情緒ということばを用いることにします。また，情緒は動機（意志）とともに性格（●第5章）の成分と考えられています。

2. 情緒の種類

情緒には，「怒りを感じる」というように主観的に体験される側面と身体や行動に表出される側面（●第7章§3）があります。例えば体験される情緒として，悲嘆にくれたかと思えば，急に喜びにあふれたようすで笑い出したり，人を愛し幸福の絶頂にいたかと思えば，不安になったり，嫉妬し，そして怒りにうち震えているかと思えば，恐怖におののいたり……。このように情緒にはいろいろな種類のものがあって，それらは単独で現れることもあれば，いくつかの情緒が混ざり合っていることもあります。また，愛や喜びといった快の感情をもたらすもの，不安や恐怖のように不快な感情をもたらすものがあったり，情緒の表出も激しいものおだやかなものとさまざまです。

そこで，無数ともいえる情緒（具体的には情動語）の種類を整理・分類して，できるだけ少数の基本的なカテゴリー（次元）で表そうという努力が進められました。プルチックは，情緒の多次元模型と基本情緒を示しています（図2-8）。図2-8の(a)は円周方向に情緒の種類，水平方向の向かい合ったものは情緒

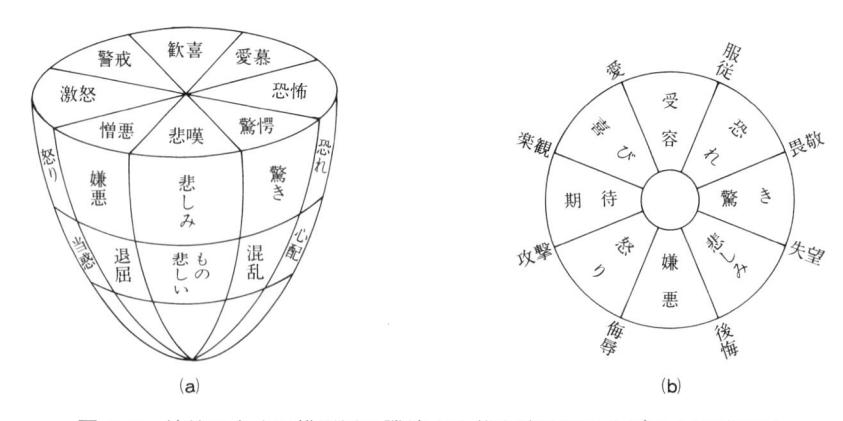

図 2-8 情緒の多次元模型(a)と隣接する基本情緒間に生ずる中間情緒(b)
(Plutchik, 1962)

の反対性，そして，垂直方向は情緒の強さを表しています。つまり，円周から中心に近づくにつれて，種々の情緒が複合して複雑な情緒となり，上から下にはその情緒の強さが弱くなることを意味しています。図2-8の(b)はその断面図で，**受容－嫌悪，驚き－期待，恐れ－怒り，悲しみ－喜び**という8つの基本情緒と隣接する情緒間に生じる中間情緒が示されています。例えば，喜びと受容の情緒によって愛（友情）が生まれることになります。

3. 情緒の発達

子どもの情緒はかなり早い時期に分化，発達すると言われています。ブリッジェスは，モントリオールの孤児院にいる2歳までの乳幼児を観察し，情緒の発達を図2-9のようにまとめています。この図から，初期の未分化な興奮状態から短期間でさまざまに分化していくことがわかります。

ブリッジェスの研究は，施設での研究であるため子どもの発達が少し遅いこと，また子どもの情緒の発達そのものというよりは，大人によって判断された情緒であるといった問題点が指摘されていますが，それでも，一応子どもは基本的な情緒を2歳頃までに分化，発達させると考えてよいでしょう。

情緒の発達は，成熟や学習それに対人関係によってなされます。成熟とは先天的な行動型が外からの影響を受けることなく，年齢の変化にともなって現れてくることを言います。ブリッジェスが示した図2-9は，この成熟の要因による発達を示しているとみなすことができます。また，次のワトソンの実験に見

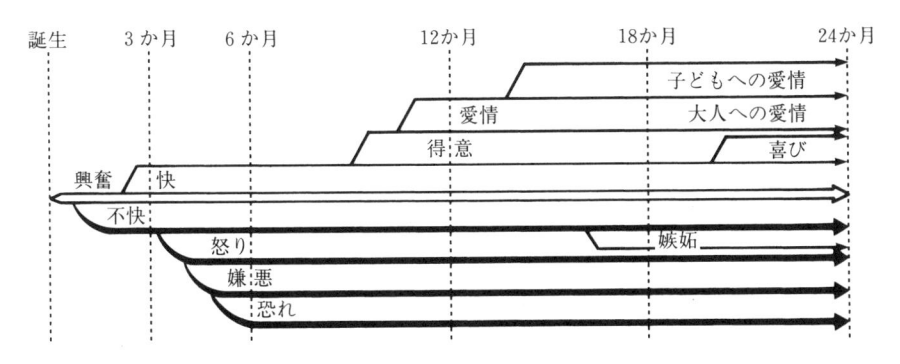

図 2-9 感情の分化（Bridges, 1932）

られるように，本来は情緒反応を引き起こさないような刺激が，別の嫌悪刺激と対提示されることで情緒反応と結びつけられたことは，学習が情緒の形成や発達を規定していることを示しています。

ワトソンは，11か月になるアルバート坊やに学習性の恐怖を起こさせました（→第3章「古典的条件づけ」の項参照）。元来，幼児は強烈な刺激や予期せぬ刺激以外には恐怖を起こしません。ウサギやネズミは恐怖の面において中性刺激です。アルバートは最初白ネズミを恐がりませんでした。しかし大きな音にはひどく驚き泣きました。そこで，アルバートが白ネズミに触れると大きな音をたてて，それを数回繰り返したところ，アルバートは白ネズミを恐がるようになりました。さらにアルバートは白ネズミに似たものや白くフワフワしたものも恐がり，回避・逃避するようになったのです（図2-10）。

①条件づけ以前には，子どもはウサギに対して積極的に行動する。

②子どもが白ネズミを見ている時に大きな音を鳴らすと，その後は白ネズミを恐れて回避するようになる。

③白ネズミだけではなく，ウサギからも遠ざかろうとする。

④恐怖反応は，白いもの，毛のあるものに広く般化する。

図 2-10　幼児に対する恐怖の条件づけ（Thompson, 1952）

§5 情緒と行動

1. 情緒と身体・生理的変化

わたしたちの日常の行動を考えてみると，情緒と身体の関係を表すことがらを見つけることができます。楽しい気分だと足どりが軽くなり，不安だと夜眠れなかったり，心臓がドキドキしたりします。非常に驚いた時には，腰を抜かすとか，不快な気分では，吐き気をもよおすとか言います。恐い体験をした時に，鳥肌がたったり背筋が寒くなるというのも，やはり情緒と身体の関係を示しています。また，恥ずかしい思いから顔が赤くなったり冷や汗をかいたりすることもあるでしょう。このように，**情緒によって身体に生理的変化が生じる**のがわかります。コラム④にあるように，うそ発見器は生理的変化から情緒の変化をとらえ，うそかどうかを判定しようとするものです。

2. 情緒と行動

情緒の変化によって，外から観察される行動も大きく変化します。一定の秩序を保っている行動も，情緒の障害によって乱されることがあります。また，情緒は，行動を混乱させる働きをもつとともに，行動を引き起こしたり，行動を促進したり抑制する働きももっています。これを情緒的動機づけと言います。例えば，楽しい気分だと仕事もはかどるし，びっくりした時には，逃げ出してしまうかもしれません。喜びや驚きは活動の水準を高めて，行動を触発します。愛する人のためにひたむきな行動をとったり，怒りによって攻撃行動を引き起

コラム④

うそ発見器

　あなたは、「うそ発見器」と聞くといったいどのような装置を思い浮かべるでしょうか。中には、機械が「うそ」だと自動的に判定してブザーが鳴ると考えている人もいるかもしれません。うそ発見器の名前で知られる「ポリグラフ」は、情緒にともなう身体的・生理的変化をとらえることができます。ポリグラフは心拍、血圧、呼吸、皮膚電気反射（GSR）などの変動を同時に表したグラフ（図④-1）、あるいは、それらを測定する装置のことです。そうした生理的指標の中でも最も重要視されるのが GSR です。これは自律神経系によって支配されている汗腺活動を電気的に測定するもので、情緒の客観的な指標としてよく用いられています。汗腺は普通の状態でも活動（自発反射）していますし、外からの刺激へも反応（刺激反射）します。そして情緒を刺激するようなことばにも反応が出現するので、それが「うそ発見」に利用できるのです。あなたも動揺したり、緊張した時に、冷や汗をかくとか、手に汗にぎるというような経験があるでしょう。汗腺が活動すると、もちろんそれが意識されなくとも、皮膚の電気抵抗値が低下したり、電位差が変化したりします。GSR は自分で意図してコントロールすることができないので、情緒の客観的な指標となり、うそ発見器に利用されているのです。

　しかし、うそ発見器は、情緒の変化によって、興奮や緊張をとらえることはできても、それがどのような情緒であるのかは特定できないし、慣れによっても変化するのでオールマイティというわけにはいきません。

　このように情緒は、自律神経系の反応と深くかかわっており、特定の情緒と生理的反応を対応づける試みがずいぶんなされてきましたが、まだ成功していません。ただし、覚醒（賦活）状態を知る指標としては比較的一致した結果が出ているようです。さらなる情緒の指標として脳波や脳内ホルモンを用いた研究も進められています。

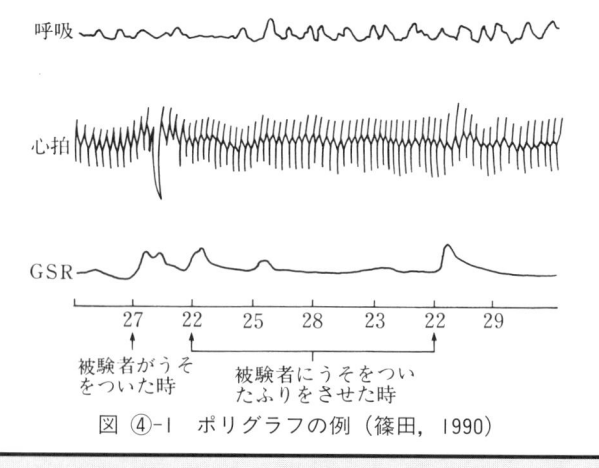

図 ④-1　ポリグラフの例（篠田，1990）

こしたり，ある情緒が一定の目標に向かう行動を促進します。逆に，恐れや悲しみは，行動を抑制することがあります。

§6 情緒の理論

先に紹介した情緒を基本的な情緒に分類していく研究方法では，今ある情緒の構造については説明されますが，ではなぜ情緒が生じるのかについては何も教えてくれません。情緒の表出に関して一般理論を求めた方向での研究も進められてきました。

1. ジェームズ=ランゲ説

1884年，アメリカのジェームズが，そして翌年にはオランダのランゲが同じような情緒説を発表しました。それは，「われわれは泣くから悲しく，殴るから怒り，震えるから恐ろしいのであって，悲しかったり，怒ったり，恐ろしかったりするから泣いたり，殴ったり，震えたりするのではない」というジェームズのことばに示されています。つ

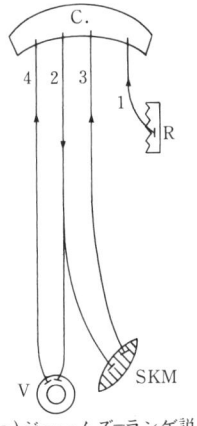

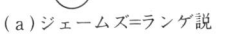

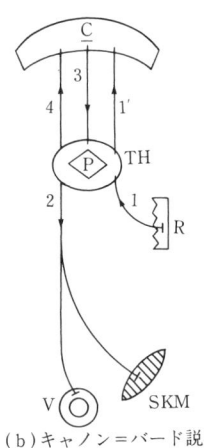

図 2-11　ジェームズ=ランゲ説(a)とキャノン=バード説(b)の図解(Cannon, 1927；祐宗，1976)
（R は感覚受容器，C は大脳皮質，V は内臓，SKM は骨格筋，P は視床過程，TH は視床を示しています）

まり，ある刺激の知覚によってまず末梢器官の筋肉や内臓の反応が起こり，それが脳に伝えられ情緒となると考えたのです(図 2-11(a))。この説は**情緒の末梢説**とも呼ばれています。

ジェームズ=ランゲ説は，今まで「悲しいから泣く」と考えられてきた常識

に対してその頃から明らかになりはじめた大脳生理学の知見をもとにして，新たな視点を提唱することになったのですが，その後批判をあびることになります。しかし，わたしたちの体験からも完全には否定しがたいものがあります。

2. キャノン＝バード説

　ジェームズ＝ランゲ説を強く批判したのは，キャノンです。彼は身体的・生理的刺激を与えても情緒的反応が生じないという反証をあげています。彼はバードの動物実験の結果をもとに，情緒における中枢神経系の重要性を指摘し，受容器が刺激を受けると視床および視床下部が，大脳皮質に情緒体験を，末梢に生理的変化を起こさせると考えました（図2-11(b)）。この説は，視床および視床下部の役割を重視することから，**視床説**とも呼ばれています。

　キャノン＝バード説にもいくつかの批判がなされ，他の学説が多数あります。そして今でも，情緒の中枢が探求されています（➡図2-2）。ところで，ジェームズ＝ランゲ説に対するキャノンの反証の反証にあたるのが次の情緒の認知説です。

3. 情緒の認知説

　情緒の認知説とは，情緒の状態が，ドキドキするといった生理的な高まり（覚醒）とその高まりの原因認知の2要因から特定されるとする考えです。生理的に覚醒した状態にあっても，その覚醒を適切に説明する方法がなければ，周囲の状況を手がかりとしてその時の情緒状態を解釈するというものです。したがって，同じ覚醒状態にあっても，事態や行動，気分，他者の認知などによって，喜びと解釈されたり，怒りと解釈されたりするのです。

　シャクターとシンガーは，被験者に視覚との関係を調べるために"ビタミン"を注射すると告げて，実際にはアドレナリンを注射しました。アドレナリンは興奮を引き起こす作用をもっています。"ビタミン"を注射された被験者は，①その"副作用"（呼吸数の増加，手足の震えなど：本当はアドレナリンの作用）について正確に知らされる群，②"副作用"について誤った情報（眠気，頭痛など）を知らされる群，③何も知らされない群，の3群に分けられました。そして，それぞれの被験者をもう一人の被験者を装ったサクラ（研究協力者）の

いる部屋へと案内しました。一方の部屋のサクラは，被験者の前で愉快にふるまい，もう一方の部屋のサクラは怒っているようにふるまうよう依頼されていました。被験者がその場でどんな情緒や行動を示すかを調べることが，シャクターらの実験の目的でした。

その結果，アドレナリン本来の作用を知らされていた①群ではサクラの雰囲気に影響される情緒はほとんど示しませんでした。ところが，②群では，サクラがはしゃげば，それにつられるようにはしゃぎ，サクラが怒れば，彼も怒るというようにサクラがふるまったと同じ情緒を経験する傾向が見られました。③群でもそうした傾向が少なからず認められました。②群と③群は，自分の生理的・身体的な高まりを適切に説明するすべがないため，同じ立場に置かれたサクラの行動を手がかりにして，自分の情緒を解釈し，サクラと同じ行動をとったと考えられます。この実験結果から，シャクターらは，情緒が自分の置かれた事態の認知（解釈）によって大きく影響されると主張しているのです。

これは，情緒の体験過程で認知を重視したジェームズ＝ランゲ説と言えるでしょう。つまり，情緒の原因となるほどには，確かに普通の感覚よりも内臓反応は未分化で鈍感です（これがキャノンの反証でした）が，覚醒や興奮は自覚されます。このように覚醒が起こっても原因がもともとはっきりしないし，特にヒトの場合は，直接に覚醒を引き起こした原因が不明な場合は，事態の認知というような社会的文脈からその原因が推理されて情緒が体験されると言うのです。このことから，愛を告白する場面には，スポーツでデートをした後などを選べば，叶う確率が高いかもしれません。

●参考図書

コファー，C. N.　祐宗省三（監訳）　1981　動機づけと情動　サイエンス社
浜　治世（編）　1981　現代基礎心理学 8　動機・情緒・人格　東京大学出版会
前田嘉明（編）　1991　講座心理学 5　動機と情緒　東京大学出版会
松山義則　1981　人間のモチベーション　培風館
大脇義一　1971　感情の心理学　培風館

八木　晃（編）　1968　心理学Ⅱ　培風館
吉田正昭・祐宗省三（編）　1976　心理学3　動機づけ・情緒　有斐閣

○キーワード

行動　欲求　動機　動因　目標　誘因　動機づけ　一次的動機　二次的動機　生理的動機　社会的動機　外発的動機　内発的動機　ホメオスタシス　飢餓動機　渇動機　特殊飢餓　カフェテリア実験　性動機　達成動機　親和動機　独自性欲求　感性動機　好奇動機　接触動機　情緒的動機　欲求不満（フラストレーション）　欲求不満攻撃仮説　欲求不満退行仮説　欲求不満異常固定仮説　欲求不満耐性（フラストレーション・トレランス）　葛藤　感情　情緒　情動　気分　情操　退行　攻撃　ジェームズ＝ランゲ説　キャノン＝バード説　情緒の認知説

○課　題

1．あなたの1日の行動を振り返り，どうしてそのような行動が起こったのか考察してみて下さい。
2．あなたが欲求不満の時には，どのような行動をしているのかを振り返ってみましょう。
3．葛藤の3つの基本型にあてはまる例を，あなたの日常生活の中から考えてみて下さい。
4．不眠症の人たちは，眠ろうとしても生理的な覚醒状態にあるため，なかなか寝つけないと言われています。ストームズとニスベットは，不眠症の学生を集め，その一方の群には，「心拍数が増加し，興奮させる作用をもつ」とする"薬"を渡し，就寝前に服用するよう求めました。他方の群には，逆に，「心拍数が低下し，興奮をおさえる作用をもつ」とする"薬"を服用するように求めました。実は，これらの"薬"は両方とも同じもので，上に述べたような作用はまったくない乳糖でできた偽薬でした。
　さて，この"薬"を飲んだ2つの群では，どちらの方がよく眠れたと考えられますか。本章の「情緒の認知説」に基づいて考えて下さい。

第3章

学び，考える

──学習・記憶・思考のプロセス──

　あなたの日常生活を振り返り，どの行動が生まれつきのもので，そして，どの行動が生後獲得されたものかを区別してみて下さい。例えば，あなたは顔を洗って歯を磨いたり，食事をとることができるでしょう。日本語や英語を理解でき，微分方程式が解けるかもしれません。また，自動車の運転や車庫入れが上手にできたり，スポーツが得意な人もいるでしょう。さて，あなたはどうしてこのようなことができるようになったのでしょうか。

　経験や訓練を通じてあなたは何かを取り入れ，それをもとにいろいろな行動が形成されます。この背景にあるこころの働きが学習なのです。

§1　学習とは

　学習とは，あなたが経験したことを活かすこころの働きです。つまり，遺伝によって決定された生まれつきの行動を環境に合わせて柔軟に変える働きです。したがって，学習は，生得的で固定的な行動からあなたを解き放ち，行動を柔軟にさせ，環境の変化に適応させる役割をもちます。しかし，行動の変化は，社会的あるいは，価値的な方向への変化として現れるとは限りません。逆に学習は好ましくない方向へも進める働きをもっています。神経症・恐怖症などの異常行動や悪習慣も学習によって獲得されると考えられます。

　ところで，**行動**を生理的活動・知覚・運動・記憶・思考・要求・感情・社会的行動・態度・人格まで含める広い見方があります。生理的活動や運動などは，

目に見えたり，適切な機器を使用すれば，測定が可能です。しかし，記憶や思考などのような心的活動は直接に測定することは現時点では不可能です。客観的事実をもとに理論が正しいかどうかの話し合いを進めるのが科学的な態度です。この章では，行動を狭い意味で用いて，観察や測定が可能なものに限ります。

また，生理学的には検証されていなくても，心理学のレベルでの事実も存在します。うまく工夫された実験で見えないものを見えるようにすることも，心理学の醍醐味です。**記憶や思考**は，外に現れた行動の違いとしてその心理的実在が推理されるこころの働きであると考えて下さい。もちろん記憶や知識の量が増大したり，思考方法が変化したりというように，記憶や思考そのものも経験の影響を受けます。しかし，この章では，学習を支えるより高度なこころの働きとして，記憶や思考の役割を考えていきます。

実は，学習も"実行"行動として観察できるとは限りません。おそらく，あなたはこの章を読むまでに第1章・第2章で心理学を学習してきたと思います。しかし，本当に学習しているかどうかは，テストをしてみるまでわかりません。また，テストをしても評価に関係ないテストでは，やりたくないということになるかもしれません。

ここで，学習の定義の一例を紹介しておきましょう。ピーターソン（Peterson, 1975）によると，「環境との相互作用から生じる，行動の可能性の比較的永続的変化」となります。

ところで，年齢に応じた，こころや身体の変化は**発達**（→第4章）と呼ばれます。そして，この発達には遺伝的な発現による**成熟**と生後の環境からの働きかけや経験による学習の両者がかかわっています。もちろん，学習はあなたの行動を柔軟にしますが，どんなことを学習できるかは，あなたがもっているヒ

トの遺伝子で決定されると考えられます。行動の形成を遺伝と経験の両方からとらえていこうとする立場には，動物行動学（エソロジー）や発達心理学があり，学習心理学へも影響を与えています。

§2　学習を成立させる方法

　教師や親は，子どもに勉強させるにはどうすればよいかと苦慮するでしょう。あなたも学習の効率を上げたいと考えたことがあるでしょう。では，学習を確実に起こさせるにはどんな条件が必要でしょうか。あなたは，繰り返して練習するしかないと思うかもしれません。しかし，それ以外にもいろいろな条件がかかわっていることがわかってきました。次に，この領域での研究法の特色と学習を起こさせる手続きについて見ていきましょう。

　学習という現象の実験的な研究の始まりは，エビングハウスによる記憶の研究であると言われます。彼は記憶の材料として無意味綴り（例えば，JUK や CIZ）を考案しました。これによって，個々人がもつ複雑な過去経験を統制したわけです。そして，それまでは複雑であると考えられていた記憶を量的に測る方法を考案し，客観的な研究を可能にしました。例えば，何回試行を繰り返せば，記憶が完全になるかというような問題を考えて下さい。これを調べるのに，意味のある単語では，個々人の過去経験に影響されて，その学習の出発点が異なるため比較ができません。つまり，記憶するように言われたリストの中に，「学習」という単語があったとすれば，この単語について心理学の受講生はより少ない回数で記憶が完全になると予想されるのです。

　ところで，学習はヒトも含めた動物界で広範囲に見られます。したがって，学習現象に対して擬人的見方をいましめる慎重さがこれまで求められてきました。なるべく単純な理論化が望ましく，しかも観察可能な刺激や行動によって説明していこうとするのが基本的な研究態度です。そして，単なる説明だけに終わらず，行動を予測することや制御することにも関心をもっています。

　では，具体的に，行動を変化させる基本的な手続きから見ていきましょう。これには，**条件づけ**と**社会的学習**があります。

1. 条件づけ

　条件づけには，その手続きや基礎とする理論から大きく2つに分ける見方があります。それは，**古典的条件づけ**（レスポンデント条件づけとも言う）と**道具的条件づけ**（オペラント条件づけとも言う）です。

（1） 古典的条件づけ

　手をたたけば寄ってくる池のコイを見たことがあるでしょうか。そして，あなたも，何かの合図や信号に対して行動を起こすことがあるでしょう。例えば，講義中のチャイムでテキストやノートを閉じるなどという行動です。また，腹痛を起こしたことがある食物など危険なものは，未然に避けるという行動をとるでしょう。これらは，刺激と刺激との関係の学習であったり，もともと意味のなかった刺激が意味のある刺激となる**古典的条件づけ**の過程によると考えられます。

　この過程を詳細に研究したのがパブロフでした。パブロフは図3-1のような装置で，空腹にしたイヌを被験体として用い，行動として唾液の分泌反応を対象としました。イヌを装置に拘束し，メトロノームを聞かせた後，肉の粉を与えました。これを幾度もイヌに経験させると，もともと唾液分泌に関しては効果をもたなかったメトロノームの音が，肉の粉を与えられる前に唾液を分泌させるようになったのです。

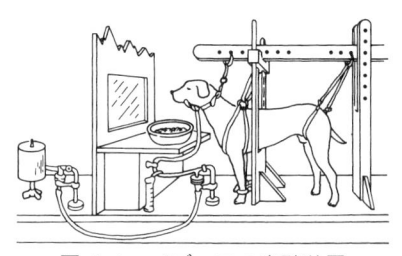

図 3-1　パブロフの実験装置
（辰野，1973）

　このような手続きにおいて，肉の粉など生物にとって意味のある（生命を維持することなどに役立つものです。）刺激は，**無条件刺激**（UCS）と呼ばれます。この刺激は，唾液を分泌する・飲み込む・消化するなどの**無条件反応**（UCR）を引き起こします。無条件とは，刺激が反応を引き起こすのに生得的で学習（条件づけ）を必要としないという意味です。メトロノームは，肉の粉と対にして提示される（これを古典的条件づけでは**強化**と言います）条件づけの過程を通じて，唾液分泌効果を獲得するので**条件刺激**（CS）と呼ばれます。そして，そ

の刺激による唾液分泌反応を**条件反応**(CR)と言います。

この条件づけが成立した後,条件刺激のみを提示して,無条件刺激を提示しないでおくと,条件反応は徐々に消滅してしまいます。これを**実験的消去**と言います。実は,この手続きでは学習された内容を真に解消したことになりません。つまり,消去の後しばらく休憩させて,もう一度条件刺激を提示すると,消去前ほどではないにしても条件反応が現れてきます。これを自発的回復と言います。

ところで,条件づけ後にメトロノームの周期を変化させた刺激を提示しても,条件反応は起きます。その反応の強度はもともと条件づけられた刺激との類似度に応じて強くなっていきます(**刺激般化**)。反対に,刺激を相互に区別することも学習することが知られています。つまり,もとの条件刺激は強化したまま,類似の刺激に対しては強化しないことで,条件刺激に対してのみ反応をさせることが可能になります(**分化**)。般化は刺激間の共通性の抽出の,分化は刺激を分類・区別することの基礎過程であるとも考えられます。

(2) 道具的条件づけ

形成したいあるいは目標となる反応が起こった後,すぐに生物にとって意味のある刺激を提示することでその反応を増加させる方法があります。この方法は,反応がその刺激を獲得するための手段(道具)となるため**道具的条件づけ**と呼ばれています。この条件づけでは,古典的条件づけと異なって,まず反応が自発されなければなりません。

スキナーは,独自の実験装置(スキナー箱)を考案し,この種の研究では幅広く使用されています(図3-2)。スキナー箱の中には,ネズミやハトが反応するためのバーやキーが備わっており,空腹の動物がそれを操作した(オペラント)時に,餌粒が餌箱に与えられるしくみになっています。この餌粒は正の**強化子**と呼ばれ,直前の反応(例えば,バーを押す)が起こる確率を増加させる

図 3-2 スキナー箱(佐藤,1975)

働きをします。これは，日常的には，報酬と言われるものでヒトの場合にはお金や他人からの賞賛や注目に該当します。そして，自分で自分をほめることも強化子となるようです（自己強化）。このように，動物やヒトが自発する反応の直後に強化子を提示する（これを道具的条件づけでは強化と言います）ことで，その場面での反応を増加させる，つまり学習が起こります。さらにこの過程で，ある一定時間，光や音などで合図し，その間は反応に対して強化子を与えるが，その他の時間は与えないように設定すると，合図がある間のみ反応するようになります（弁別学習）。そして，複雑な行動も小さなステップに分けた道具的条件づけの積み重ねで学習されていくと考えられます。

また，今度はバーを押すと今までかかっていた電気ショックが取り除かれる設定にすると，やはりバーを押す回数が増加します。ここで使用された電気ショックは，それを消失させることで直前のバー押し反応を増加させるため，負の強化子と呼ばれます。例えば，歯周病にかかり，その痛みを歯磨きがやわらげたとすると，その治療中や治療後も歯磨きの回数がぐっと増えるでしょう。この場合，歯周病による痛みが歯磨きという行動に対して負の強化子となっています。

このように，強化子は反応が増加することで決められます。このことで，生体にとっての刺激の主観的な意味，例えば好まれる，嫌われるなどの問題にかかわることを避けているわけです。つまり，強化子を決める場合，その反応を見ればよいわけで，ネズミやハトにおうかがいをたてる必要はありません。ところで，電気ショックが，例えば，餌を得るためのバー押し反応に与えられた場合，この反応は消失していきます。この場合は刺激が**罰**として働いたと考えます。日常的には，たたいたり，叱ったりすることや刑罰に相当します。

道具的条件づけでは，目標とする反応に対して強化子を与えることを強化と言います。この強化は反応が現れるたびに行われる（**連続強化**する）必要はありません。強化が間欠的に行われて（**部分強化**して）も反応は維持され，どのように強化を配置するかを強化スケジュールと言います。一般に，決まりきった時間や反応回数をもとに強化するより，強化する時間や反応回数の規準がわかりにくい場合に反応が安定し，高率となります。前者は月給や歩合制給に相当し，後者は通い続ければ強化されたりされなかったりするギャンブルにたと

えられ，一度覚えると病みつきになるのはこのためかもしれません。

　古典的条件づけや道具的条件づけの理論では，性格や態度，さらには神経症や恐怖症など異常行動をも経験によって学習されたものであると考えます。そして，学習によって形成されたものであるからこれを消去したり，異なる反応を学習させたりすることで，異常行動をなくすことができると考えます。この考え方は**行動療法**として応用がなされています（➡第4部Ⅱ）。例えば，高い所や人に対する恐怖を感じる人は，実際にその刺激に対して，不快な経験をしたのかもしれません。したがって，徐々に恐怖を感じない場面から始めて，その場面の想像に恐怖とは反対のリラックス状態を条件づけていくことになります。このリラックスには，自律訓練法や筋弛緩法が用いられます。

　また，道具的条件づけは，スキナーにより**プログラム学習**として教育に応用されています。こういった基本的な学習方法は，言語を用いなくても効力を発揮しますから，動物をはじめ乳幼児など言語媒介を通さない行動形成やコミュニケーションにも役立ちます。

2．社会的学習

　条件づけは，学習者が単独で直接経験することで学習が起こりますが，現実には，他の生活体との相互作用の中で行われる形態の学習もあります。また，社会の中での規範の学習，そして態度や価値観の学習もあります。このように，学習のやり方や内容が社会的であるものを**社会的学習**と呼びます（➡第7章）。

　あなたも「見よう見まね」で，あるいは他者が経験していることを間接的に見るだけでできるようになったものがあるでしょう。他者（モデル）の行動を観察し学習する方法は，**モデリング**として体系化されています。バンデューラらは，次のような実験でモデリングの効果を示しました。まず，幼児たちが3群に分けられ，大人（モデル）が人形に対して攻撃をしている場面を見る群と，おとなしく人形と遊んでいる場面を見る群が設定され，最後の1群はモデルを観察しませんでした。こうして各群の幼児は，人形の置かれた部屋へ連れてこられました。そうすると，攻撃的なモデルを観察した群は他の群に比べて多くの攻撃行動を示したのです。この攻撃行動の獲得は幼児自身に対して直接の強化が与えられていないにもかかわらず，ただモデルを観察しただけで起こりま

した。また，モデルが場面の中で強化を受けたり，罰を受けたりすることでモデリングが影響される場合も報告されています。モデルに対する強化や罰は，**代理的強化**や**代理的罰**と呼ばれています。

ところで，子どもたちの親や教師，さらにはアニメの主人公が最もモデルになりやすく，知らず知らずに子どもの行動を形成している可能性がこの研究から示唆されます（⇒第4部II）。

§3 学習結果をどのように保存するか——記憶の過程

過去に経験した内容を覚え（記銘；符号化），保存し（保持；貯蔵），後で再現する（想起；再生，再認；検索）過程を**記憶**と言います。現在，この記憶の過程や後に述べる思考や問題解決の研究領域には情報処理の考え方が取り入れられています（符号化，貯蔵，検索もこの考え方からのものです）。情報には，正確な定義がありますが，ここでは記憶され，何らかの処理が施され，取り出されるものを指すと考えておきましょう。情報処理の考え方は，心理学へ新たな研究法をもたらしました。つまり，コンピュータという機械に動物や人間の行動をまねさせること（コンピュータ・シミュレーション）で，その理論の実証をすることができるということです。例えば，記憶したり，問題を解いたりというように，機械がまったく人間と同じふるまいをするということは，仮定でしかなかった記憶や思考が，物質で構成できる実体であると考えられるのです。

1. 記憶のモデル

図3-3に，記憶の過程がどのように進むかを表現した記憶のモデルを示します。

記憶は，**短期記憶**と**長期記憶**に分けられます。2つに分ける根拠として，例えば，グランザーらの**自由再生**実験があります。自由再生の課題とは，被験者がいくつかの項目からなる単語のリスト（例えば，椅子，頭，恐竜，リンゴ，……）を学習するように要求され，学習直後できるだけ多くの単語を順序にはこだわらず，想起するように求められる課題です。典型的な自由再生実験では，

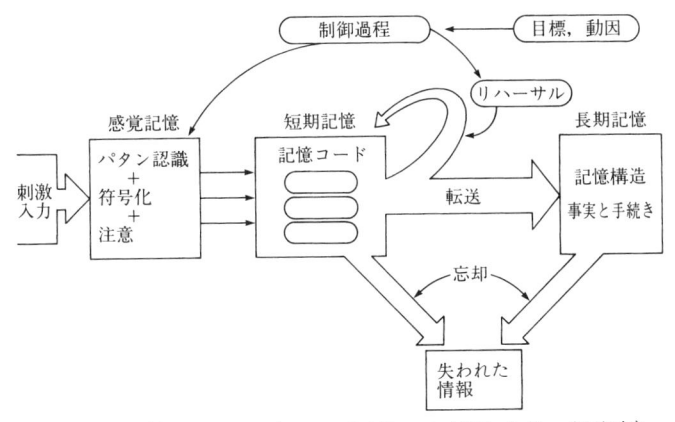

図 3-3　記憶のモデル（Bower & Hilgard, 1981 より一部改変）

　図3-4のような系列位置曲線が報告されます。つまり，リストの初めの部分（初頭効果）と後の部分（新近効果）とがよりよく思い出されます。

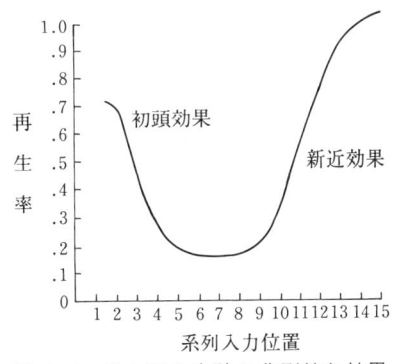

　ここでは新近効果に限って考えてみましょう。さて，新近効果はなぜ起こるのでしょうか。1つは，記憶に新しいまたは，テストに近い時点で行った学習であるからという考え方ができるでしょう。グランザーらはこれを確かめるために，

図 3-4　自由再生実験の典型的な結果（Loftus & Loftus, 1976）

学習後テストまでの間に30秒間の引き算課題を与えました。これによって，すべての位置にある項目がテストから隔たってしまい，前述した考えでは，少なくとも，中間と後半の項目の想起が，引き算課題を与えない場合と比較して悪くなると考えられます。ところが，この条件では中間の項目には影響がなく，新近効果のみが消えてしまいました。この結果は，引き算課題に妨害される記憶（短期記憶）とその影響が及ばない記憶（長期記憶）の2つの存在を示唆します。つまり，系列位置の初めや中間部分は長期記憶から，後の部分は短期記憶から取り出された結果であると考えられます。

　記憶モデルの説明に戻って，あなたが電話帳で友人の電話番号を探して，電

話をかける事態を想定しましょう。感覚を通して入ってきた情報，例えば，電話帳の1ページはまず，**感覚記憶**に入ります。ここでは，物理的な刺激が消失した後も感覚された情報のほとんどが，数百ミリ秒間保持されると言われています。ただし情報が感覚記憶にある間は，その物理的刺激が何を意味しているかをあなたは知ることができません。そして，その1ページの中で注意するなど処理されたもの，つまり友人の電話番号が短期記憶に入ります。この感覚記憶から短期記憶への転送をパタン認識と言います。ここで，長期記憶の助けを借りてやっと刺激の意味づけがなされます。

短期記憶は後で述べるように容量に限界があり，そこに入った情報も，何も処理を受けなければ数十秒で消失すると考えられています。しかし，この情報をリハーサル緩衝器に送れば維持されます。つまり，何度もこの電話番号を口頭やこころの中で唱えるという**リハーサル**（維持リハーサル）を行えば，情報はその間維持されます。日常ではこのリハーサルを電話ボックスから出た後も続けるわけにはいかないので，やがて消滅してしまいます。長期にわたって覚えておく，つまり長期記憶へ情報を渡そうとすれば，また別の努力（精緻化リハーサル）が必要になります。

長期記憶の容量は無限で，半永久的に維持されると考えられています。ここで，短期記憶と長期記憶が脳内の別の場所にあるのではなく，長期記憶のある部分が活動的になった状態を短期記憶であるとする考え方が有力です。

ところで，図3-3のモデルには含まれていませんが，長期記憶はそれを覚えた場所や時間に依存するような個人的な**エピソード記憶**と一般的普遍的な**意味記憶**とに分けられると言われています。エピソード記憶とは，例えば，昨日雨が降ったとか，この本の中に雨という単語があったことを覚えているというような記憶です。これに対して，同じ雨でも，「大気の循環過程で生じ，水蒸気が露点に達したため凝結して地上に落ちてきたのが雨」というような記憶（いわゆる知識）もあります。エピソード記憶については，エビングハウス以来，記憶を量的に測定することを目的とした実験研究が行われていました。しかし，実は無意味綴りでさえ，意味記憶からの影響を免れることができません。例えば，先に紹介した JUK という無意味綴りは，日本人ならじゅく（塾）と変換して覚えるでしょう。

このエピソード記憶と意味記憶の区別は，長期記憶からの検索やそのもとになる長期記憶の構造（例えば，ネットワークモデル；図3-5），そしてエピソード記憶と意味記憶との相互作用に関する研究などを発展させました。次に，その相互作用について見ていきましょう。

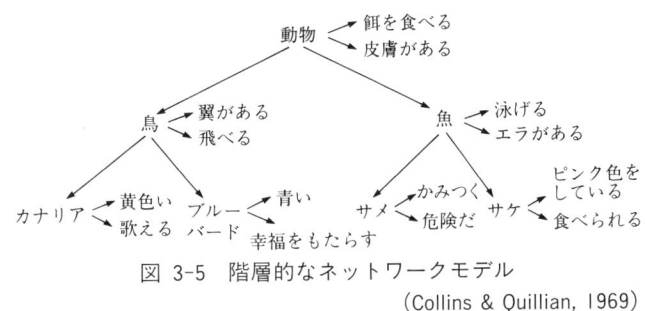

```
                    動物 ―→ 餌を食べる
                   ╱  ╲  ―→ 皮膚がある
                  ╱    ╲
            鳥 ―→ 翼がある    魚 ―→ 泳げる
           ╱╲   ―→ 飛べる   ╱╲  ―→ エラがある
          ╱  ╲             ╱  ╲
                                      ピンク色を
    カナリア  ブルー  サメ  サケ      している
    ―→黄色い ―→青い  ―→かみつく    ―→食べられる
    ―→歌える  バード  ―→危険だ
              ―→幸福をもたらす
```

図 3-5　階層的なネットワークモデル
(Collins & Quillian, 1969)

このモデルからは「カナリアは歌える」という文の真偽判断時間より「カナリアは皮膚がある」の判断に長く時間がかかると予測されます。なぜなら，後者を調べるのにより多くの経路をたどる必要があるからです。

2. 記憶の枠組み

知覚でもそうでしたが，どのような情報でも生のままで記憶されることはほとんどありません。あなたがそれ以前の過去の経験から獲得してきた知識に沿って，いろいろな処理や加工を受けます。これらの知識は過去経験の単なる累積ではなく，まとまりをもった構造をしていると考えられます。これを，**スキーマ**と言います。スキーマは，事象の認知（知覚や記憶）に要するあなたの努力を最小限にします（➡第4部Ⅱ）。

例えば，次の文章を読んでどこかにおかしなところを感じるでしょうか。

> ある事故に巻き込まれた父親と息子の話を考えてみよう。父親は死に，息子は病院の救急処置室に運び込まれた。そこで外科医は叫んだ。「ああ！これは私の息子だ。」(Mandler, 1985／大村ら，1991)

おかしいと思う場合，あなたの外科医スキーマに性差別が含まれていないかどうか見直してみて下さい。

上の例は，現実の理解を歪めるスキーマの例でしたが，ソーンダイクは物語文の記憶において，物語文法に沿って文を提示した場合に，不規則に並べられた文よりも記憶がすぐれていることを示しました。物語文法とは，わたしたちがもっている物語の構成（例えば，物語には登場人物や場所が設定されていたり，主題や結末があるなど）に関する知識です。また，スキーマのうち時系列的な行動を記述したものとして，**スクリプト**があります。例えば，レストランで典型的な行動の系列（席につき，メニューを見て食事を注文する……）のような項目を不規則な順序で記憶・再生させると，もとの順序に戻っていることが多いという結果があります。例えば，あなたが，友人から昨日レストランに行ったことを聞いたとすると，あなたはもうこのスクリプトをあてはめて友人の話を理解するはずです。そこで友人が，値段が安かったと言ったとすると，あなたは食べた後の話だなと思うでしょう。ところが，友人は席につくより前に代金を払ったと言います。実は，デパートのファミリー・レストランだったのです。スクリプトの適用が，記憶や理解を促進することもありますが，妨害，特に偏見となると注意する必要がありそうです。理論上の利点としては，これらが記述するのに膨大になりすぎる個人の知識ネットワークを整理する一助になると考えられます。

3. 記憶を促進させる方法

（1） 記憶と理解

今まで経験してきた学校教育で，あなたは「よく理解して覚えなさい。学習していることの意味について考えなさい」と教師に言われたかもしれません。あなたは，どうしてそれが学習にとって効率的なのかを考えたことがありますか。実は，機械的な丸暗記よりも余分に労力がいりますが，記憶には，時には多くのことがらとともに覚えた方がよく覚えられるし思い出しやすいという面があるのです（➡第4部Ⅱ）。

（2） チャンク化

まず，次の数字の系列を3秒間眺めて覚えて下さい。その直後に思い出して下さい。

　　A）　392568417

次の系列についても同じことをして下さい。
　　B)　　1 2 3 4 5 6 7 8 9

　人は一度にどのくらいの情報を覚えられるのでしょうか。つまり，短期記憶の容量はどれくらいでしょうか。ミラーの実験によると，それが数字であれ単語であれ，ほぼ7±2個であるということです。つまり，記憶される情報の単位は物理的な単位ではなく，意味をもつひとまとまりの単位なのです。これは，**チャンク**と呼ばれます。つまり，覚えようとするものに意味づけを行うことによって，限界のある記憶容量を節約することができます。精緻化リハーサルで行うのはこの作業です。

　上の数列は，まったく同じ数字を使って順序だけが違う数列です。にもかかわらず，B)の方が覚えやすかったのは，提示された数列に「1から9までの自然数列」という意味づけをしたからだと言えます。A)の数列に「咲くに，頃は，良いな」という語呂合わせをすれば，チャンク数は9から3ないしは1に減少し，覚えやすくなります。意味づけは，あなた独自のもので構わないのですが，記憶術の本から借りることもできます。連想法，イメージ化，キーワード法，語呂合わせなどの記憶術も，基本的には記憶すべき内容の有意味化によるチャンク数の減少をめざしたものです。もっとも，精緻な意味づけを行うには，豊富な過去経験や知識が必要になります（⮕第4部II）。

（3）　体　制　化

　記憶すべき材料が高度で複雑な場合は，チャンク化をしても，まだそれら相互のつながりが薄いと考えられます。この1つひとつのチャンクをもっと大きなチャンクにまとめる作業が必要となります。これを**体制化**と言います。つまり，カテゴリーに分類するなり（群化），あなたの経験を通した知識に関係づけて（主観的体制化），統合してまとめていくのが効率的です。さらに，思い出すための手がかりを多くその材料に付加できれば，想起時の再構成や推理がやりやすくなります。例えば，先ほどのA)系列を覚えるのに，自分なりの意味づけをやり直したり，「今はバラの咲く頃かな」などと思ってみるのです。また，この項の体制化の意味を覚えたいのであれば，群化や主観的体制化を心理学辞典で引いてみたり，引用文献のページを見てこの原語を調べてみるのも手がかり

を多くする方法です（●第4部II）。

4. 忘　却

　記憶内容は適当な時に再現されなければなりません。もし，再現できなければそれは忘却されたと言えます。忘却はどのようにして起こるのでしょうか。

　素朴な考え方としては，一度学習記憶されたものでも，テストしたり思い出すなど使用しなければ自然に消滅するとする**記憶痕跡自然崩壊説**があります。記憶痕跡とは脳内にあると仮定される記憶対応物です。

　しかし，ジェンキンスとダレンバックの実験（図3-6）によると，記憶の直後睡眠していた場合に，よく保持されるという結果があります。少なくとも，起きて活動していた人たちの結果を記憶痕跡自然消滅説では説明できません。そこで，起きていた人たちには，学習した内容を妨害する過程が起きたと考える**干渉説**が有力です。その過程とは，新しい学習であると考えられます。干渉には，以前の学習が妨害する場合（順向干渉）と，後の学習が妨害する場合（逆向干渉）があります。いずれの場合でも，前後で行う学習内容が類似しているほど，妨害効果が大きいと言われます。したがって，試験勉強でドイツ語の後，英語を勉強するのはお勧めできません。

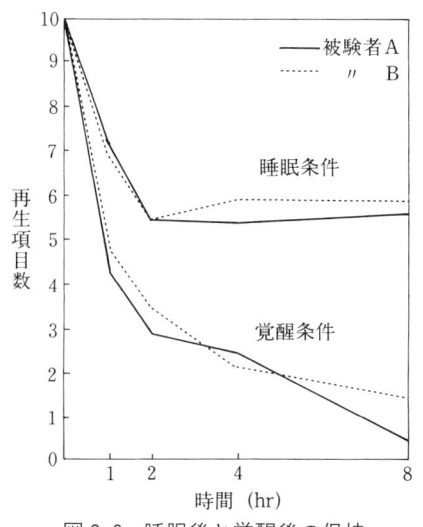

図3-6　睡眠後と覚醒後の保持
（Jenkins & Dallenback, 1924）

　ところで，思い出せないことがらも何らかの手がかりを与えられれば，思い出せた経験をあなたはもっているでしょう。例えば，チャンク化のところで紹介した語呂合わせを思い出せますか。「バラの話を次にしましたね」で，思い出せる人が増えたと思います。つまり，忘却とは適切な手がかりがないために，あるいは手がかりを作り出せないために，必要なことを思い出せないことであると考えることができます。この手がかりを重視した考え方を**検索失敗説**と言

います。この手がかりには，どんな紙に書かれてあったかなど記憶すべき材料中に含まれるものから，どんな部屋や環境で，どんな気分であったかまで含まれます。これを広く文脈と言います。この考え方では，学習する時の文脈と試験など検査される時の文脈状況が類似している場合に思い出しやすいということになります。しかし，試験会場に似せて勉強部屋の模様替えをしたり気分をコントロールするのは困難でしょうから，いろいろな手がかりに結びつくよう，いろいろな文脈で学習したり，手がかりを自分で作り出せるように体制化をしておくことが大切です。

§4 思考の働き

1. 思考とは

思考とは考える働きです。考えると一口に言っても，記憶の想起や想像，空想，問題解決，判断，推理，創造まで，また原始的なものから，高度な抽象的思考まであります。しかし，心理学で当面問題とされているのは，従来の方法ではすぐに反応ができず，直接的な反応をしないで，外から見えない内部で進行している過程です。その過程では，具体的な眼前の刺激に依存しない**表象**を使用していると仮定されます。表象とは，こころの中にあると仮定される現実の事物の代理物です。例えば，あなたの部屋の窓はいくつですかと聞かれた場合，あなたは部屋の視覚的な表象（心像）を思い浮かべて答えると思います。言語はこの代表的なものです。刺激の差を見分け，分類したり共通特徴を認識する概念の学習や遅延反応は動物にも可能であり，したがって，言語は思考にとって必ずしも必要ではありません。しかし，この過程は言語によって確実に促進されます。そして，問題解決や推理にとって便利な道具となります。

ここでは，**問題解決**を中心に論じます。ソーンダイクは，問題解決がでたらめな**試行錯誤**の後に，徐々に獲得されると考えました。これに対して，ケーラーは，チンパンジーによる道具の使用や制作の実験を通して問題解決が突然に成立することを示しました。これを**洞察**と言います。この後，いったい問題解

決がどちらで起こるかについて論争がなされました。もちろん，問題場面や動物種によってどちらが優位になるかは違ってくると考えられますが，ハーロウの**学習の構え**の実験によって一応統合されたと考えられます。つまり，ハーロウはサルや子どもに同種の問題を300個ほど解かせてみました。そうすると，最初は試行錯誤的に何試行もかかって学習されたものが，後になってくると1試行で洞察的に解決されるようになったのです。これは，学習者が一連の問題解決を通して学習方法の学習をしたからだとして，「学習の構え」と名づけられました。

2. 問題解決

問題とは，出発点の事態と何か望ましい事態とのくい違いであり，そして解決はこれら2つの間のギャップをつなぐ方法の発見ととらえられます。この方法の発見には，過去の経験を再生反復使用すれば解けるもの（再生的思考）から，過去の経験をもとに作り変えたり，今までにない新しい方法を開拓するもの（創造的思考；●第5章）まであります。

(1) 問題解決を促進する要因

4桁の暗唱番号を探索する場合，10の4乗の組み合わせが可能ですが，その人の誕生日や電話番号を知ることで解決されることもありますので，番号を登録する時は気をつけなければなりません。10の4乗をすべて試す場合のように，確実に解決を保証された一連の手順を**アルゴリズム**と言います。他方，誕生日や電話番号にかかわる4桁の数を試す場合のように，常に解決に導くとは限らないが，うまくいきそうな大まかな方針を**ヒューリスティック**と言います。

このようなヒューリスティックには，問題の目標段階に類似する段階へと近づけていく目標段階との類似度の検討や，問題をより小さな問題に分け（下位目標分析），現在の状態と目標段階との差を減少させることをめざす手段―目標分析，目標段階から逆に解決法をたぐる逆行作業などがあげられます。このような過程を助けるのが推理ですが，ウェイソンによると，どうやら人間は論理的推理が苦手なようです。この他の方法としては，解決過程の言語化やKJ法など種々の発想法または集団思考（●第8章）も問題解決を促進します。

(2) 問題解決を妨害する要因

ここまで，問題解決を促進する方法の適用の話をしてきましたが，問題そのものを適切な形で正しくとらえているかどうかも問題解決に影響してきます。これは，昔からこだわりや構えの問題など問題解決を妨害する要因として研究されてきました。

(a)**思考枠**　　まず，図 3-7 の 9 点を一筆書きで結んで下さい。ただし，その場合 4 本の線分しか使えません。できない場合は，9 点の枠の中に，勝手に自分を閉じ込めているわけです。

(b)**機能的固着**　　道具の機能つまり働きを限定しすぎる傾向が人間には見られ，これが問題解決を困難にします。図 3-8 を解いてみて下さい。容器は物を入れるだけにしか使えませんか。

図 3-7　思考枠に関する問題：9 点を一筆書きで結ぶこと。ただし，その場合 4 本の線分しか使えない。(東・大山，1969)

図 3-8　機能的固着に関する問題：図の中の道具のみを用いてローソクを壁に立てること。(Anderson, 1980)

(c)**構　え**　　機能的固着の例はその問題の与えられ方にも影響されるようですが，道具の使い方を過去経験によって限定してしまう人間の性質を示しているのかもしれません。ルーチンズは水がめ問題の解決過程において，実際に学習によって獲得された習慣が問題解決を妨害した例を報告しています。

以上は問題解決にあたって，問題そのものやそれを解くための概念や操作の問い直しが必要なことを示しています。

◯参考図書

アンダーソン, J. R.　富田達彦・増井　透・川崎恵理子・岸　学（訳）1982　認知心理学概論　誠信書房

羽生義正（編）　1988　現代学習心理学要説　北大路書房

ロフタス, G. R.・ロフタス, E. F.　大村彰道（訳）　1980　人間の記憶　東京大学出版会

◯キーワード

学習　行動　記憶　思考　発達　成熟　条件づけ　社会的学習　古典的条件づけ　道具的条件づけ　無条件刺激　無条件反応　強化　条件刺激　条件反応　実験的消去　自発的回復　刺激般化　分化　強化子　罰　連続強化　部分強化　行動療法　プログラム学習　モデリング　代理的強化　短期記憶　長期記憶　自由再生　感覚記憶　リハーサル　エピソード記憶　意味記憶　スキーマ　スクリプト　チャンク　体制化　忘却　記憶痕跡自然崩壊説　干渉説　検索失敗説　問題解決　表象　試行錯誤　洞察　学習の構え　アルゴリズム　ヒューリスティック

◯課　題

1．人間の行動は，学習の上に学習を重ねてできあがったものであると考えられます。自動販売機を使う行動1つとってみても，いくつかの学習がその中に組み合わさっています。ところで，チンパンジーでも自動販売機を使えるように訓練することができます。そこで，チンパンジーの好きなバナナ自動販売機があるとします。チンパンジーが，コインを自動販売機に入れて，ボタンを押してバナナを出せるようになるまでの訓練計画を考えて下さい（➡第2章）。

2．記憶は覚えるべきことがらを，今までもっている知識によってチャンク化や体制化をすることで促進されます。これは覚える段階だけではなく，情報を取り出す検索の段階にも通用します。整理された手がかりが豊富な知識は，取り出しやすいのです。図書館の分類カードによる本の検索がその例です。そこで，章末のキーワードをあなたなりの分類法で，分類し構造化をしてみて下さい。その際，図3-5のような階層をもとにした分類が参考になるかもしれません。つまり，あるキーワードとあるキーワードは意味や概念上で近い関係にあり，それらはもう1つ上位のキーワードでまとめられるといった具合に整理していくとよいでしょう。

第 2 部

こころの特性と発達を知る
―― パーソナリティの発達と病理 ――

第4章

ライフ・サイクルを考える

――こころの生涯発達――

　人の一生はいくつかの時期に分けて考えることができます。学説によって，その時期の区分の仕方や名称に違いはありますが，ここでは以下のようにして，人のこころの発達を見ていきましょう。前半（§1～§5）は，皆さんが「赤ちゃん」と呼んでいる時期（胎児期，新生児期，乳児期）と，「子ども」と呼ぶ時期（幼児期，児童期）の特徴を取り上げ，それらの発達の姿を紹介します。そして，後半（§6・§7）では子どもから大人への時期である青年期，大人と呼ばれる時期以降の成人期，中・高年期について，各時期のこころの発達や課題を説明します。

§1　生まれる前の赤ちゃん――胎児期

　受精卵着床から8週までを「胎芽期」，それから出生までを「胎児期」と言います。赤ちゃんはお母さんのお腹の中で260～270日を過ごします。この時期は人の一生の中でも身体の成長が著しい時期でもあります。たった1個の細胞が出産時には約44兆個にも増加します。体重については，妊娠8週頃1円玉（1g）くらいだった赤ちゃんも，生まれる頃には約3000gにも増加します。

1. 医療の発達

　最近の医療機器の発達はめざましく，超音波断層撮影装置などによって生まれる前の赤ちゃんの詳しいようすがわかるようになってきました（図4-1）。その結果出産前に，赤ちゃんが双子であるかとか，性別などがわかるようになり

ました。しかしながら，医療の発達にともなって，さまざまな問題が起こってきていることも事実です。人工授精や代理出産の問題，排卵誘発剤の影響で多数胎児になった場合の措置など，これらは，法的・倫理的な課題ですが，今後心理学的にも検討されなければいけないでしょう。

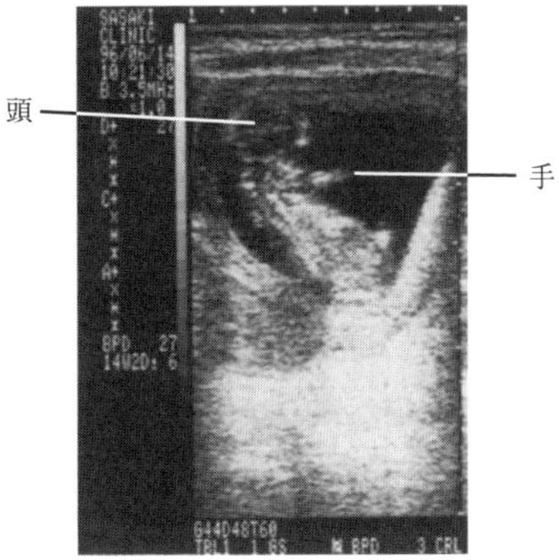

2. 心身の機能

図 4-1　超音波断層撮影（13週の胎児）

乳児期の赤ちゃんがもつ**原始反射**と言われる反射もこの時期から芽生えています。例えば20週の頃には把握反射という手足をキュッと握りしめる反射が見られます。また，お腹の中で光や音を感じたり（7か月），睡眠のリズムをとる（9か月）ことなど，生まれる前から赤ちゃんは準備を始めているのです。さらには，汚れた羊水を自ら飲み浄化したり，産まれる時にも，赤ちゃんが自ら身体の姿勢を変えて産道を通り抜けやすいようにするなど，赤ちゃんの能力のすばらしさがこの時期からたくさん見られるのです。

§2　生まれてすぐの赤ちゃん——新生児期

1. 原始行動

出生から生後4週間くらいを新生児期と言います。この時期の赤ちゃんには表4-1のように大きな変化が起こります。その変化に適応しながら，さらに有能な姿を見せてくれます。例えば，出産直後でもガラガラの音に反応したり，動かすボールを目で追うような動作です。また，出産数時間である種の模倣も見

表 4-1　生まれる前と後の呼吸と栄養摂取法

	呼 吸	栄 養
生まれる前	胎盤呼吸	胎盤栄養
生まれた後	肺呼吸	経口栄養

表 4-2 原始行動（三宅・黒丸，1971）

状態	1. 規則性睡眠	2. 不規則性睡眠		3. 静かな覚醒	4. 活動的覚醒	5. 泣き叫び
自動運動（内的刺激による）	抱きつく運動	吸飲運動	表情運動	（反射的眼球運動）	四肢・全身運動	泣き・全身運動
	時々，リズミカルに体をびくつかせる。バンザイから合掌する形をとる。	吸乳するように口をリズミカルに動かす。	微笑（生理的微笑），しかめ面などリズミカルに出現する。	（外界に注意を向けている。パターンを示すと追視反射が起こる。）	四肢の急速な屈曲，体をねじるなど。	全身運動を伴って，単調なリズムで泣く。
原始反射（外的刺激による）	名　称	説　明			反射を基礎に成立する行動	
	口唇探索反射	唇や周辺に物が触れるとそちらを向く。			｝食べる行動	
	吸飲反射	口の中に物が入ると吸う。				
	逃避反射	足ウラをピンでつくと，膝と足を曲げる。			｝危険なものから身を守る行動	
	瞬目反射	眩しい光等をあてると，まぶたを閉じる。				
	追視反射	静かな覚醒時，パターン提示を目で追う。			知的にものを認知する行動	
	モロー反射	急な落下，大音に「抱きつく」行動を示す。			母親に抱かれる行動	
	把握反射	指や手のひらの刺激をひとりでに握る。			ものをつかむ行動	
	自動歩行	支えて立たせると足を交互に動かす。			歩く・走る行動	

られます。母親が舌を出すことを繰り返すと赤ちゃんも舌出しをする回数が増えることが観察されています。これは**コ・アクション**（共鳴動作）と言われるもので赤ちゃんの学習能力の芽生えです。さらに，生得的に備わった反射行動である**原始反射**が見られます。脊髄や脳幹といった進化の上では古い脳で制御される原始行動（表4-2）であることからこう呼ばれています。例えば「吸飲反射」は，赤ちゃんの唇がお母さんの乳房などに触れるとそれに吸いつこうとする反射で，母乳を吸うために必要です。この例のように，原始反射は赤ちゃんの生命を維持するのに重要であると考えられています。しかし，「吸飲反射」がなくなり「指しゃぶり」が出てくるように，反射はやがて消失し，代わって意志をともなった動き（随意運動）ができるようになるのです。また，原始行動は，その出現や消失を指標として発達診断や障害の早期発見に役立つこともあります。

2. 母　性

物理的な音ではなくて母親が話しかける声に合わせて赤ちゃんが0.7～2.4秒

後に身体を揺すったり手足をダンスのように動かす**同期性**（interactional synchrony）が見られ，さらに母親はその動きの0.7〜2.4秒後に赤ちゃんに話しかけるといったことも報告されています。これらのことは，お母さんと赤ちゃんの絆づくりの始まりとして見ることができます。そして，その母子の関係が基本となって将来の人と人との関係を築いていく準備がなされることがわかります。生まれてすぐの赤ちゃんとの接し方はお母さんの母性を育てるという説もあります。読者の皆さんは母性愛は本能的なものであると考えてはいませんでしたか。クラウスは出産後3日間に合計で16時間だけ多く赤ちゃんと過ごしたお母さんの方が授乳以外の時間を赤ちゃんと過ごさなかったお母さんに比べて，その後の赤ちゃんに対する働きかけや，関心を払うことが多かったと報告しています。こうした研究から，病院でも母子を出産後の早い段階で同じ部屋にする**母子同室制**を採っているところが多く見られるようになりました。母性という母親らしさを育てる意味でもこの時期は重要な時期なのです。

§3　微笑みや「マンマ」が言えるまで——乳児期

　生後1か月から1年もしくは1年半の時期を乳児期と言います。乳児期は母子の関係が確かなものになり，愛情を基礎としての情緒的な発達が進みます。この時期は社会性や情緒の萌芽の時期と言えるでしょう（●第2章§4）。

1.　母子相互作用

（1）　微笑み

　生後2，3日の浅い睡眠時に口のまわりに微笑むような動きが見られますが，これは**自発的微笑み**と呼ばれています。しかしこの微笑は口元だけで目元までは笑っていないのが特徴です。しかも物理的な外からの刺激がない状態でも見られるものです。1か月を過ぎてくると，物よりも人の顔に対して微笑むようになります。さらに，2か月頃から明らかに見慣れた人とそうでない人を区別するようすが見られるようになります。そして，特定の人に対して表情をともなって微笑む**社会的微笑**が見られるようになります。この微笑反応は3か月頃

コラム⑤

丸い形は愛される —— ベビー図式

　映画人の間では,「どんな名優も動物と子どもには勝てない」ということが言われているそうです。彼らのもつ,自然なふるまい方や,あどけないしぐさや表情は作ろうと思っても作れないという意味と,彼らを主人公とした作品がヒットするという意味があるのでしょう。いずれにしても,世界中の人たちが動物や子どもたちに対して愛しい感情をもっていることを示すことばということができるでしょう。

　皆さんも,動物の赤ちゃんを見て「かわいいー」と思わず声が出ることはありませんか。こころの中の声も含めると,ほとんどの人が経験していることですよね。また,不思議なことに私たちは見慣れていない動物の赤ちゃんでも,それが赤ちゃんであることを自然に認めて,かわいいと感じます。なぜでしょうか？　どんな動物の赤ちゃんにも,何やら共通点があるようです。それは,丸っこい形,小さなからだ,頭でっかち,顔の真ん中より下にある大きな眼,手足が短いなどの赤ちゃんのもつ視覚的な特徴が共通して多くの動物に見られるのです。そして驚くことに,これらの特徴が彼らの身を危険から守っているのです。ローレンツによると,どの動物もこれらの視覚的な特徴によって「かわいい」という感情が引き起こされて,その子どもを守ってあげたいという養護反応が発生する生得的な解発機構(ベビー図式)をもつのだそうです。子どもと親との相互的なかかわり合いに見られる図式と考えられています。そしてこのようなどの動物の幼体にもある,丸くて,小さい特徴が,他の動物のもつ攻撃反応を抑制していると言うのです。ベビー図式は,お母さんと赤ちゃんのこころの絆を結びつけるために大切な働きがあるのですね。そして,かわいさを示す視覚的な特徴は赤ちゃん自身の生命を守る大事な役目を果たしていたのです。

　そう言えば,子どもたちの好きなものを見ても,これらの特徴のあてはまるものがありますね。丸い形をしたものです。マンガのキャラクターやぬいぐるみの動物を考えてみて下さい。実在するものよりも丸くデフォルメ(変形)されていませんか。ミッキーマウス(ネズミ)やキティーちゃん(ネコ),ドラえもん(ネコ?)などなど……。

図 ⑤-1　人間と動物の赤ちゃんと大人 (Lorenz, 1943)

に最も多く見られることから**3か月の微笑み**とも言われます。この微笑みは母親（養育者）に「かわいい」という感情を呼び起こさせ，乳児との間のこころの絆をより強くすることになります。乳児の方も母親（養育者）との間の，会話をしているような音声や身ぶりのやりとりの中で母親に対する**愛着（アタッチメント）**を形成していくのです（→第2章）。

（2）　人見知り

乳児も6か月から8か月頃になると**人見知り**をするようになります。8か月頃に多く見られるためにスピッツは**8か月の不安**と呼びました。母親（特定の人）ににこにこ微笑み，目を向け，いなくなると泣いたりする行動が見られます。これは赤ちゃんが母親を重要な他者として認識し，愛着対象とし始めたことを示しています。

（3）　基本的信頼感

微笑や人見知りの中に見られる赤ちゃんと母親のこころのやりとりは**母子相互作用**と呼ばれ，母親も子どもの発達とともにより母親らしく成長していくための重要な活動と考えられています。そして，この活動を通しながら赤ちゃんに十分な愛情を注いでいくことが，この時期には特に大切です。それはエリクソンのいう**基本的信頼感**をもつことにつながるからです（→コラム⑥）。彼は，乳児期に十分な愛情を注いだ世話を受けることで，乳児はまわりの世界を信頼し基本的な安心感をもつようになる，しかし，十分に世話をされないと，世界に不信を抱き，自分が世界に受け入れられない存在と感じてしまうと考えています。すなわち，乳児にとって基本的信頼感を獲得することが課題となるのです。そして基本的信頼感をもたせるためにも，養育者がたくさんの愛を注ぎこころの絆をより強くしていくことが必要です。

2．認知発達

（1）　喃　　語

2〜3か月頃の赤ちゃんは，「アー」とか，「バブー」という意味をもたない発声を始めます。これは**喃語（バブリング）**と呼ばれ，意図を伝達するという目的でなく，乳児が声を出すことそのものを楽しむものと考えられています。

1歳頃になると一人歩きができるようになり，「マンマ」「ワンワン」という

ある一語のことば（**一語文**）を話すようになり，コミュニケーションが盛んになってきます。

（2） 自己意識の芽生え

鏡の中に映った自分の鼻に口紅がついていたりすると自分の鼻をさわったりするという反応などから，自分を対象としてとらえる**自己意識**は，8か月頃から芽生えると考えられています。また，10か月頃から，「わたしの物」という意識が発生して，自分のおもちゃがもっていかれるのを嫌がったり抵抗する行動が見られます。それにともなって自己主張も起こりはじめ，自分のほしいおもちゃや，やりたいことなどの訴えをするようになります。

§4 遊びの中で育つ子どもたち——幼児期

乳児期を過ぎてから就学をむかえる6歳頃までを幼児期と言います。この時期の子どもたちは，ことばをうまく使えるようになり，大人と同じように会話ができるようになります。また，身体機能も発達して，跳ぶ，走るといった全身を使った運動ができるようになります。そして，これらを基礎として食事やトイレ，歯磨きや着衣といった基本的な生活習慣を身につけるのです。

1. 社会性の発達

幼児になると，それまでの家の中を中心とした生活から外界へと生活空間が拡大するようになります。それまで母親に依存していたさまざまな欲求を自らの力で解決したいという欲求が出てきます。すなわち「自分でしたい」という自立心が芽生えてくる時期なのです。養育者から見ると，今までになかった反抗的な態度が見られるために，この時期を**第一反抗期**と呼ぶ場合があります。しかし，このような幼児の態度は，自己を意識し主張していく過程の中で生じてくるものなのです。親という**安全基地**から距離をとるために一度は起こる現象と考えられるのです。

一方，しつけにも関係する道徳性については，幼児は自らの判断基準を設ける自律的な判断ではなく，母親（大人）の善悪の判断をもとにする他律的なも

のです。ここでも母親は重要な位置を占めていることは否めません。すなわち，幼児は母親への愛着を基盤にしながら物事の善悪や規則といった基本的な社会性を身につけていくのです。

　遊びの中にも社会性の発達が見られるようになります。乳児の時は一人で遊ぶ場合がほとんどで，複数が一緒に遊ぶ場合も**平行遊び**というように，それぞれが別々に遊んでいるだけなのですが，幼児期になると仲間たちと協力しながら同じ遊びを楽しむ**共同遊び**をするようになります。

2. 認知発達

（1）ことばと遊び

　幼児期を**質問期**と呼ぶことがあります。それほどこの時期の子どもたちは大人にたくさんの質問をぶつけてきます。具体的には，1歳半から2歳には「これ何？」が多く，**二語文**で「コレ　ナニ」（疑問），「オーキー　ブーブー」（命名）というような発話が出てきます。また，2歳半から3歳では「なぜ？」という物事の因果関係を理解するための発言が多くなり，一文のことばの数も多く（多語文），「〜ダカラ…ダヨ」（従属文）といった会話を自由に交わせるようになります。このような幼児の知的な好奇心が満たされていく中で，子どもたちは物の名前を理解し，事物の像を意識の中に取り込むこと（**表象の使用**）が可能になります。そして，遊びの中でも**象徴遊び**（ごっこ遊び）をして物を何かに見立てて扱えるようになるのです。

（2）自己中心性

　幼児は他者の視点から物を見ることが困難で，自分の見えを他者の見えとする特徴があります。例えば，左右の判断なども反対側に位置する相手の左右と自分のそれが逆になるということがわかりません。これらの幼児の特徴はピアジェのいう**自己中心性**のために起こると考えられます。

　知覚においても幼児の未分化性が表れて，ウェルナーの言う**相貌的知覚**のように，物を自分に即して見ようとします。また，事物すべてにこころがある（アニミズム）とか，漫画のキャラクターも実在する（実念論），自然の川や山も人が作った物（人工論）という具合の世界観が見られます。推理においては次の事例のような，その場限りの仮説（アド・ホック仮説）を用いてしまうのも幼

児の思考の特徴です。

【事例】
　白い子ウサギ2匹と茶色の子ウサギをA子とB子の2人の園児が見ている。
　A子「この白いウサギさんたち，仲がいいんよ。」
　B子（茶色の子ウサギを指して）「じゃあ，このウサギは？」
　A子「このウサギも仲がいいんよ。」
　B子「じゃあ，もう少しすれば，これも白くなるんだね。」

（有馬，1994）

§5　学び合う子どもたち——児童期

　6歳くらいから11，12歳のちょうど小学校の就学から卒業の時期を児童期と呼びます。生活の中心は家庭から学校になります。行動の基準も幼児期のように親からではなく，仲間とのかかわりの中に求めるようになる時期です。また，身体的には男女差が表出してくる時期でもあります。

1. 社会性の発達

　児童期は，幼児期よりもいっそう子どもたちの個人差が出てくる時期です。小学校に入学して当初には幼児期と同様な自己中心性を見せる子どもたちも多くいますが，中期になると，リーダーを中心とした仲間集団を作り，その集団でさまざまな活動をするようになります。子どもたちは仲間たちとの遊びの中で秘密基地やルールを作ったりします。そして，その過程で責任をもつことや規則を遵守することなどを学びながら，人とのやりとり（社会性）を身につけていくのです。このように仲間関係の中から行動の規範を見い出し，仲間意識が強くなってくる時期を，**ギャングエイジ**（徒党時代）と呼んでいます。

　児童期の後期になると，男の子は男の子の，女の子は女の子のグループという具合に，同性のみの集団を形成するようになります。このことは異性への関心が起こり始めたことを表すものでもあります。さらに，年々子どもたちの身

体的な成長が早まっているという**発達加速現象**もこの時期から見られます。

2. 認知発達

児童期は幼児の頃の見かけに左右される自己中心的な思考形態はなくなり，論理的な思考が可能になってくる時期です。児童の認識の仕方は，事物を自分中心にとらえていたやり方から抜け出すという意味で**脱中心化**ということばで表されます。例えば，外部から手が加わらない限り本質的な変化はないという認識である**保存概念**（⇒第4部Ⅱ）が形成されます。さらに，児童期前期には論理的な思考といっても具体的な事物を中心に考えを進めなければなりませんが，後期になると，だんだんに客観的で抽象的な思考ができるようになります。作文においてもフィクションを書くことが可能になります。そして，「もし…ならば〜である」というような仮説演繹的な思考もできるようになります。道徳的なことがらにおいても，大人からの賞賛が基準で「よい子」志向をしていた幼児期と違って，自分の価値基準で判断すること（**自律的判断**）ができるようになります。

§6 青年期——自分らしさの確立に向けて

青年期以降のこころの発達の問題は，社会の長寿化，高齢化にともない**成人発達心理学**として，また受胎から死までを視野にいれた**生涯発達心理学**として注目されています。

生涯を通じた発達に関しての研究では，ユングやエリクソン，ハヴィガースト，レヴィンソンなどが知られています。中でもエリクソンの発達図式は，成人発達研究の理論的基礎として多大な影響を与えていると言われています。そこで，ここではエリクソンの発達図式をもとに，青年期から中年期，高齢期のこころの特性とその発達について見ていきましょう。

1. 変化するからだ・こころ・人とのかかわり

人間を**生物－心理－社会的存在**として見た場合，**青年期**にはそれぞれの側面

でさまざまな変化が見られます。身体面の変化を強調する時には，性的成熟の始まりから安定するまでの期間を特に**思春期**と呼び，それにともなう心理―社会的側面に関する概念としての青年期と区別する場合もあります。ここでは身体面の成熟も含めた包括的な意味で，青年期ということばを用います。

　小学校高学年から中学生くらいの時期になると**第二次性徴**をむかえ，大人の体型へと変化していきます。早熟，晩熟といった**個人差**はあれ，このような身体の急激な変化は，必然的に身体への意識，さらには自分自身への関心を高め，そこから自分のこころを内省する力が育っていくのです。

　身体の成熟にともない周囲から"大人"としてふるまうことが期待されるなど，社会的役割も変化していきます。第二次性徴によって自身の性別に直面する青年期には，性別によって社会が期待する女らしさ・男らしさ（**性役割**）や**ジェンダー**（生物学的性別である**セックス**に対して，社会・文化的に規定される性別：→第4部Ⅱ）をどう受け入れるかという問題が顕著となります。友人との関係では，単なる遊び仲間から，尊敬できたり共感できるといった精神的結びつきを重視する関係へと変化していきます。

　特に変化の著しいのは親との関係です。青年期に入ると，**第二反抗期**と呼ばれるように，親への反抗や自己主張が顕著となり，子どもは親から自立していきます。しかし，同時に「親ならどう考えるだろうか」といった親の視点を自らの中に取り込んで考えることが可能となり，親のほうも青年を一人の独立した存在として認めるようになります。そして，互いに独立した大人として，仲間のような関係になっていくと言われます。

2. アイデンティティ——自分らしさの確立

　「あなたはいったい何者ですか？」

　こう問われた時，あなたならどう答えますか。青年期に入り身体の成熟に端を発する変化に直面し，もはや児童期の連続線上のままには生きられなくなると，これまで抱いていた自分に関するイメージ（**自己像**）は揺らぎ始めます。そして，青年は上述の問いかけに向かい合わねばならなくなります。

　エリクソンは，このような「自分とは何か」という問題こそ青年期にもっとも優勢となる課題であると考え，**アイデンティティ（自我同一性）**という概念

を提唱しました。鑪ら（1995）は，アイデンティティを「他者の中で自己が独自の存在であることを認める（自分は他人と違う）と同時に，自己の生育史から一貫した自分らしさの感覚（自分は自分）を維持できている状態」と説明しています。

また，**アイデンティティの確立**に関して鑪（1990）は，「自分で自分をつくっていこうとするこころの動き」であり，自分についての決定を人のせいにしたり言い訳したりはできない，真の孤独を味わうプロセスであると述べています。そして，このような孤独に耐えられない人は，その決定のプロセスを他人にまかせたり，決定をのばしたりして逃げ出してしまいますが，それは"自分"から逃げ出すことと同じであるため，"自分"についてますますわからなくなってしまうのだと説明しています。このような状態は**アイデンティティ拡散**と呼ばれ，時には**こころの病**（●第6章）とも関連することがあります。

なお，青年期には社会的責任や義務が社会から一時免除され，その間にさまざまな試行錯誤を行い，自分自身の可能性を試してみることが可能となりますが，アイデンティティの確立にはこのような猶予期間（**モラトリアム**）が必要とされるのです。

3. 青年から成人へ──親密性 対 孤立

成人期には，仕事や恋愛，友情などさまざまな他者とのかかわりの中で親密な関係を抱けるかどうかが課題となるとエリクソンは述べています。**親密性**が確立されなかった場合，その対極にあるものは周囲の人々からの**孤立**です。

異性との関係を考えると，恋愛や結婚，そして家庭を築いていく，といったテーマが浮上してきます。ただし，まわりの友だちが皆カップルになっているからとか，自分もいい年だからといって，相手まかせや妥協的な出会いによる"形式的"な恋愛や結婚が行われたとしても，それは"自分"で決定するというプロセスから，つまりは"自分"から逃避しているにすぎません。そのような関係は，本当の意味での親密性とはほど遠いものなのです。

コラム⑥

エリクソンのライフ・サイクル論

　エリクソンは，誕生から死までの人生の段階全体をひとまとまりとして，**ライフ・サイクル**ということばを用いています。ライフ・サイクルは乳児期，幼児期，児童期，学童期，青年期，成人期，中年期，高齢期の8段階に分かれています。さらにエリクソンは，図⑥-1に示されるように，各発達段階ごとに優勢となる心理－社会的危機をあげました。例えば，第Ⅰ段階の乳児期を横に見ていくと，「信頼感 対 不信」が危機であることがわかります。同様に，幼児期では「自律性 対 恥・疑惑」，児童期では「自発性 対 罪悪感」，学童期では「勤勉性 対 劣等感」という具合です。この図は**個体発達分化の図式**と呼ばれています。

　ここで言う「対」とは，社会の中で生きていく上でのプラスの力とマイナスの力のバランスが重要であるという意味です。なぜなら，これらは混ざり合って存在しており，マイナスの力だけを完全に排除したり回避したりすることは不可能だからです。しかし，少しでもマイナスの力を弱める努力をすることで，両者のバランスをプラスの方向に傾けることは可能であり，そこにこころの成長の可能性もあるのです。

　ところで，この図では各発達段階に1つの危機しかないように見えますが，これはその時期に最も優勢となる危機であるという意味です。実際にはそれ以前の危機も発達の節目ごとに再度，問い直されているのです。

		1	2	3	4	5	6	7	8
Ⅷ	高齢期								統合性 対 絶望
Ⅶ	中年期							世代性 対 自己陶酔	
Ⅵ	成人期						親密性 対 孤立		
Ⅴ	青年期					アイデンティティ 対 アイデンティティ拡散			
Ⅳ	学童期				勤勉性 対 劣等感				
Ⅲ	児童期			自発性 対 罪悪感					
Ⅱ	幼児期		自律性 対 恥・疑惑						
Ⅰ	乳児期	信頼感 対 不信							

図⑥-1　個体発達分化の図式（鑪，1990を一部改変）

§7　中・高年期——人生の午後を生きる

　人生後半の心理学的問題に注目したユングは，人の一生を1日になぞらえて，中年期を「**人生の正午**」と呼びました。人生の前半が外的世界への適応に重点が置かれるのに対して，人生の後半は自己の内的統合に向かうと考え，その転換点である中年期（40歳前後）を「正午」にたとえたのです。正午を過ぎると陽は徐々に傾き，やがてたそがれ時がやってきます。中年期・高齢期という"人生の午後"を生きることの意味を心理学的視点から考えてみましょう。

1．中年期の変化とアイデンティティ

　中年期は一般に暦年齢の40歳から60歳くらいまで，と考えられています。この時期は，いわゆる"働き盛り"として社会の中核を担い，職業的にも家庭的にも多くの責務を負っている年代です。

　40歳から50歳代半ばまでの人々を対象に，アイデンティティに関する調査を行った岡本（1985）によれば，調査対象者の過半数が①体力の衰えや体調の変化という**身体感覚の変化**，②**時間的展望のせばまりと逆転**（死の側から自分の余命を考えること），③**仕事における限界感**，④**老いと死への不安**，といった否定的変化を体験しているということです。なお，肯定的変化としては，「会社でベテランとして評価される」「自分らしさや個性が出てきた」などの**自己確立感・安定感の増大**が報告されています。

　岡本は，中年期の否定的変化はいわば自己の有限性の自覚に関連するものであり，アイデンティティの危機につながると述べています。「心身の変化の認識にともなう危機」を経験することで，それまでのアイデンティティに再吟味・再方向づけが求められるからです。これは「定年退職期の危機」においても同様です。このようにアイデンティティは一生を通じて何度も危機をむかえては問い直され，発達・成熟していく，と考えられるのです。これが岡本の**自我同一性のラセン式発達のモデル**の考え方です。

2. 世話すること・はぐくむこと——世代性 対 自己陶酔

　エリクソンは，中年期の心理―社会的危機を**世代性 対 自己陶酔**としています。**世代性**とは，子孫をつくったり職場の後輩の指導をしたりということに代表されるような，次の世代の確立と指導に対する興味・関心のことです。一方，このような"世代"に関する関心・関与がもてない場合，自分のことばかりにとらわれたナルシスティックで**自己陶酔**的人間となってしまいます。

　エリクソンは，世代性のテーマがこれまで大切にしてきた人や物，観念の"世話"と関連すると考えました。ここで言う世話とは，"親が子どもを育てる"といった一方向的なものではありません。すなわち，親は子どもを育てることで，逆に親として世話することを学び，世代性という自己の心理―社会的危機を克服していくという相互関係がみられるのです。このような関係は**相互性**と呼ばれ，エリクソンの発達理論の特徴です。

　高齢社会をむかえたわが国では，中年期の人々にとって子育てと同様に老親の世話が切実な問題となっていますが，これも同様に一方的な関係ではありません。世話をする若い世代，特に中年期の人々にとっては，高齢者の世話をすることが，世代性の危機を克服する契機となります。また，高齢者にとっては，他者からの世話を受け入れることで，世話をするというのはどういうことか，という感覚を身をもって次の世代に伝えることになるのです。このように"世話されること自体が世話である"といった形の高齢者の世代性を，エリクソンらは**祖父母的世代性**と呼びました。高齢者の扶養・介護も，世代性や相互性という視点でとらえ直してみる必要があるのではないでしょうか。

3. 高齢期の多様性とエイジズム

　一般に暦年齢で65歳以上の人々を**高齢者**と呼びます。しかし，現在の日本のように平均寿命が伸びると"**高齢期**"はずいぶん長い期間を指すことになります。65歳になったばかりの人も，100歳を越えた人も同じ"高齢者"ということになるからです。そこで，75歳を境にして，65歳から74歳までを**ヤング・オールド**（前期高齢者），75歳以上を**オールド・オールド**（後期高齢者）と区分する場合もあります。さらに，高齢になればなるほど集団としての均質性がなくな

コラム⑦

ポックリ寺の帰り道——ポックリ願望と個人の尊厳

　近畿地方を走る，ある私鉄電車の車内でのこと。4，5人づれの高齢期女性のグループがおしゃべりに花を咲かせています。どうもポックリ寺にお参りした帰り道らしいのですが…。

　「○○さん，急に亡くなりはって，びっくりしたねえ」
　「そうそう，ついこのあいだ一緒に××寺（有名なポックリ寺）にお参りに行ったところやのに……」
　「そういうたら，△△さんが亡くなりはったんもポックリ寺へお参りに行ったすぐあとやったわ」
　「ほんまにポックリ往くんやったら，これからはお参りに行くのん，やめとこかしら」
　（一同，声を合わせて）「ほんまやわぁ！」

　わざわざポックリ寺に"ポックリ往きたい"とお参りに行きながら，"本当にポックリ往くんなら嫌だ"なんて……と苦笑された方もおられるかもしれませんね。
　ポックリ寺を参詣に訪れた高齢者91名を対象として，個別に面接調査を実施した井上によると，ポックリ寺参詣の理由の93％が「寝たきりになって，人に迷惑をかけたくない」からでした。このことから，高齢者の多くが家族など周囲の人の手をわずらわせたくない，と気遣っていることがわかります。そこで，「もしあなたが寝たきりになったとしても，あなたを世話する人が少しも迷惑がらず，1日でも長生きしてほしいと願い，こころから暖かく看護してくれるとしたら，もうポックリ往くことを願いませんか？」と尋ねたところ，大半の高齢者は「もしそうであればたいへんうれしいが，やはりポックリ往きたい」と答えたそうです。
　この結果から井上は，高齢者が"ポックリ往きたい"と願う深層には，家族など周囲の人への気遣いとともに，身辺の自立が奪われ，排泄に関してまで他者の手を借りねばならない（と彼らが考える）"寝たきり"の状態にはなりたくない，すなわちそのように"個人の尊厳"が侵されるような状態になってまで生きながらえたくないという思いが潜むことを指摘しています。ポックリ願望とは，「換言すれば"寝たきり"にならずに，健康で幸福な生を願う"長寿願望"の裏返しの表現とも言える」と井上（1980）は述べています。
　ポックリ寺に参詣する高齢者の多くは，決して世をはかなんで早くあの世に往きたいと願っているわけではありません。上記のエピソードをもう一度，読み返してみて下さい。ポックリ寺にお参りできる程度に健康であれば，まだまだ"ポックリ"往きたくない，という高齢者のホンネがよく表れているのではないでしょうか。

り，異質性の増すことがマドックスとダグラスによって報告されています。もともと有している個人差に加え，数十年に渡るそれぞれに異なった人生経験の積み重ねの結果，高齢期は，発達段階の中で**もっとも個人差が大きく，多様性に富んだ年代**となるのです。

ところが，"年をとると頑固になるものだ"などといった，本来は多様性に富んだ高齢者に関して一面的な俗説・偏見が社会に数多く存在しているのも実状です。このように「**年をとっているという理由で高齢者を体系的にひとつの型にあてはめて差別すること**」をバトラー（1990）は**エイジズム**（年齢差別）と呼びました。エイジズムが生じる原因として，①高齢者に対する認識不足や広範な高齢者たちとの接触の不足，②年をとることへの深遠な恐れ，の2点があげられます。

その典型は，知能（→第5章§3）の衰退に関するものでしょう。知能は成長期の終わり頃，すなわち青年期頃にピークをむかえ，以後は徐々に低下していく一方であると考えられがちですが，現在ではこのような考え方は否定されています。実は知能にもさまざまな側面があり，それぞれにピークや発達・衰退の仕方が異なるということが明らかにされてきたのです。例えばキャッテルやホーンは，知能を**流動性知能**（記憶や図形弁別などの基礎的情報処理能力）と**結晶性知能**（言語，社会的知能など経験を生かして課題解決する能力）に区分することを提唱しました。そして，流動性知能は青年期の終わり頃にピークをむかえますが，結晶性知能は高齢期に向かってむしろ上昇していくことが判明したのです（図4-2）。このように実証的研究が進み，正しい知識が普及していくことは，エイジズム解消のための第一歩です。

4．人生のしめくくり——自我の統合性 対 絶望

自我の統合性とは，自分の人生全体について何らかの意味を見い出し，唯一1回きりの自分の人生を受け入れることができるということです。それができなかった場合，もはややり直す時間もなく，**絶望**だけが残されることになるのです。

バトラーは，自我の統合性のためには過去の回想が有用であるとして，**ライフ・レビュー**を提唱しました。人生の終末期に近づいた人々にとっては，自分

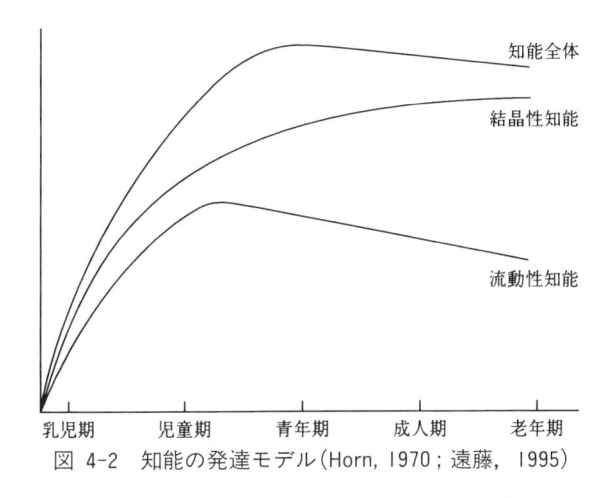

図 4-2 知能の発達モデル(Horn, 1970；遠藤, 1995)

の生きてきた道を振り返り，人生の総まとめをすることが必要なのです。思い出話をしたり，自分史（自分の人生を手記にしたもの：➲第4部Ⅱ）を執筆したりと，方法はさまざまですが，自己の人生に"それなりの意義"があったと感じられれば，やがて訪れる自分の死も受け入れていけるのです。「老いの繰りごと」などと言わず，まずは高齢者の語る"人生の物語"に耳を傾けてみましょう。

5. ライフ・サイクルという視点——完結性と連続性

エリクソンは，誕生から死までの人生の段階全体をひとまとまりとして，**ライフ・サイクル**ということばを用いています。ライフ・サイクルは乳児期，幼児期，児童期，学童期，青年期，成人期，中年期，高齢期の8段階に分かれ，通常は各発達段階を通過して死にいたると考えられます。その間，他の世代とかかわり合い，新しい世代をはぐくみながら生涯を通じてこころは成長します。死によって個人のライフ・サイクルは完結しますが，自己のライフ・サイクルの中で生み出し，はぐくんだ世代はまた新たな世代を生み出していきます。こうしてライフ・サイクルは図4-3のように連続していくのです。

自己のライフ・サイクルを祖先から自分，そして子孫へと連なる人類の無限の歴史的連続の中の一環として意義づけることができれば，自己の人生はより豊かで有意義な，かつ唯一かけがえのないものとして実感されるのではないでしょうか。

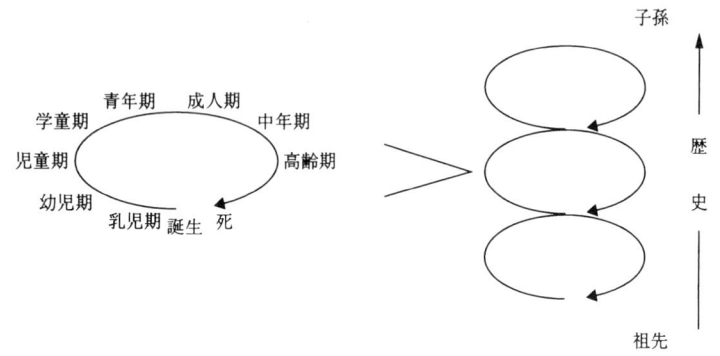

図 4-3 ライフ・サイクルの完結性と連続性

○参考図書

アイゼンバーグ，N．　二宮克美・首藤敏元・宗方比佐子（訳）　1994　思いやりのある子どもたち―向社会的行動の発達心理　北大路書房
今泉信人・南　博文（編著）　1994　教育・保育双書6　発達心理学　北大路書房
無藤　隆（編）　1991　新・児童心理学講座　第11巻　子どもの遊びと生活　金子書房
村井潤一（編）　1986　発達の理論をきずく〈別冊発達4〉　ミネルヴァ書房
若井邦夫・高橋道子・高橋義信・城谷ゆかり　1994　乳幼児心理学　サイエンス社
岡本祐子　1997　中年からのアイデンティティ発達の心理学　ナカニシヤ出版
岡本祐子・松下美智子（編）　1994　女性のためのライフサイクル心理学　福村出版
鑪　幹八郎他（編）　1995-2002　アイデンティティ研究の展望 I・II・III・IV・V・VI　ナカニシヤ出版
鑪　幹八郎　1990　アイデンティティの心理学　講談社

○キーワード

原始反射　愛着（アタッチメント）　社会的微笑　人見知り　基本的信頼感　喃語　第一反抗期　安全基地　象徴遊び（ごっこ遊び）　自己中心性　ギャングエイジ　脱中心化　成人発達心理学　生涯発達心理学　エリクソンの発達図式　思春期　第二次性徴　性役割　ジェンダー　セックス　第二反抗期　自己像　アイデンティティ拡散　モラトリアム　親密性　自我同一性のラセン式発達のモデル　統合性　ライフ・レビュー　ライフ・サイクル

○課題

1. あなたが子どもの頃,どの時期にどのようなことばを使い,どのような考え方をしていたかを,家族の話などに基づいて振り返ってみて下さい。
2. あなたの近くにいる子どもに,第4部Ⅱの「数の保存の実験」をクッキーやキャンディなどを使って実験してみて下さい。年齢によってどのように答えが変化したのかも検討してみましょう。
3. 母子相互作用の観点から,電車の中や病院などで乳児と一緒にいるお母さんを観察してみましょう。子どもとお母さんのやり取りがどのようになされ,どう変化したかを見て下さい。
4. あなた自身のアイデンティティについて考えてみて下さい。「あなたは何者ですか」と問われた時,あなたならどう答えますか。
5. 介護を必要としておられる高齢者・ハンディキャップを有する人々に対して,私たちが援助を提供することの意味を"世話することで世話される","世話されることで世話する"という相互性の観点から考えてみましょう。

第5章

自分と相手の特性を理解する

———性格と知能の科学———

　さっちゃんてさ，コンパの時も芸達者で，いつも明るくふるまうし，なかなか社交的だよね。たまに，軽すぎるなんて言われることもあるけど……。頭の回転はすごく速い。それに比べれば，よっちゃんは，いつも控え目で，おっとりしている。はきはきしないようだけど，じっくりタイプで，あれでけっこう気を使ったりしてるみたい。といったように，わたしたちのまわりには，さまざまな性格の人がいます。人づきあいの仕方，感情の表し方や，どういう方面に頭のよさが発揮されるかといったこともさまざまです。この章では，このようなこころの特性の個人差について見ていくことにしましょう。

§1　性格について

1. 人さまざま

　ある人が，どういう人かということを表す時，**性格**ということばが一般に使われます。心理学では似たようなことばで**人格（パーソナリティ）**という表現も使われます。性格とパーソナリティということばは，ほとんど同じ意味で使われることが多いようです。これらはどちらも，その人らしさを表すもので，その人の行動や思考を方向づける全体的なこころのシステムを指しています。一般には，性格は主として感情的，意志的な側面に関係したものとして，狭い意味で用いられ，パーソナリティは，これに知能や創造性など知的な側面も加

えた総体的なものを指すとされます。パーソナリティの語源はラテン語のペルソナであると言われています。ペルソナとは，もともとギリシャの仮面劇で用いられた仮面のことでしたが，それが劇中の人物像をも表すようになり，そこから転化して，ある人物のその人らしさを表すパーソナリティということばが生まれたと言われています。

関連した語として，**気質**がありますが，これは生理学的過程と関連が深く，刺激に対する感受性，個人に特有の気分やテンポなどが含まれ，性格の中の感情的特徴であり，個人の性格を形成する背景となるものと考えられます。

2. 性格をどう考えるか──性格の理論から

（1） 性格をタイプ分けする──類型論

類型論というのは，簡単に言うと，人をいくつかのタイプに分けて見ていくやり方です。どちらかと言えばわかりやすいし，便利な面もあるため，古くからさまざまな説が唱えられてきました。星占いなどの生まれ月による性格分類や，血液型による性格分類なども，科学的な裏づけはありませんが，類型論の一種と言えます（→コラム⑧）。ここでは，心理学で代表的なクレッチマーの学説を紹介しましょう。クレッチマーは，20世紀の前半にドイツで活躍した精神医学者ですが，彼は，精神病と精神病者の体型の間に関係があることに気づきました。躁鬱（そううつ）病の患者には肥満型の者が多く，統合失調症（旧呼称：精神分裂病）の患者はどちらかというとほっそりした体型の者が多かったのです（表5-1参照）。そして，精神病者ではない一般の人々にも，肥満型，細長型，闘士型という体型に対応して，躁鬱気質，分裂気質，粘着気質というタイプがあるとしました。図5-1にクレッチマーの体型の類型と，表5-2にこれらの気質の特徴を整理したものを示してあります。あなたは，どの体型で，どの気質にあてはまるでしょうか。また，あなたの知人はこの分類にあてはまっ

表 5-1　精神病と体型(詫摩，1970)

	肥満型	細長型	闘士型	発育異常型	特徴なし
てんかん	5.5%	25.1%	28.9%	29.5%	11.0%
精神分裂病	13.6	50.3	16.9	10.5	8.6
躁鬱病	64.6	19.2	6.7	1.1	8.4

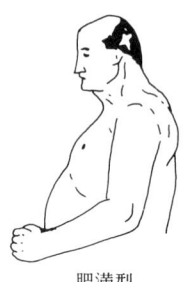

肥満型　　　　　闘士型　　　　　細長型
図 5-1　クレッチマーの体型の類型(Kretschmer, 1955)

表 5-2　クレッチマーの3つの気質の特徴(西村, 1983)

躁鬱気質	躁鬱性には躁と鬱の状態の両極があり，躁鬱病ではこれらの状態が繰り返して出現する。
(1)基本的特徴	開放的，社交的，親切，友情が深い，現実的
(2)躁状態	明朗，ユーモア，活発，張り切り，激しやすい，軽率，気が変わりやすい
(3)鬱状態	もの静か，やさしい，堅実，弱気な面がある，お人好し
分裂気質	分裂性では，感受性が過敏と鈍重の両極に広がっている。
(1)基本的特徴	非社交的，用心深い，きまじめ，貴族的，自分に閉じ込もる
(2)過敏	臆病，繊細，神経質，はずかしがり，孤独，理想家，妥協しない
(3)鈍感	無頓着，向こう見ず，無味乾燥
粘着気質	衝動性に強・弱の両極がある。
(1)基本的特徴	頑固，熱中，拘泥，きちょうめん
(2)強い衝動性	熱中するとこだわる，怒りっぽい
(3)弱い衝動性	ていねい，いんぎん，まわりくどい

ているでしょうか。クレッチマーの**体型による類型論**は古いものですが，人間の性格を理解する上で一つの手がかりになります。

その他，ユングの**外向性**と**内向性**，シュプランガーの価値と態度に関するタイプなど，多くの説が提出されています。また，性格と健康との関係で，タイプＡ行動パターンを示す人に狭心症や心筋梗塞などの冠動脈疾患にかかる人が多いことが知られています。タイプＡの人とは，簡単に言うと，仕事熱心で競争心が強く，几帳面でいつも仕事に追われている，猛烈社員のようなタイプです。

（2）　極端か普通か，程度を考える──特性論

人間の性格をいくつかのタイプに分ける類型論は，一面便利で興味を引きますが，人は，全員がはっきりとどれかのタイプにあてはまるとは限りません。

コラム⑧

昔から現代まで，人はタイプ分けを好む

　2000年以上も前に，アテネのテオフラストスは，けちんぼとか臆病などさまざまの特徴をもつ人物を「人さまざま」という本に書いています。その性格描写は，現代でも通用するものだと言われています。また，紀元2世紀ごろ，ギリシャの医者であったガレヌスは，人体内の体液によって人の気質が決まると考えました。当時は，ヒポクラテスの体液説により，血液，胆汁，黒胆汁，粘液の4種類の体液があるとされており，それぞれが優勢になると，多血質（陽気），胆汁質（短気），憂鬱質（苦労性で気が重い），粘液質（冷静）の気質になるとしました。もちろん現在では信じられていません。

　また，血液型がA型の人はまじめだが融通がきかないとか，B型の人は，物事を気にせず，おっちょこちょいであるとか言われます。大村によれば，この血液型と気質の関連を初めて学説として発表したのは，1920年代に当時，東京女子高等師範学校の教授であった古川竹二だということです。彼は質問紙調査のデータなどに基づいて自説を主張し，一時は教育界や軍隊など，さまざまな分野で受け入れられましたが，その後否定的な調査結果や論文が出て，10年ほどで顧みられなくなったということです。その後，1970年代から，趣味・実用書や女性向きの雑誌などで「血液型性格学（または血液型人間学）」として提唱され，ブームになりました。しかし，血液型と性格の関係を肯定するような厳密な調査に基づくデータはなく，むしろ否定的な結果が多いため，心理学の分野では否定されています。

また，人をタイプに分けるのはいわゆるレッテルを貼りつけることにもなり，好ましくないという批判もあります。それに対して，**特性論**は，性格をいくつかの特性から成り立っていると考え，それぞれの特性の強さ，弱さで性格を表そうとするものです。例えば，積極性を例にとれば，積極的な人，消極的な人というように二分するのではなく，どの程度積極的かを**量的に表す**のです。そして，いくつかの特性を量的に測定し，プロフィールを描けば，その人の性格を表すことができるという考え方です。

キャッテルは，心理テストなどのデータに因子分析（個々の項目の関係の強さから，そのデータに潜む人格因子を推定する統計的方法）を適用して，16個の基本特性を抽出しました（表5-3）。また，Y-G性格検査は，12の下位尺度からなっており，それらは，抑うつ性，回帰性（気分の変化），劣等感，神経質，客観性の欠如，協調性の欠如，愛想の悪さ，一般的活動性，のんきさ，思考的外向(決断して迷わない)，支配性，社会的外向という性格特性を測定しています。ちなみに，このテストは，性格特性のプロフィールから，その人が5つの類型（A：平凡型，B：不安定不適応積極型，C：安定消極型，D：安定積極型，E：不安定不適応消極型）のどれにあたるかを判定することもできるようになっています。

表 5-3　キャッテルの抽出した16の基本特性(因子)(Cattell, 1967)

1.	A因子	打ち解けない（分裂性気質）―開放的な（感情性気質）
2.	B因子	知能の低い―高い知能
3.	C因子	情緒的（低い自我強度）―安定した（高い自我強度）
4.	E因子	けんそんな（服従性）―主張的（支配性）
5.	F因子	きまじめな（退潮性）―気楽な（高潮性）
6.	G因子	便宜的な（低い超自我）―良心的な（高い超自我）
7.	H因子	内気な―大胆な
8.	I因子	タフ・マインド―テンダー・マインド
9.	L因子	信頼する―疑い深い
10.	M因子	実際的な―想像的な
11.	N因子	率直な（飾り気のない）―如才ない（如才のなさ）
12.	O因子	穏やかな（自信）―気遣いの多い（罪悪感傾向）
13.	Q1因子	保守的な（保守主義）―何でも試みる（急進主義）
14.	Q2因子	集団に結びついた（集団志向）―自己充足的（自己充足性）
15.	Q3因子	行き当たりばったりの（低い統合）―統制された（高い自己概念）
16.	Q4因子	リラックスした―緊張した

(3) こころのエネルギーに注目する——精神分析理論

　以上2つの理論は，どちらかと言えば，変化しない，静的なものとして性格を扱っています。これに対して，**精神分析理論**では，**こころのエネルギー**の強さとその向かう方向（対象）を特に問題にします。こころの構造については，こころは，**イド**（または**エス**），**自我**，**超自我**という3つの部分からなるとしています（→第6章）。イドはこころのエネルギーの源で，快楽を求める**快楽原理**に従って働きます。自我は，暴走しがちなイドをコントロールし，現実に適応するように行動させる働きをします。そして，超自我は，人間社会の道徳が個人に取り入れられたもので，良心の働きをし，理想的なものを求めるように働きます。わたしたちのこころは，これらイド，自我，超自我が働き合っていて，しかもこれらの働きのほとんどは自分では気づかずに，つまり**無意識**のうちに行われているのです。このようなこころの構造と働きに関しては，交流分析の立場からの説明がわかりやすいでしょう（→コラム⑨）。

　フロイトは，本能的な欲求（イド）のエネルギーと，それに対する超自我の抑圧によって起こる葛藤から，神経症などの精神障害が引き起こされることを示しました。また，自我がどのようにしてそうした葛藤からこころの障害を防ぐかというメカニズムを防衛機制として明らかにしました（→第6章）。フロイトによれば，こうした抑圧や防衛機制によって性格傾向がつくられると言います。例えば，幼児期のトイレット・トレーニングによって，肛門性格傾向（ためて出さない，周囲を汚さないということから，几帳面，けち，頑固，潔癖）が形成されるということです。フロイト派の研究者たちは，ほかに，口愛性格傾向（面倒見がよい反面，依存的），尿道的性格傾向（競争心，嫉妬が強い），男根期自己愛的性格（尊大，自信過剰，自己顕示的である反面，無意識的不安），性器的性格（欲求が昇華された理想的性格）をあげています。

3. 性格をどうとらえるか——性格検査

　人々の性格を把握するためには，その人の行動を観察したり，話をしてみる（面接）などの方法もありますが，さまざまな**性格検査**も考案されています。その種類は，質問紙法，投影法，作業検査法などに分けることができます。

　質問紙法は，個人の性格に関するいくつかの質問に，「はい」「いいえ」など

コラム⑨

こころの中に住む親，大人，子ども――交流分析理論

　交流分析理論は米国の精神科医バーンが提唱したもので，精神分析をソフトにわかりやすくしたものであると言われています。この理論では，こころは5つの自我状態から構成されると考えます。大きく分けると，親の自我状態（P），大人の自我状態（A），子どもの自我状態（C）の3つで，Pはさらに，批判的なP（CP：理想，良心，批判，道徳など父親的な厳しい部分）と，養育的なP（NP：思いやり，同情，優しさなど，母親的部分）に分けられます。また，Cは，自由なC（FC：快楽を求め，天真爛漫にふるまい，わがままな部分）と順応したC（AC：従順で，周囲に対していい子であるが，感情を抑えているため暗い部分）に分かれます。大人の自我状態であるA（客観的，理論的，合理的に物事を判断しようとする部分）は，1つだけです。これらのうち，どの自我状態が優勢であるかで，その人の性格が決まるということです。例えば，CPの強い人は，支配的で人を責め，融通性に乏しい。NPの強い人は，人の世話をよくし，世話好きだが，あまり強すぎると，おせっかいになる。Aの強い人は，客観的事実に基づいて思考し，行動するが，強すぎると冷たい人間性になる。FCの強い人は開放的で創造性に富むが，強すぎるとわがままになる。ACの強い人は，従順で静かであるが，自己主張ができず，強すぎると欲求不満がたまり，神経症など病的な状態に陥りやすいなどです。

　これらの自我状態の強さはエゴグラムという心理検査によって測定できます。どの自我状態がよくて，どれが悪いなどというのではなく，それぞれがバランスのとれた状態であることが大切でしょう。

で回答していくもので、よく使用されるのは、Y-G性格検査、MMPIなどです。また、**投影法**は、あいまいな図形の見え方を報告したり（ロールシャッハ・テスト）、絵を見て物語を作ったり（TAT：→第2章）、絵を描かせたり（バウムテスト）して、それらに映し出されるこころの中を探っていこうとするものです。さらに、**作業検査法**は、数字の加算など作業を行わせ、その結果から性格を判断しようとするもので、内田クレペリン精神検査などがあります（→第4部Ⅰ）。

これらの心理検査は、個人の性格を理解し、把握する上で有効な道具となり得ますが、検査の基礎理論や使用法に習熟していない者が乱用すると、誤解を生んだり、結果をまちがえて伝えたり、検査を受けた人のこころを傷つけるなど、かえって害を及ぼす場合もあるでしょう。また、残念なことに、一般向けの書籍の中に取り上げられている性格検査や市販されている性格検査の中には十分な理論的裏づけや妥当性（測定しようとしている内容を確かに測定していること）、信頼性（だれが、いつ測定しても一貫した結果が得られること：→第4部Ⅰ）のない検査もあります。ですから、性格検査を行う場合には、検査の背景となる理論を知り、使用手引書をよく読み、結果の解釈にあたっては専門家に尋ねるなど、慎重な態度が必要であると言えましょう。極端な言い方をすれば、専門的に勉強したり訓練を受けた者以外は、安易に性格検査を行うべきではないのです。

§2 性格は変えられるか ── 性格形成の要因と改変の可能性

人の性格あるいは自分の性格を変えることができるかどうかというのは、あなたにとって興味ある問題だと思います。この問題に触れる前に、まず性格の発達と形成の過程をおさえておきたいと思います。

1. 性格の発達的変化

人の性格はどのようにして形づくられるのでしょう。赤ちゃんの性格というようなものはあるのでしょうか。これまでの研究で、**乳児においてすでに、い**

くつかの性格特性に個人差があることが発見されています。それは，トーマスによれば，運動の活発さ，反応の強さ，生理的リズムの安定性，順応性，機嫌のよさであり，ブラゼルトンによれば，興奮性，運動のコントロール性などです。さらに，トーマスらは，乳児の気質として，「扱いやすい」タイプ，「扱いにくい」タイプ，「ウォームアップの遅い」タイプの3つの気質類型をあげています。こうした特徴は，生まれつきもっている**遺伝的な素質**にもよるし，乳児のまわりの環境（家庭環境や文化的環境）や親の乳児に接する**養育態度**の違いのような，**環境的な要因**によって培われる側面もあります。さらに，**親子の相互作用**などが子どもの性格形成に複雑に影響を与えていると考えられるのです。

さて，このようにして赤ちゃんの性格が形成されていくとして，その性格はその後さらに発達した形に向かって当然変化していきます。一般に乳児や幼児の方が成人よりわがままです。このように，性格には，わがままから他人の立場を考えるようになるとか，主観的，空想的から客観的，現実的な方向へ，依存的，他律的から自立的，自律的な方向へといったような，**一般的な発達的変化**が見られます。ただし，それだけではなく，個々人の実に多様な方向への変化も見られます。つまり，**個性化**の方向への発達的変化です。同じように活動水準の高い乳児でも，ある子どもは積極的で明朗な性格になり，別な子どもはイライラした怒りっぽい性格になることもあるでしょう。こうした変化は，生まれつきもっている気質的なものと，さまざまの経験との相互作用によるものと考えられます。

このようにして培われてきた性格も，青年期の終わり頃には，だいたいできあがり，安定してくると考えられています（●第4章）。

2．文化と性格

生まれ育った国や地域の文化によって性格の形成がある程度規定されるということは，十分考えられます。皆がみな同じ性格になるというのではありませんが，集団同士を比較した時に，ある集団内で多くの人に見られる性格傾向というものはあるでしょう。よく言われるように，アメリカ人に比べると，日本人は一般に消極的で，自己主張が弱く，依存性が強く，集団として行動する傾向があります。このような，ある集団に最も多く見られる性格を，**モーダル・**

パーソナリティと呼びます（●コラム⑱）。

　ミードによるニューギニアの住民に対する文化人類学の古典的な研究においても，ある部族は平和的で協調的，また別の部族は攻撃的で粗暴な性格が多く見られ，さらに別の部族では，欧米や日本の社会における男女の性格が逆転し，女性は攻撃的で支配的，男性は女性に対して臆病で内気であるという報告がなされています。そして，こうした違いは，それぞれの部族における男女の役割や社会的地位，育児の様式が異なっていることから生まれてくるものであると考えられています。

3．性格は変えられるか

　さて，それでは性格は変えられるのでしょうか。鈴木（1986）は，性格の変容が可能であるかどうかを，前に述べた類型論，特性論，精神分析理論の立場から次のように論じています。

　類型論では，性格の中でも気質のような根本的，本質的なものと，役割性格のような表層的なものがあるとみています。例えば，ゴットシャルトは，性格構造を内部感性的基底層と知性的上層に分けていますが，前者，中でもその最も深いところにある根本気分の層は，遺伝的規定性が強く，変化しにくいとしています。しかし，知性的上層は環境の影響を受けやすく，変化する可能性が強いと考えられます。

　特性論では，性格特性は行動習慣の集まりであると考えられています。第3章で見たように，人間行動は学習によって獲得されたものであるならば，新しい行動習慣を再学習すれば，性格を変えることができると思われます。ただし，同じ行動でも，変えやすいものと変えにくいものがあることは，ここでも予想されます。乳幼児期に形成され，繰り返し強化された行動習慣は変えにくいでしょう。

　精神分析学でも，6歳頃までの乳幼児期の体験を重視します。この時期までの母子関係を中心とする環境とのかかわりの中で，人格構造が決定されるからです。そして，いったん構造化された人格は，変化に抵抗するため，変化しにくくなります。しかし，精神分析における神経症の治療のように，無意識の部分を意識化し，自己洞察や抑圧された感情の発散にともなう自己受容により，

人格の力動的構造を変化させることができるとしています。

　以上のように，現在までの諸理論では，遺伝的な影響の強いものや，幼児期に形成されたもののように，変えにくい部分はあっても，経験や学習，自己洞察などによって，**性格の中で変えられる部分も多い**とみているようです。もともと内向的な気質をもっている人でも，クラス委員とかクラブ活動のキャプテンなどをすることにより，ある程度はその役割に期待される**役割性格**を形成することもあるでしょう。引っ込み思案だった子どもが，クラスメイトの前で毎日作文を読みあげるということを続けた結果，人前で話をするのがまったく苦にならなくなったという例もあります。あなたの性格も，もし変えたいと願うならば，努力によって，ある程度変えることができるでしょう。ただ，性格や気質は，短所にもなれば長所にもなるので，現在の性格を生活の中で長所になるように活かすことも大切です。また，自分をあまりに押さえつけたり，自分のこころをあざむくようなことを続けていると，こころの健康を損ねてしまいかねないので注意が必要です（→第6章）。怠け者だと思う人は，まず早起きや毎日の掃除を始めたり，仕事を引き延ばさずにすぐにかたづけるようにするとか，引っ込み思案の人ははっきり声を出してあいさつや返事をすることを心がけるなど，まずは習慣や行動レベルで目標をたてて努力してみるとよいでしょう。

§3　知能について

1. かしこさとは

　頭がよいとか，かしこいとか言いますが，頭のよさはひととおりではありません。頭の回転が速く，機知に富んだ会話を流暢にこなす人もいれば，じっくり考えていいアイデアを出す人もいます。また，ある人は英語が得意だが，別の人は数学に才能を示すというように，さまざまです。これらは，どれも頭がよいことの一面を示しています。頭のよさ，かしこさのことを**知能**と呼びます。

　知能の定義は非常にたくさんありますが，現在では，「知能とは，目的に向かって行動し，合理的に思考し，環境に効果的に対処する，個人の総合的・全体

的能力である」という，ウェクスラー（Wechsler, 1958）の定義が包括的に知能を表しているとされています。

頭のよさにはいくつかの種類があり，一般にはそれらの能力を総合して知能と呼ぶようです。では，具体的に知能はどのような能力で構成されているのでしょうか。

スピアマンは，いくつかの知能検査の相関関係を分析して，知能はあらゆる知的活動に共通して存在する**一般知能因子**と，個々の知的活動に固有な**特殊因子**からなると考えました。教科の成績を例にとれば，数学にも国語にも英語にも共通して働くかしこさと，それぞれの科目に独特なかしこさがあると考えたのです。これに対して，サーストンは，すべての知的活動に関係しているような一般因子は存在せず，**知能はいくつかの知能因子からなる**と考えました。彼は，多くのテスト群に因子分析を適用し，数・知覚・空間・言語・記憶・帰納的推理・言語流暢性の7つを知能を構成する基本因子としました。

もっとたくさんの因子について述べている人もいます。ギルフォードは，知能検査の因子分析による研究に基づいて，情報の種類，所産，心理的操作の3次元（軸）からなる**知能構造モデル**を提唱しています（図5-2）。これによると，それぞれの軸のカテゴリーは，4つ，6つ，5つであるので，結局知能因子は全部で120個にも及ぶのです。

知能の内容を構成する因子についての研究は，この後少なくなり，最近では，

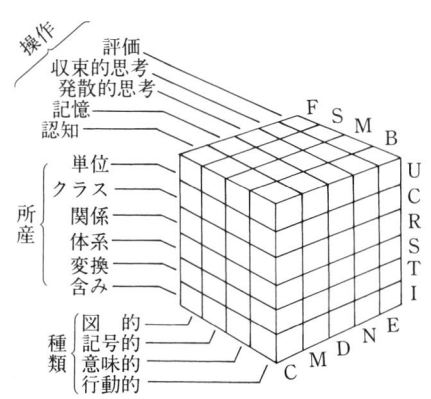

図 5-2　ギルフォードの知能の立体構造モデル（Guilford, 1967）

頭の中で思考がどのように進むかという，知能や思考の内的過程についての研究が，認知心理学とか情報処理心理学と呼ばれる分野で盛んになっています（→第3章）。

2. かしこさを測る——知能検査

　知能を測定するためにさまざまな**知能検査**が考案されてきました。フランスのビネーとシモンによって作成されたビネー＝シモン尺度が世界最初の知能検査であると言われています。現在，わが国で使われている知能検査は150種類もあると言われています。検査内容としては，言語式（A式）と非言語式（B式）などに分けられます。実施形態で分けると，多人数に同時に実施できる**集団式**と，個人ごとに検査する**個別式**に分けられます。集団式では，一般に時間制限を設け，時間内にできた問題の数で知能の程度を測定します。個別検査では，時間制限がないか，あっても比較的ゆったりと設定してある場合が多いのです。よく使用されるものとしては，集団式として，田中B式知能検査，京大NX知能検査など，個別式としては，ウェクスラー成人知能検査(WAIS-R)，その子ども用のWISC-IIIなどがあります（→第4部I）。

　ところで，IQが100とか120とか，IQという数値で，知能を表すのを聞いたことがあるでしょう。知能検査では，総合的な知能を表す指標として，**知能指数（IQ）**が算出されます。このためには，それぞれの年齢段階で，標準的な人がどこまで検査問題ができるかを査定しておくという標準化の手続きがまず必要です。そうすれば，ある被験者がどれだけの問題に正解できたかによって，その人がどの程度の年齢の知能に相当しているか，すなわち**精神年齢（MA）**を測ることができるのです。この精神年齢と，その人の実際の年齢（**生活年齢：CA**）との比が知能指数になっています（実際は，百分率で表す）。

$$IQ = \frac{精神年齢（MA）}{生活年齢（CA）} \times 100$$

したがって，100より大きい場合には，その年齢にしては優秀な知能を有し，100より小さい場合には，知能は遅れていることを表します。ただし，測定誤差も含まれるので，例えばIQが99や98で知能が遅れているなどということはできません。IQは1，2点の差まで正確に表すものではなく，もう少し大まかな指

標と思っておく方がよいでしょう。IQ が90～110の間に大部分の人が入ります。

また，知能は，年齢が増すにつれて直線的に増加しないことが明らかになったことから，被験者の年齢集団（母集団）の平均点と標準偏差をもとに算出される，**知能偏差値**（SS）も用いられるようになりました。

$$SS = \frac{10(個人得点 - 母集団の平均点)}{母集団の標準偏差} + 50$$

この場合は，学力テストなどでよく言われる一般の偏差値と同様，SS が50の人は，その集団のちょうど真ん中に位置する人（平均的な知能の人）で，SS が40～60の間に約68％の人が入ります。

3. 知能検査による知能の発達曲線

縦軸に知能検査得点，横軸に生活年齢をとって知能の発達のようすを見ると，図5-3のような曲線となります。これは，身長の発達などと同様，小学校高学年あたりまでの低年齢の間の発達が著しく，その後はしだいに緩やかになっていくことを示しています。さらに，20歳を過ぎると，合理的な思考力や判断力は経験により高くなるでしょうが，記憶力などの基礎的な知能は停滞し，むしろしだいに減少していきます。知能の発達のようすについては，第4章の「認知発達」および「高齢期の多様性とエイジズム」を参照して下さい。

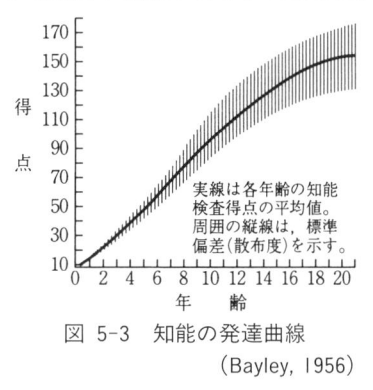

図 5-3 知能の発達曲線
（Bayley, 1956）

実線は各年齢の知能検査得点の平均値。周囲の縦線は，標準偏差（散布度）を示す。

§4 創造性について

次に，創造性について見ていきましょう。創造性とは，人がすぐには思いつかないような独創的なものを新しく考え出したり作り出す能力のことです。しかもそれは，何か価値のあるもの，意味のあるものでなければなりません。まったく役に立たない発明などは，それがどれほど変わったものであろうとも創

造的とは呼びません。創造的な仕事の例としては，エジソンによる電灯などの数々の発明，アインシュタインの相対性理論の提唱，ピカソの絵画など，いずれもそれまで人の考えつかなかった，またはなし得なかった発明，発見，創作であり，人類の文化上りっぱに意味や価値があるものと言ってよいでしょう。

これまで述べてきた知能は，どちらかと言えば記憶とか，環境への適応とか，問題の解決という面に焦点を当てていました。これに対して，創造性は，独創的な新しいものを生み出すという意味で，少し異なるかしこさの側面なのです。

1. 創造的思考

知能テストの問題は，だいたいにおいて，ただ1つの正解があって，その正解にたどりつける能力を見ています。このように，知能テストや学力テストの問題のように，与えられた情報からただ1つの正解にたどりつくような思考のタイプを**収束的思考**と言います。これに対して，創造性を発揮するためには，1つの答に満足せず，さまざまな解答を生み出していく必要があります。このような思考のタイプは，**拡散的思考**（発散的思考）と呼ばれます。例えば，「やかんの使い方には，どのようなものがあるか」という問題があると，「湯を沸かす」というのが一般には正解とみなされ，知能テストなどではこの答えでないと得点がもらえないかもしれません。しかし，拡散的思考によれば，「花生けにする」「砂を入れて重石にする」「頭にかぶってヘルメットにする」などなど，発想やイメージをどんどんふくらませて，自由にいろいろな答えを導くことになります。このように，拡散的思考を中心にして常識の枠にとらわれない自由な発想，豊富なイメージを駆使した想像などにより，創造的な発想をしたり作品を作り出したりする時の思考は創造的思考と呼ばれます。

創造性を発揮するためには，このように拡散的な思考が必要ですが，さらに，どこに問題があるかということに気づくことも重要であると言われています。

2. 創造的思考の過程

では，創造的な仕事はどのようにしてなし遂げられるのでしょうか。ワラスは，創造の過程として次の4段階をあげています。①準備期：問題（目標）に関連する材料や情報を集め，試行錯誤的な努力をする時期。一見突拍子もない

ように見える発見や発明も、その前に地道な調査や実験、試しなど、非常な努力が払われているものです。②**暖め期**：問題解決（または創造）の努力が停止したように見える時期。この間に意識しないうちに情報が整理され、再体制化（構造化）されます。また、一歩引き下がることによって、新しい視点から物事を見直したり、全体を把握したりできるという効果もあります。時には夢中になっていることから離れて、別のことをしたり、ぼんやりしてみるのもいいということでしょう。③**ひらめき期**：問題解決（創造）のための決定的な考えが突然浮かんでくる時。このひらめきは、有名なアルキメデスの逸話のように風呂に入っている時に突然浮かんだり、あるいは夢の中で啓示を受けたり、時と場所を選ばず、まさに突然ひらめくようです。④**検証期**：前の期で得られたひらめきを具体的な形で提示するため、作品や体系を構築し、修正し、精密に仕上げる段階。いわゆる、最後の詰めという段階で、発明、発見、作品を皆の前に提示するには、この仕上げも重要な仕事です。

3. 創造性の内容と創造性検査

知能を測定するために知能検査があるように、創造性を測る道具として、いくつかの**創造性検査**が開発されています。創造性を測るためには、創造性の内容がどのようなものから成り立っているかを知らなければなりません。ギルフォードらは、次の6つの能力をあげています。①**問題に対する感受性**（問題を発見する能力）、②**流暢性**（たくさんの答えがすらすらと出てくること）、③**柔軟性**（さまざまな角度から考えることができること）、④**独自性**（新しい非凡な考えを生む能力）、⑤**再定義**（ある物のさまざまな使用法や機能を発見する力）、⑥**透徹性**（物事の内側、裏側を読む能力。意味的変換を行う認知能力）。

これらの能力を測るための検査として、わが国では恩田彰を代表とする創造性心理研究会の開発したS-A創造性検査が最もよく標準化されていると言われています。このテストは、3つのタイプの問題からなっています。それは、①ある物の替わりの用途を考案させる、②日常接する器具の改善点をあげさせる、③新奇な出来事の結果をあげさせる、というものです。これら3つのタイプそれぞれに4問ずつあり、思考の流暢性（速さ）、柔軟性（広さ）、独創性、巧緻性（深さ）の4つの観点から採点されるようになっています。そのほか、

産業能率短大の独創力テスト，増田・広井の MHCT，住田による TCIS など，いくつかの創造性検査があります。しかし，それほど広く使われてはいないように思います。というのも，これらの創造性検査には実施上の困難点があるからです。一般に，正答が1つに限らないので，解答者が解答するのに時間がかかるし，質的な評価が必要なために採点もむずかしいからです。しかし，画一的な知識重視の教育や仕事からの脱却を図るため，創造性や創造性テストには，さらに大きな関心と努力が払われるべきでしょう。

○参考図書

詫摩武俊（監） 鈴木乙史・清水弘司・松井 豊（編） 1986 パッケージ・性格の心理 第1巻～第6巻 ブレーン出版

伊藤隆二・苧阪良二・東 洋・岡本夏木・板倉聖宣・麻生 誠 1981 講座 現代の心理学4 知能と創造性 小学館

南 博（監訳） 藤永 保他（訳） 1976 図説・現代の心理学2 人間性の発達 講談社

○キーワード

性格　パーソナリティ　性格類型　性格特性　精神分析理論　イド　自我　超自我　性格検査　質問紙法　投影法　作業検査法　遺伝的要因　環境的要因　養成態度　役割性格　知能　知能因子　知能検査　知能指数　精神年齢　生活年齢　知能偏差値　創造性　収束的思考　拡散的思考　創造性検査

○課　題

1．あなたは，他人に頼りがちな依存的な性格でしょうか。それとも，自分で生活していける自立的な性格でしょうか。第4部Ⅱの実習資料（「自立・依存」測定尺度）を参考にして考えてみて下さい。

2．自分の性格には，その他にどのような特徴があるのでしょう。ふだんの自分の行動を振り返って考えてみましょう。できれば，Y-G性格検査または東大式エゴグラム（TEG）などをやり，その結果を参考にして考えて下さい。

3．自分の性格をより望ましい方向に変えるためにはどうすればよいか，考えてみましょう。
4．映画や小説，テレビドラマの登場人物で，特徴的な性格をもっている人物をあげて，その性格を心理学的に説明してみましょう。
5．友だちと創造的発想のゲームをしてみましょう。お互いに，品物の名前を問題として出します。その品物の用途について，できるだけ自由に，たくさん考え，紙に書きます。時間を決め（例えば3分），多くの用途を考えた人，また，常識からかけ離れた独創性の高い答えを出した人が勝ちとします。

第6章

こころの健康を考える

――青年期の精神保健――

　この章では，青年期の精神保健について考えます。青年期とは，子どもから大人に変わる境界を指し，具体的には，中学・高校・大学時代と考えてよいでしょう。青年期は，独立した個人として，社会の中ですなわち人間関係の中で，生き抜く力を身につけていく時期です。そのためには，これまで甘えが許された人たちに甘えないようにすると同時に，他の人たちといわばギブ アンド テイクの対等な人間関係が展開できること，さらに，家庭生活を創造していくための配偶者を得ることや職業の獲得が求められます。いわば「自我同一性の確立」が，青年のこころの内側からおのずと生まれ，また社会からも要請されてくることになります。

　しかし，さまざまな特徴をもつ現代社会の中で，こうした課題を達成することはそれほど容易なことではありません。不安や悩みが交錯しながら，試行錯誤を繰り返しながら，つまずきながら，達成されるものかもしれません。そうした過程はこころの健康と密接に結びついています。ここでは，いくつかの事例を紹介しながら，青年期のこころの健康と病をめぐる問題について論述します。

§1　青年期とこころの健康

　神谷（1980）は「精神的健康というものが，人生の最高の価値であるとは，私には思えない。それを何かの建設的なことやありかたに用いるのでなければ，ただいたずらに健康である，というにすぎない」と述べています。この指摘は，

これからこころの健康を考える上で非常に重要です。こころの健康に関する基本的なこととしてわたしたちが第一に心得ておくべきことのように思われます。

1. ある青年の断片

[まじめ人間S子]

　入学してまもなくの頃，周囲の新入生たちが何か浮かれているような中でS子にはそういった実感はなかった。これからの勉強のことで頭がいっぱいだったのである。授業には欠かさず出席し，熱心にノートを取った。前期試験が近づいた。S子は受講した科目すべてをまんべんなく勉強した。安定一流企業に就職したかったからである。母親は勉強しなければいいところには就職できない，が口癖であった。ただし，S子は卒業後どんな職業に就きたいのか考えたこともなかった。

[自信家T男]

　T男は入学するとすぐに同好会「勝手に遊ぼう会」に入った。サークルの先輩に誘われて酒を飲み，麻雀を覚え，カレッジライフを楽しんだ。授業には最初比較的まじめに出ていたが出席をとらない先生もあり，自然とサークルボックスにいるかアルバイトに出かけることが多くなった。T男は代返を友人に頼んだ。出席さえ認められれば，後は一夜漬けでなんとでもなると思っていた。まじめに勉強している友だちを見かけると彼らが能なしのように感じられた。アルバイト先でT男に思いを寄せる高校生がいた。気軽にデートをし，性的関係をもった。あたりまえのことであった。

さてあなたは，この2人の青年についていくつかの感想をもったと思います。まずその感想を大切にこころにとめておいて下さい。

2. 現代の青年期

（1）青年期の生きづらさ

　先に述べたように，青年は一人前になることが求められます。その中で青年は，「内的な一種の力量感と，それと表裏一体をなす実績のなさに悩む」（中井,

1978），何でもやれそうな気がする，しかし一方でいまだ何者でもないし，何も仕事としての実績はない，というようにまさに矛盾した存在と言えます。子どもは自分のやれる範囲内でしか，その思いを描きません。驚くぐらい現実主義者であることは，子どもと少しでも日常を過ごせばわかってきます。一方，大人は青年ほどの理想は抱かず，それなりの実績をもとに自らの思いを現実化していきます。青年に比べれば子どもも大人も矛盾の少ない存在と言えます。もう1つ特徴的なことは，中井によると青年の世界が個別的に生きねばならぬ予感と兆候に満ちたものであることです。子どもや大人にはことさらこういった意識はありません。やはり青年期は生きづらい年代と言わざるを得ません。

　青年をこのようにさせているものは何でしょうか。**衝動の高まり**とこれに一人前に対応していくことが求められていること，この2つのことが大きな要因と思われます。衝動が強ければそれを制御する方もおおげさにならざるを得ず，衝動に負けないくらいの理想を必要とするでしょうし，同時に何でもできるような気にさせられることになってきます。しかし，その実態は現実にふさわしくないものになってしまうことが往々にして出てきます。かつそれは見えにくいものであり，一人ひとり違ったものとなり，子ども時代のように気軽に他者に依存するわけにはいきません。S子やT男の場合はどうでしょうか。S子には大きな矛盾が内包され，T男の自信は実態の確かなものではないように思えます。

　では衝動とはいったいどのようなものでしょうか。ここではこころの健康を考える上での重要な知見を，**精神分析学的心理学**の教えるところから紹介しておきます。衝動の性質については次のことが言えます。その人の内側に生じながら，自ら求めたものではないこと，加えて自らの意思でコントロールしにくいこと。それ自体は意識しにくいこと。直接的満足は社会に容認されないこと。際限がないこと，ただし年齢によってその増減が見られること。最後に，衝動そのものは生命の維持に不可欠であり，必ず相手（対象）を要すること。

　衝動は，性衝動と攻撃衝動から成り立っていると考えられます。性衝動とは，わたしたちを接近・接触・接合に向かわせるこころの力のことです。これに対して攻撃衝動とは，わたしたちを排除・破壊・支配に向かわせるこころの力のことです。ここで衝動のもう1つのむずかしさが理解されてくると思います。すなわち，性衝動の相手と攻撃衝動の相手が同一対象になることが多いという

ことです。

　ここでは青年が理解しておいた方がよいと思われる衝動の対応について紹介しておきます。衝動は秘密裡に満たされるか，衆目の容認する満たし方を心がけるということ，いわゆる**タテマエ**をよく知り，これを**ホンネ**とあまり矛盾なくうまく利用していくところに，衝動との上手なつきあいが期待できるように思われます。ただしタテマエは青年の最も嫌うところでもあります。ここに青年の本当の生きづらさがあるのかもしれません。詳しくは，『表と裏』（土居健郎著）を読んで下さい。

（2）　現代の青年期

　現代社会の特徴は現在の青年期心性に大きな影響を与えていると思われます。競争，能率重視の中で，しっかりとしたモデルや役割を示されないまま，自らが求める進路を考えるゆとりも与えられず，他方で個性的であることが求められ，求心力に欠ける，すなわち権威に裏打ちされない情報が氾濫しています。このような中で**アイデンティティ（自我同一性）の確立**（➡第4章）を問われる青年のとまどいが伝わってきます。というのは，「自己確立の過程には，時代という歴史社会的条件が，深いところで決定的な影響を及ぼす」（村瀬，1981）からです。特に，人生の早くから始まる均質集団内での競争の影響は見逃せないように思います。「私は本当は勉強が好きじゃない。好きな学問なんてない。もし，掃除のおばさんが一番偉いということに社会で決まっていたら，私は一所懸命努力して掃除のおばさんになるでしょう」（中井，1978）。これは，「大学で何を勉強したい？」に対するある青年の答えです。わたしたちはこれをどのように考えたらよいのでしょうか。

（3）　青年期とアイデンティティの障害

　第4章でも述べたように，アイデンティティは青年期を通して確立されます。それがうまくいかない場合，アイデンティティの障害を招くことになります。障害を詳しくみると，拡散と混乱の2種類に分けられます。鑢（1990）の解説によると，アイデンティティの拡散は「あれも自分であり，これも自分であり，いったい本当の自分は何だろう」といった状態であり，アイデンティティの混乱は「これまでの自分を本当の自分と思っていたのに，いったい自分は何だったのか」といった状態になることです。このように説明すると，当の青年自身

がアイデンティティの拡散や混乱を自覚しているように思われがちですが、そうではありません。当人は、現実に行き詰まったり、人間関係がうまくいかなかったり、心身に変調を来したりして、そのことに悩んでいるか、周囲を困らせているかなのです。アイデンティティの障害は周囲、特に臨床心理士や精神科医など専門家に理解されることです。後述の「こころの病の成り立ち」の事例AからDについて、アイデンティティの障害の視点から考えてみて下さい。

より具体的な言動としては次のようなことが見られます。周囲の人の言動を敏感に察知し、その人たちに合わせて自分の行動を決めて実行し、疲れ果て心身の変調を来してしまう。友人が進路を決定していくことに刺激されて、当人も進路について親しい人に相談するが、周囲の人が相談に親身に乗ってくれないようで、冷たく突き放されたように感じて、閉じこもってしまう。先輩や先生の考えを鵜のみにし、それまでの自分とはあまり連続性が感じられない進路にもかかわらず、これを選択することで一時的に安心する。しかし、すぐに違和感が生まれ長続きせず、不安にさいなまれる。

このような、アイデンティティの障害に陥る人には、「一人になれないこと」が共通しているように思われます。一人になって自分のことを考え、決定することができません。自分のことを他人にまかせて決定して安心を得ることが優先され、アイデンティティの確立へ向けた自己決定は後まわしにされ続けてしまうのです。

§2 こころの健康のしくみ

1. こころの健康の基本

こころの健康を維持していくにはどういった点に気をつければよいのでしょうか。自らのこころと他人のこころを知ること、これに尽きるかと思われます。わたしたちは自分のこころの動きについて知っているようで知りません。わたしたちのこころは自分にとって都合の悪い部分には気づかないようにしておくことができます。例えば、T男は先輩から留年のことを聞かされているのかも

しれません。しかし，T男はそのことをすぐに忘れてしまったのです。こうなるとT男は現実から一歩遠ざかることになってしまいます。他方，その時々のこころの安定は得られることになります。こういったことが重なると，T男は一応安定はしているものの現実離れした生活となり，いずれ現実不適応に陥らざるを得ません。

　ではこころをどういったものとして知っておけばいいのでしょうか。こころはからだと異なり，目に見える固定的な形はありません。それゆえに，つかまえにくい面もありますが，目的に応じて思い描くことができます。ここではこころの健康について考える上で有用なこころの構造について紹介しておきます。精神分析学的心理学の立場では，こころは，**欲求（衝動），現実対応（認知・思考・行動など），良心（道徳・理想）**の3つの部分から成り立っており，おのおのの部分は意識できる領域と意識できない領域に分けられる，と考えられています（➡第5章）。

　わたしたちはまず，自らの欲求について知らなければなりません。そのためには，それをできるだけことばで表現することが望まれます。1つ，甘えたい気持ちだけでもことばにできればよいのですが，容易ではありません。例えば，頼んだ代返がうまくいかず結局出席不足とわかった時，T男のこころに憎しみの感情が起きるかもしれません。その後T男は自分の中に甘えたい気持ちがあり，それが挫折したゆえに自分の中に憎しみがわきました。自らは気づかないうちに他人が自分の要求どおりに動いてくれて，現実が自分の思うとおりになる，と思い込んでいました。すなわち，甘えたい気持ちが強すぎたなどとは気づかないものと思われます。もし気づくことができるなら，T男はより現実的になることでしょう。同じように，良心についてもできるだけ知らなければなりません。例えばS子の学力に対する「理想」は気になります。考えてみて下さい。さらに，自分の現実対応の傾向について知っておく必要があります。

2．こころの健康のしくみ

　こころの健康の基本は自分と他人を知ることである，と前項で説明しました。では，知るのはこころのどの部分の働きによるのでしょうか。現実を甘く見させT男に一時のこころの安定を得させたのはどの部分の働きと考えられるでし

コラム⑩

ホンネとタテマエ

　青年期は，ホンネこそがこころの真実であり，タテマエは偽りであると思いがちなところがあります。はたしてそうでしょうか。こころの安定や対人関係を円滑にするためには，自分のこころの中のタテマエとホンネの両方を自覚し，それをうまく使い分けることが求められるように思われます。次の土居（1985）の一文を読んで，自ら考えてみて下さい。

　　建て前と本音の区別は，必ずしも常に本人によって自覚されているとは限らない点を指摘しておこう。例えば，ある教師が自分の監督下にある一人の女子学生に親身な指導を行っているとする。この場合，学生を指導するのは教師の義務であるから，この教師の行為は教師としての建て前に忠実に従った結果であると解することができる。しかし彼の言動を子細に検討すると，実は彼が密かに女子学生に個人的感情を寄せていることが明らかになるかもしれない。そして彼自身もその事をはっきり自覚していればそれが彼の本音であるが，しかし彼自身は，自分はもっぱら教師としての義務を果たしているだけであって，別に本音はないと主張することもありうる。

　この教師があまりにも親身に指導しすぎて，周囲からも教師の個人的感情が勘ぐられるようになっても，教育のみを自覚しているとすればどうでしょうか。また逆に正面切って個人的感情を吐露してしまえば，どうでしょうか。女子学生の立場はなくなるのではないでしょうか。考えてみて下さい。

ょうか。これらは現実対応の部分に含まれ，この現実対応は自我がつかさどると考えられます。同じように欲求はイドに，良心は超自我に帰せられます（➡第5章）。このように考えてくると，こころの健康は自我の働き，その強さいかんにかかっていることがうかがえます。

ここでは，自我の働きすなわち**自我機能**をより全体的に案内し，次にこころの健康に関連深いところを重点的に取り上げていきます。

（1） 自我機能について

まず，斎藤の解説を紹介します。これはベラクの考えを基本にしたものです。表6-1にあげておきました。参考にして下さい。

表 6-1　ベラクの自我機能の評定項目（斎藤，1978）

(1)	現実吟味	客観性，観察自我，外的-内的現実の認識
(2)	自己の行動の予測と結果についての判断	予測の妥当性，現実的判断力
(3)	自己と外界についての現実感	自我境界の確かさ（疎隔感，離人感なし），身体像の安定
(4)	思考過程	イメージ化，概念化，言語化の能力
(5)	自律的な自我機能	一次的自律性（正しい知覚，判断，思考，記憶など） 二次的自律性（葛藤の克服，適切な防衛）
(6)	刺激防壁	ストレスへの防壁，安定性
(7)	情動と欲動のコントロールと調整	情動や欲動の適切な表現と統制
(8)	防衛機能	現実に即した自我防衛
(9)	対象関係	対象恒常性，全体対象関係，対人関係の成熟度
(10)	支配―達成の能力	目標達成の能力（行動力），環境を支配し得る強さ
(11)	自我の適応的退行と進展	自我の柔軟性，創造的退行
(12)	綜合―統合能力	人格の統合

この中でこころの健康にとって肝要な部分をいくつか取り上げてみます。まず大切なことは「現実吟味」です。「いかなる現実も客観化し，否認し逃避することなく直面（直視）し得る強さ（観察自我，合理的判断力，自己を過大評価も過少評価もしない，あるがままに現実を受けとめ得るこころ）」（前田，1976）が求められます。これと同じくらい必要とされるのが「欲求不満耐性」，すなわち不満や不安・葛藤に耐えうるこころの強さです（➡第2章）。満足や発散，さらには解決を先に延ばせるこころの強さが求められます。その間により適応的な満足の仕方，解決の方法を考えていくことになります。もう1つ大切なこと

として、自我の柔軟性があげられます。例えば大人であっても自然に子どものように遊べたり、男性（女性）であっても一般に女性（男性）の役割とされることができるなど、しっかりとした核をもちながらも、柔軟に他の役割もこなし楽しむことができるということです。こうしたことがちょっとした苦境に陥った時にわたしたちのこころを支えるものとして、とても有効なものとなります。

（2）防衛機制について

ここでわたしたちのこころを自然と安定させている働き、つまり、こころを防衛する自我の働きに触れておく必要があります。

自我がこころを防衛するとはどういうことなのでしょうか。それは、欲求・良心・外界現実に対して、自我が傷つかないように防衛を働かせることと考えられます。このような自我の働きを**防衛機制**と呼びます（⮕第5章）。例えば、大学生ともなると隣席に異性がいようともそう気にせず落ち着いて講義が聴けます。これは異性間の接近・接合の衝動が適度に無意識のうちに、「抑圧」されているからなのです。抑圧が十分でないと、接近の衝動とその満足を禁止する力との間で自我は振りまわされることになりかねません。抑圧だけでうまくいかない時は異性のいる席を自然と避けるように座ることになります。中学生くらいでは、避けながら、異性は不潔であるとか、興味がないなどと「合理化」というもう1つ別の防衛機制を加えないと、こころは安定しません。これが衝動に対する防衛の例になります。良心に対してはどうなるのでしょうか。友人の悪口をさんざんに言ったあげく、どうも気持ちが落ち着かなくて、「あの人もいいところがたくさんあるんだよ」などこれまでとは逆のことを言って「打ち消し」して、良心の呵責に自然と耐えます。現実外界に対しては、前項で取り上げたT男の現実「否認」がそれにあたります。

（a）抑圧　　苦痛な感情や欲求、記憶を意識から締め出すこと、すなわち、そのようなことが自分の中にあることに目をつむり気づかないでいられるようにするこころのしくみを抑圧と言います。抑圧は大人であれば気づかないうちに働きますが、幼児ではこれはほとんど身についていません。抑圧の理解で肝心なことは、抑圧がいくらうまくいっても、欲求などは何らそのエネルギーを解放されないでこころの中に押しとどまっているとい

うことです。そのために，抑圧がすぎた場合，自我の知らないところで欲求などが大きな力を得ることになります。そういう時，誘惑的環境に接触すると抑圧がきかなくなり，自我を脅かすことにもなりかねません。抑圧だけでは自我を防衛することは不可能のようです。

(b) 否　認　　わたしたちは，一方で現実外界を客観的に認知しようとしながら，他方で自我を傷つけるような現実に対しては，これを歪めて認知したり，見れども見えずというように自然と無視したりします。これが否認と言われるものです。幼児は王様を空想しながら，自分が子どもで弱小であり大人が強大であることをしばらく忘れることができます。青年も夢想する傾向があり，将来のことをいろいろ思い描きながら，かたや足元の危うさを見ないでいることがあります。時にはそれも必要なことでしょうが，否認が行きすぎると現実から遊離したものとなります。

(c) 取り入れと同一化　　取り入れと同一化（同一視）は連続して起こります。わたしたちは自分の中にまだその力が小さい時，他のより強いものの属性を自然に取り入れ，自分の属性とみなします。例えば，わたしたちは頼りになる人の側にいると何となく自分も安心してきますし，何か自分にも力がわいてきます。また英雄伝を読んだ後，一時のこころの充実を得ることができます。これらは同一化によるものと思われます。しかし同一化がすぎると，「虎の威を借る狐」になってしまい，人間関係がうまくいかないことになりかねません。

(d) 投　影　　どうかすると否定的にとられてしまう欲求や感情などが自分の中にあることを認めることは，あまり心地のよいことではありません。このような欲求などを意識から締め出してしまうのが抑圧であり，これらを他人が自分に向けていると思い込むことを投影と呼びます。例えば，中学生の頃は，異性の目つきがいやらしいなどと忌避しがちになりますが，これは自分の中に押しとどめることができなくなった異性への性衝動を投影しているものと言えます。投影がすぎると，すべてが悪人かいやらしい人になってしまい，身動きがとれなくなってしまいます。その人がいやらしいのか悪人なのかは，しばらくしっかりとつき合ってみないことにはわからないものなのですが。

(e)反動形成　　　本来の欲求や感情とまったく反対の態度や行動をとることを反動形成と呼びます。例えば，こころのうちでは嫌っている上司に対して過度に服従の態度を取る場合がこれにあたります。しかし，反動形成の度がすぎると，いんぎん無礼となり，他人の信頼を失うことにもなりかねません。あるいは逆に，ある人に極端に嫌悪の態度を示す人のこころの裏に，それとは反対の好意の傾向を読み取れることがあります。

(f)分　　離　　　あることを考えたり行動に移す時，これに感情がともなうと，不安や緊張が生じてうまく考えが進まなかったり行動がぎこちなくなったりすることがあります。例えば性のことなどは，酔ってでもいない限り感情豊かに話し合うことなどできません。日頃，わたしたちは感情をある程度さしはさまないで考え，行動しています。このように観念や行動と感情を引き離すこころの働きを分離と呼びます。分離は物事を冷静に，論理的に考え実行に移すために必須のものですが，これも度がすぎると無味乾燥な感情生活を送ることになり，好ましいものではありません。

(g)打ち消し　　　わたしたちは，一方で欲求を満たし感情を発散したい，他方で道徳家でありたいと思うもののようです。欲求を満たした後，あたかもそれを打ち消すかのように，そのこととは反対のことを考えたり行動したりします。これが，打ち消しと呼ばれるものです。反動形成の場合とは最初から反対の態度をとるところが異なります。相手を殴った後で，「殴るつもりなどなかった。申し訳ない」と言いながら相手の頭をさすったりするのがこれにあたります。しかし，こんな虫のいいやり方をとるよりも，むしろ満足や発散の前によく考えてみることが大切ではないでしょうか。

(h)合 理 化　　　『すっぱいぶどう』の話が最もわかりやすいかと思います。狐がぶどうの木にさしかかりました。しかし，木に登れない狐はぶどうを食べられそうにありません。そこで狐は「あのぶどうはすっぱい」と言い残して立ち去りました。狐はどうして「あのぶどうを食べたい。しかし木に登れないので食べることができない。非常に情けない。悔しい」と言えなかったのでしょうか。やはり狐はその悔しさや情けなさに耐えられなかったものと思われます。だから何とか耐えられるような形にして食べることを諦めたわけです。このように，自分の力のなさや悔しさなどを認めるのを避ける

ような言い訳をして自我を守ることを、合理化と言います。合理化は周囲の人には言い訳に聞こえます。しかし当人にとっては正当な理由にしか感じられません。ここのところが合理化の妙味でもあり、危ないところでもあります。

(i) 退　行　　大人は常に「大人」としてふるまうのでしょうか。子どものように、泣きわめいたり、ものを投げたり、意地を張って何日も口をきかなかったり、飛び上がって喜んだりしないものなのでしょうか。子どもがするようなことを結構大人はやっています。このように、こころや行動が発達的に前の段階に戻ってしまうことを退行と言います（→第2章）。退行すると欲求の満足や感情の発散が比較的容易に得られるという利点があります。自我もこれに対して寛容になれます。例えば、夫婦げんかでものを投げ合った後は感情的にはすっきりするのかもしれません。しかし、何ら現実的な解決は得られていないことになります。退行は満足や発散には都合のよいものですが、解決には無縁のもののようです。

ところで、現実とは無関係のところで、子どものように自由に解放された中で時を過ごし、その中でものを創造したり、遊戯を楽しんだり、趣味に興じたりすることもできます。このような退行を、自我に活力を与える意味で、自我のための退行と呼んでいます。これをお勧めしたいものです。

(j) 昇　華　　わたしたちは攻撃衝動や性衝動をスポーツ、ダンス、創作活動などを通して発散することができます。このように、社会に認められ、好ましい評価を受ける行為を通して、衝動の発散やそれにともなう良心の満足を得ることを昇華と言います。これは望ましいことにはちがいないのですが、容易なことではありません。先に紹介した自我機能が成熟してこないと、昇華のつもりが直接満足に変わってしまうことになりかねません。

§3　こころの病の成り立ち

1. こころの病の具体像とその意味

こころの病を具体的に例示します。病の具体例を読んだあなたは、自分もこ

の病気にかかってはいないかと心配するか，自分にはまったく心あたりがないと無関心を決め込むかのいずれかだと思います。大切なことは，症例と自分との異同をしっかりと検討しながら，こころの病の具体像を冷静に知ることです。

ここでは，青年期に起きやすいこころの病について4事例紹介します。これらは，高頭（1987，事例A，B），大橋（1988，事例C），笠原（1977，事例D）が報告した青年期の症例を多少修正したものです。

〔事例A　大学1年生　男子〕

父親は某大学教授で，母親は高校の化学の教師，大学4年生の兄と本人の4人家族。父親は研究一筋，母親も仕事を続けていたので，兄もAも保育所で過ごす時間が長い幼少期であった。Aは特に人見知りもせず，他人と衝突しない子であった。学校の成績は，特に家で勉強するわけでもないのに優秀で，スポーツも万能であった。大学受験に際しては，自分のやりたいことがはっきりしないまま，有名大学の理系を受験するが失敗。1浪し，志望を文系に変更して希望の大学に合格した。

入学後，早速テニスサークルに入り，楽しい毎日であった。5～6月は人並みに授業に出席していたのだが，夏休み前からなんとなく授業に出なくなってきた。テニスは練習すればうまくなるし，おもしろいのでサークル活動には身を入れている。9月になり定期試験が近づいてくるも授業には出ないで，学校に行き相手を見つけてはテニスをして帰ってきた。「なんとなく勉強する気になれない，勉強しても自分の将来が見えてこない」と訴える。

〔事例B　高校3年生　女子〕

Bは4人家族で，高校1年の妹，父親，母親がいる。Bは小さい時から負けず嫌いで完全主義の傾向があり，のんびり屋の妹とは対照的であった。高校2年の2学期，友人に，あなたの妹さん最近スマートになったわね，と言われたことを契機に，妹に負けじと，食事制限を始めた。それ以来減食を続け，時には朝・昼食をまったく食べないこともあった。母親がBに食べるように言うと，Bは自分を太らせるのかと怒るようになった。その

ころからBは無月経になっていた。しかし，体重の減少にもかかわらず，行動面ではむしろ活発になっていた。また，父親を避け，イライラしては母親にあたり，さらに自分で特別にカロリー計算した料理を作って，一人で食べるようになった。Bの体重は46kgから37kgになってしまった。

〔事例C　大学2年生　男子〕

　大学1年目が終わる頃のある日，通学途中の駅のホームでふと自分の胸を見ると，女性の乳房みたいに膨らんで，突出しているのに気がついた。「いやだな」と気にしているうちに，他人も自分の胸に気づいて嫌悪の態度を示すようになった。ホームで電車を待っている時，通りすがりの人が胸のあたりを見て，舌打ちや咳払いをし，時には，女みたいと言って避けて通る。駅ではホームの一番端で待つようにしている。教室でも自分が入っていくとざわめきが起こる。このままでは恥ずかしくて外出もできず，学業も続けられない。太り気味の人は多少そんなもんだと言われるが，自分の胸は体重とは無関係，女性乳房の形をしているのが問題なのである。

〔事例D　大学3年生　男子〕

　ギリシャ文学専攻。地方の高校を出て2浪後，東京の下宿屋に住んで3年。23歳。内気な文学青年のDには他の下宿人とちょっと相いれない雰囲気があって，ともすれば孤立しがちであった。しかしDの方はむしろほっておかれる方を好んでいた。親友というに値する男友だちに恵まれたことはまだない。女の友人も一人もいない。

　ある夜，下宿屋の周囲に異様な雰囲気を感じる。だれかにのぞかれていると直観する。しかし，障子をあけてみると，もう引っ込んでいる。いつのぞくかと監視していると一向にのぞいてこない。しかし，またふと感じる。女がじっと自分を見つめて，自分の内面の考えを読み取っていく。

　どこへ行っても女がついてくる。声が聞こえる。今何々していると監視し批評している声が聞こえる。自分のこころの中は見通されている。これでは秘密がもてない。

2. こころの病の意味

　こころが病気になるとは，どういったことなのでしょうか。あなたは事例を読んでどのように思いますか。自我の働きが年齢不相応に不完全になった状態が，病気の状態と考えられています。言い換えれば，自我は現実対応が主な働きですから，現実対応がうまくいかなくなった状態と言えます。おのおのの事例でどういった点がそうなのか，先の自我機能の一覧表（表6-1）に照らし合わせて考えて下さい。ただし病気とみなすには，もう1つ条件を付け加えなければなりません。つまり，そうした状態がある一定期間繰り返されるということです。例えば，事例Aに記述した言動はかなりの人にあり得ることなのかもしれません。しかし一定期間繰り返されることはまれでしょう。この点で病気かそうでないかが区別されることを知っておかなければなりません。

　さて，病気の意味となると，それはおのおのの病像によって異なります。病気の意味を考えることはその病の中核を知ることにつながり，病者への共感の糸口となります。意味を考えずに，いたずらに1つひとつの症状を追ってみても，病者とわたしたちとの表面的な違いを感じるにとどまりがちです。

　事例Aは**スチューデント・アパシー（学生無気力症）**と呼ばれる大学生男子に多い神経症の一種です。土川（1981）によると，自分の本業すなわち学業に対して徹底的かつ持続的に無気力となり，他方，その他のことには比較的熱心だったりすること，すなわち「選択的無気力状態」を主な特徴とします。その心理的意味としては，「本業での勝負，競争，選択，決定を避けて，初めから『おりている状態』」と解釈することができます。

　事例Bは**思春期やせ症**と呼ばれる青年女子に多いこころの病です。これはやせることを目的に，通常考えられないくらいの節食に励むことを主な特徴とします。その心理的意味は，野上（1983）によると，「＜成熟拒否＞あるいは幼児への回帰願望，＜女性拒否＞あるいは男子羨望」と考えられています。

　事例Cは**対人恐怖症**と呼ばれる青年男子に多いこころの病です。大橋（1988）によると，「人前で，顔や，気分や，態度を取り乱すことを苦悩する」ことを主な特徴とします。その心理的意味は「他人が己をどう思うかという他者の意識内容に関する想像が，さまざまな程度に現実のそれと区別されなくなっている

状態」と解釈されます。

　事例Dは**統合失調症**と呼ばれる青年期好発の精神病です。村上（1979）によると，青年期に何らの外因なく発病し，種々の特徴的な精神症状を呈し，多くは特有な人格欠陥に陥るものです。その症状は知能の低下よりも情意の障害が主であり，かつ，種々の心的機能の間の連関統一がなくなることを主な特徴とします。これまでその心理的意味についてはさまざまなことが言われてきています。というのは，統合失調症の解明こそが，精神医学・異常心理学の中心課題だからです。ここでは代表的なものをいくつか取り上げておきます。先の村上のテキストでは，「現実との生ける接触の喪失」（ミンコフスキー，E.），「生活史的矛盾と緊張の結果としての挫折の表現」（ビンスワンガー，L.）を仏独の代表的解釈として紹介しています。一方わが国のものとしては，「個別化原理の危機」（木村），「出立ちの病」（笠原），「心理的反世界」（宮本）があげられます。

3．こころの病の成り立ち

　こころの病の成り立ちも，病の意味と同じようにおのおのの病によって異なります。ただし，主な原因によって分類することは可能です。一般に3つに分けられます。まず，原因として身体的基盤の明確なこころの病，次に内因性のこころの病（遺伝因を主因としながらも，環境因も否定できないもの，統合失調症とうつ病），3番目に環境への不適応としてのこころの病（人格障害，神経症，心因性精神病），に分けられます。

　身体的基盤の明確なこころの病の場合は，病因と病態の関連がわかりやすく，その成り立ちについての理解は容易だと思われます。問題は，残り2つについての理解でしょう。環境への不適応の代表格である神経症を例にとり説明します。図6-1に

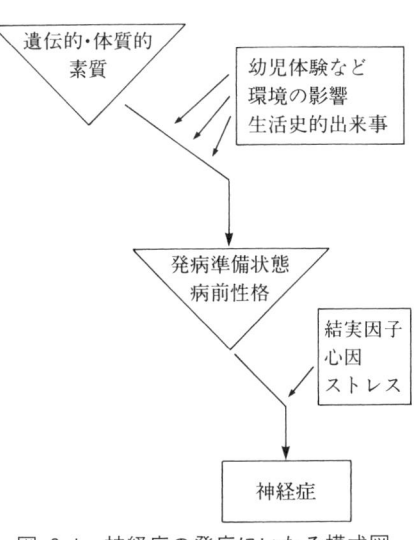

図 6-1　神経症の発症にいたる模式図

コラム⑪

秘密の意義

　青年期では秘密をもつことが何か後ろめたさを感じさせることがあります。特に友人や恋人との間で秘密をもつことは何か相手に悪い気がしないでもありません。いたずらに秘密主義に陥ることは避けなければなりませんが，秘密はこころの健康と深く結びついていることも心得ておいて下さい。次の土居（1985）の一文を読んで，自ら考えてみて下さい。

　　私は1979年，ザルツブルグで開催された世界精神衛生連盟の会議でゆとりを英語で説明するよう求められて，この点を説明するのに一番困った。それが，何が一番大事かを見分けられる能力に関係し，価値の問題と深く関わるところまでは説明できたが，それ以上論ずることは自分のゆとりを失う恐れがあるから御免蒙りたい，と云って議論を打ち切ってしまった。これは云わば苦しまぎれに述べたことであったが，しかし後になって，自分がそこで充分自覚はしなかったが，大変重要なことを言っていたことに気付いた。それはゆとりを持つためには，何が自分にとって大事かと言うところは秘密にしておく必要があるという点である。秘密にしておかないと，自分の自由がきかない。したがっていざという時に，ゆとりを生み出すことができない。

　こころの健康を維持していくためにはゆとりは必須のものと言えましょう。そのためには自分にとって一番大事なところは秘密にしておく必要がないか，考えてみましょう。

示されているように，遺伝的体質的素質を初めにおさえておく必要があります。しかし，それがすぐ発病と結びつくわけではありません。これに乳幼児期の体験，環境などの生活史的出来事が加わり，発病の準備状態ができあがるわけです。ここでわかることは，素質が同じであっても，乳幼児期の生活史的出来事が大きく異なる場合は，一方が発病しやすいこころの状態であるのに対して，他方は発病の可能性が低い状態となることです。またこの準備状態は，自我機能が脆弱な状態と言い換えられます。これに特定のストレスが加わると発病ということになります。通常，わたしたちが発病の原因と呼んでいるものは，このストレスを指している場合が多いようです。それは原因というより，契機と考えた方が，こころの病のより深い理解につながるように思われます。

ところで，内因性の場合は，遺伝的素質が大きな比重を占めることになります。すなわち，うつ病や統合失調症の遺伝的素質をもつ場合は，生活史的出来事が多少異なっても，同じように発病の準備状態を整えることになってしまうと考えられます。ただし，遺伝という場合，南光が遺伝学者ドブジャンスキーのことばとして紹介しているように，遺伝子は「生物の特徴や性質を決めるのではなくて，環境に対する生物の反応を決めるのである」といった認識が求められます。

§4　青年期の精神保健

1．こころの病に陥らないために

基本的なこととして，こころの健康のためにはからだの安定が不可欠です。こころの健康を維持していくためには，よく食べ，よく休み，よく眠り，適度に運動すること，すなわちからだをいたわることが思いのほか重要なことなのです。からださえ安定しておれば，少々の心理的ストレスはこころにそう響くものではありません。からだをいたわることで，こころをいたわる，そのように心がけたいものです。

さて，先に取り上げたように，素質・生活史・ストレスが絡み合ってこころ

の病に陥ります。その中で素質，生活史の比重はやはり重いもののようです。青年が失恋や留年などの危機に直面した時，「ポイントとなるのは，その青年期にいたるまでの発達的自我の強さ」(前田，1988)であることにまちがいありません。現在のわたしたちにできることはストレスを減らしたり，対処法を身につけたりすることです。しかし一方で，自らの素質，生活史について知っておくことは準備状態と発病のつながりを弱めることになります。しっかりと自らの素質，過去について理解しておきたいものです。このとき交流分析（●第5章コラム⑨）の手法が有効です。さらに，自らの過去を話せる親友がいたら，これに越したことはありません。青年期において親友ほどありがたいものはありません（●第7章「自己開示」，第8章「ソーシャル・サポート」の項）。大切にしたいものです。

　次に，こころの不調に気づこうとすることを勧めます。ほとんどのこころの不調がからだの不調をともなっています。わたしたちは自分のこころの不調には気づきにくいもののようです。通常，それは他人に早く知られてしまいます。しかし，からだの不調は比較的容易に気づきやすいと思います。このからだの不調がこころの不調を教えてくれるのです。中でも食欲不振と睡眠困難が重要な指標となります。こういう時はこころがバランスを崩しかけていると思ってよいのです。そのように判断して「休む」ことを勧めます。こころが最も休まるのは自分の好きなことをする時でしょう。そのためには自分に好きなことがなければいけません。趣味はこころの健康にとって大切なことなのです。

2. こころの病に深入りしないために

　からだが病におかされた時，わたしたちは迷わず病院へ足を向けます。それが当然のことのようです。他方，こころの場合はどうでしょうか。すんなりとはいかないようです。どうしてでしょうか。第一に，こころの病がどんなものかわからないことがあげられます。次に，病について一応理解したとしても，いざ自分のこととなるとわからないということになります。先の事例を思い出して下さい。4例とも自分が病に陥っているとは自覚していないように思われます。逆に他人には見えやすいものなのです。しかし，その時からだの病と同じ感覚での「病」とは理解しないで，通常「おかしい」ととってしまうようで

コラム⑫

カウンセラーと「寅さん」

　カウンセラーは，受容的態度と共感的理解を基本的心構えとすべきである，と言われます。受容的態度と共感的理解により，生きることに疲れ果てた人や失望している人に生きる意欲をよみがえらせ，自分を失いかけるくらいの大きな不安を，自力で耐えられるくらいの不安に変え，自分を振り返ることができるようにしていきます。これがカウンセラーの仕事の始まりであり到達点となります。このカウンセラーの仕事を日常に求めれば，「安らぎを与えてくれる人」ということになるでしょうか。へたに慰めたり，励ましたり，時に説教したりする人はいても，安らぎを与えてくれる人は身のまわりにいそうでありません。寅さんこそは，これに適う人物であり，日常のカウンセラーにふさわしいと思われます。似たようなキャラクターに「裸の大将」があります。

　さてよく見ますと，寅さんは次のような特性の持ち主であることがわかります。まず，人を社会的地位によって分け隔てなどしません。社会的地位がどんなに高い人物でも，「おじさん」「おばさん」であり，「おにいさん」「おねえさん」なのです。ただし，人間としての尊厳は各々に対して，しっかりと尊重しているのがうかがえます。次に，困っている人を助けたいという意識と同時にその人と一緒の時を過ごしたい，交流したいという意識が随所に感じられます。寅さんの方が求めているのですから，助けられる方は，恩着せがましさを感じなくてすむし，かえって助けられる方が寅さんの役に立っているように感じられてくるようなところがあります。助けられる人も寅さんには素直に会えるようになります。3番目に，私たち一般もそうですが，寅さんは相手が憧れの人であるため，嫌われないように非常に気を遣います。寅さんには常に適度の遠慮が見られるのです。相手にしてみればとても尊重されているように感じられてくることがわかります。また，相手特にマドンナの話を楽しんで聴きます。自分の話を楽しんで聴いてもらうことほど，その人を元気づけることはありません。さらに，寅さんは聴きながらまたは聴いた後で，いろいろなことを空想していると思われます。特に憧れの人については空想が豊かになるようです。ただしその空想はあまり性愛化されてはいません。せいぜいプラトニックラブ，といったところのようです。共感的理解の基礎になるのがこの空想であり，寅さんは自然にこれを身につけている，と言えます。4番目に，マドンナの人生がうまく回り出したところで，寅さんは去って行きます。旅に出ます。見返りをあまり期待していません。カウンセラーの「非所有の愛」を地でいくようなものです。

　ただし，寅さんがいつでもだれに対してもこうであるとは限りません。特に身内に対してはまるで反対の態度をとったりもします。カウンセラーも身内に対しては結構似たようなことがあるのかもしれません。一度，「フーテンの寅さん」を見て，人に生きる意欲を与える人とは，カウンセラーとは，について考えてみることをお勧めします。

す。また，こころがおかしいと，その人全体がおかしいととられることが多いようです。最後に，こころのことは自分で何とかできるという意識が強いため，こころのことで他人に援助を求めることはむずかしいことがあげられます。

　しかし，わたしたちはこころのバランスが崩れたら何とかしなければなりません。それは一人ではむずかしく，「絶望の縁で一人ぼっちの空転りをくり返さざるを得ない」（鑪，1977）ことになってしまいます。自分のこころを自分のこころとして何とかしたいのであれば，他者の援助を求めるべきなのです。

　そうなると，今度はだれを援助者として選ぶかということになります。一般には，**臨床心理士**と精神科医があげられます。援助機関としては，大学生であればまず，**保健管理センター**と**学生相談室**があります。一般社会では，精神保健福祉センター，精神科クリニック，総合病院精神科，精神科病院があり，最初に訪れるところとしては，精神保健福祉センターが適当でしょう。この他に，各種電話相談が開設されており，特に**いのちの電話**は頼りにできるものです。

　それでは援助を求めたとして，後は援助者まかせでよいのでしょうか。援助を求める時の勇気と，もう1つその後の責任が必要になってきます。平木（1990）は，「問題の存在を認めること」「解決の可能性を探ること」「問題解決の意欲をもつこと」の3点を求めています。こころの不調・病に立ち向かうことは容易なことではないようです。しかし，回復した時には，ひとまわり豊かな大きいこころになることもまちがいありません。そのこともからだの病とは異なるところです。

　ところで，こころの病に深入りしないために必要とされる援助者は，どのような特性を身につけた人なのでしょうか。一般に「心理カウンセラー」と呼ばれるこころの援助者は，受容的共感的で，クライエント（来談者）に肯定的関心を向け続け，さらにカウンセラー自身が自己一致していること（自分自身を隠したり，必要以上によく見せたりするのではなく，ありのままの自分に気づき，それを受け入れていること）が求められます。しかし，カウンセラーも現実を生きる個人であり，その実践は容易ではありません。例えば，受容的で肯定的関心を向けることが求められても，クライエントの否定的側面ばかりが感じられてくることが少なくありません。コラム⑫を参考にして，こころの援助者やカウンセラーについて考えてみて下さい。

○参考図書

土居健郎　1965　精神分析と精神病理　医学書院
土居健郎　1985　表と裏　弘文堂
Erikson, E. H.　1959　*Psychological issues identity and the life cycle.* New York International Univ. Press.　小此木啓吾（訳編）　1973　自我同一性　誠信書房
平木典子　1989　カウンセリングの話　朝日新聞社

○キーワード

青年期の精神保健　自我同一性の確立　衝動の高まり　ホンネとタテマエ　欲求　現実対応　良心　イド　自我　超自我　自我機能　防衛機制　抑圧　投影　反動形成　退行　昇華　スチューデント・アパシー　思春期やせ症　対人恐怖症　統合失調症　素質　生活史　ストレス　交流分析　臨床心理士　保健管理センター　学生相談室　いのちの電話　カウンセラー

○課題

1. 性衝動と攻撃衝動の対象が同一になる場面を具体的に考えてみて下さい。
2. 自我機能の中であなた自身に最も欠けているところを思い浮かべ，それがどのような具体的言動の中に現れているのか考えてみて下さい。

第 3 部

人・集団・社会とのかかわりを理解する
―― 社会的行動の科学 ――

第7章

人とのかかわりを考える

―――対人行動の心理―――

　わたしたちは，家庭をはじめ学校や職場，地域社会の中でさまざまな人とかかわり合いながら生活を営んでいます。そのため，まわりの人々がどのような人間であるのか，自分にどのような感情を抱いているのかといったことに関心を寄せています。また，わたしたちはことばやしぐさによってまわりの人々に自分の感情や意思を伝え合ったり，「自分」を表現したりしています。さらに，そうしたコミュニケーションを通じて，人に影響を与えたり，逆に人から影響を受けたりして生活しています。

　このように，わたしたちはまわりのいろいろな人々とかかわりをもちながら生活している社会的な存在と言えます。この章では，日常生活に見られる対人行動や社会的行動の問題を取り上げ，そうした行動にかかわる要因や生起メカニズムを探ってみたいと思います。

§1　他者の理解と判断

1. 対人認知とは

　社会生活を営む上で，自分のまわりの人がどのような性格や態度の持ち主か，あるいは，自分に対してどのような感情を抱いているか，といった他者の理解や判断はきわめて大切な意味をもっています。他者をよりよく理解し知ることによって，他者の行動を予測したり，円滑な人間関係を形成したりすることが

できるからです。

　他者に関するさまざまな情報（例えば，容貌，しぐさ，ことば）を手がかりにして，他者の性格，感情，能力といった内面的な特性を推論したり，対人関係を推論したりする過程を**対人認知**と言います。ここでは，他者の性格・パーソナリティの認知と対人関係の認知について考えてみましょう。

2．他者のパーソナリティの認知

（1）　相貌とパーソナリティの印象

　わたしたちは，過去のいろいろな経験やさまざまな人との出会いを通して学習した，人の性格やパーソナリティについての自分なりの素朴な見方をもっています。例えば，丸顔の太った人を見て，きっと温厚でこころの広い人にちがいないと判断したり，相手の血液型がB型であると聞くと，きっと明るい人だろうと思い込んだりします（➡第5章コラム⑧）。このように，人の容貌や血液型を手がかりにしてその人の性格などを判断するのは，他者を見る時の自分なりの見方や信念をもっているからです。他者を判断する時のそうした「眼鏡」を**暗黙の性格観**と呼びますが，これは一般の人がもっている素朴な信念体系と言えます。

　暗黙の性格観の例証として，容貌とパーソナリティの印象をあげてみましょう。古くから人相学や骨相学があるように，わたしたちは顔立ちにその人の性格が表れると考える傾向があります。科学的に見て正しいかどうかは別として，相貌と性格には一定の関係があると信じる傾向があるようです。

　大橋らは，大学生を対象にある容貌特徴をもった人はどんな性格の持ち主か，反対にある性格特性の人はどんな容貌特徴をもっているかを質問して調べています。その結果，表7-1のように，わたしたちは人間を8つのタイプに分類して相貌と性格の関係を見る傾向があることがわかりました。さて，あなたは人からどのようなタイプの人間と見られているでしょうか。

（2）　印象形成

　わたしたちは，相手の容貌や身ぶり，声など限られた情報をもとにその人物の全体像を推論することがよくあります。また，新聞や雑誌などの記事から直接会ったこともない有名人の人物像を作り上げることがあります。このように，

表 7-1 相貌とパーソナリティの印象（大橋ら，1976）

	相 貌 特 徴	性 格 特 性
第1群	骨の細い，色の白い，顔の小さい，顔のきめの細かい，眉の細い，耳の小さい，鼻の穴の小さい，唇のうすい，口の小さい	消極的な，心のせまい，内向的な
第2群	やせた，背の高い，面長の，鼻の高い	知的な
第3群	背の低い，血色のわるい，額のせまい，目の細い，目の小さい，まつ毛の短い，鼻の低い，口もとのゆるんだ，歯ならびのわるい	責任感のない
第4群	髪の毛のかたい，顔のきめの荒い，眉の逆八の字型の，あがり目の，ほおのこけた，かぎ鼻の	無分別な，短気な，感じのわるい，不親切な，親しみにくい
第5群	髪の毛のやわらかい，眉の八の字型の，目のまるい，ほおのふっくらとした	感じのよい，親しみやすい，親切な
第6群	血色のよい，額の広い，目の大きい，まつ毛の長い，鼻のまっすぐな，口もとのひきしまった，歯ならびのよい	分別のある，責任感のある，外向的な
第7群	ふとった，丸顔の，さがり目の	心のひろい，気長な，知的でない
第8群	骨太の，色の黒い，顔の大きい，眉の太い，耳の大きい，鼻の穴の大きい，唇の厚い，口の大きい	積極的な

限られた情報を手がかりにしてある人物の印象が形成される際，どのようにして全体印象ができあがるのでしょうか。

こうした**印象形成**のメカニズムについて，アッシュが最初に研究を行っています。例えば，被験者に「同一人物の性格特性である」として，知的な，器用な，勤勉な，**暖かい（または冷たい）**，確固たる，実際的な，用心深い，の7つの性格特性語を1つずつ読んで聞かせ，その人物についての印象を求めるという実験を行っています。その結果，次のようなことが判明しました。

① 他者についての情報が断片的であっても人は容易に全体的印象を形成する。しかも，全体印象は個々の特性の単なる寄せ集めではなく，**1つの一貫したまとまりのあるイメージに作り上げられる（情報の統合）**。

② 全体印象を形成する際には，中心的な役割をもつ特性（**中心特性：暖かい－冷たい**）と，周辺的な役割しか果たさない特性（**周辺特性**）とがある。
③ 情報の提示される時間的順序が，全体的印象を強く方向づける場合がある。全体の印象形成に際して，最初に提示されることばが"方向づけ"の役割を果たす場合（**初頭効果**）と，最後のことばが"方向づけ"の役割を果たす場合（**新近効果**）とがある。

3. 対人関係の認知

　他者が自分に好意を寄せているか，悪感情を抱いているかという相手の自分に対する感情の認知は，二者関係の認知の問題です。また，わたしたちは相手が自分に抱いている感情だけでなく，その相手が別の他者や事物に抱いている感情にも関心をもっています。これは三者関係の認知です。ここでは後者の問題についてハイダーの**認知的バランス理論**をもとに考えてみます。

　ハイダーは，自分をP，相手の人物をO，第3の人物または対象をXとして，三者関係を図7-1のように整理しています。この三者関係には，Pにとって3つの重要な関係，すなわち，PのOに対する関係，PのXに対する関係，および，Pによって認知されたOのXに対する関係が含まれています。それぞれの関係は，＋と－の符合で表現され，＋は「好き」または「所有」を，－は「嫌い」または「非所有」を表します。このシステムにおいて，3つの関係の符合の積がプラスになれば認知体系はバランスのとれた状態で，マイナスとなればバランスのとれていないインバランスの状態となります。

　このモデルでは，①3つの関係は個人Pの認知体系の中でうまくバランスを保って，心理的に安定するように認知される傾向がある，②バランス状態が得られなければ，個人の内部に不快感や緊張が生じ，その結果，それを解消させるために認知や行為を変えて，バランスのとれた状態を保とうとする力が働く，と考えます。

　図7-1に照らして2，3例を考えてみましょう。「友だちの友だちは皆友だちだ」（a）や「敵の敵は味方」（c）などはPにとって認知的にバランスがとれている状態です。しかし，友だちのOさんが，自分の嫌いなXさんと親しい関

138 第3部 人・集団・社会とのかかわりを理解する

バランスのとれている状態

(a)　(b)　(c)　(d)

バランスのとれていない状態

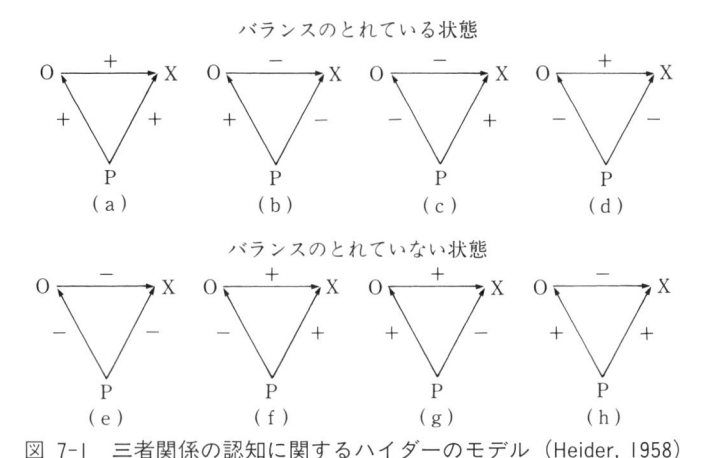

(e)　(f)　(g)　(h)

図 7-1　三者関係の認知に関するハイダーのモデル（Heider, 1958）

係にあるとPが認知した場合はインバランスの状態になり，Pには不快感が生じます(g)。そこで，認知的なバランス状態を保とうとすれば，3つの関係のいずれかを変えなければなりません（例えば，OとXはそれほど仲がよくないと自分の認知を変えたり，Xに対して好意的になる，など）。さて，あなたの日頃の人間関係をハイダーの理論にあてはめてみたらどうなるでしょうか。

§2　他者に示す自己

1. 自己開示――こころを開く

　わたしたちは家族や友人，恋人などには自分のことを話したり，悩みを打ち明けたりします。このように，自分自身に関することがらを特定の他者に対し言語を介して伝達し，自らを知らしめることを**自己開示**と呼びます。自己開示を通して，わたしたちは自分のことを相手に理解してもらい，同時に相手のことも知るようになります。

　わたしたちはだれにどのような自己開示をしがちでしょうか。バーンランドが日米の大学生を対象にして調べた研究によると，①日本人はアメリカ人に比べて全体に自己開示の量が少ない，②よく話す相手は，日米ともに同性の友人，

異性の友人，母親，父親，未知の人，信用できない人の順で，友人や両親がよく話をする人物である，③親しい相手に対してよく話す話題は，日米ともに趣味・関心，仕事・勉強，政治・社会などの公的問題，金銭，性格，身体の順で，自分の身体や性格のことについては開示量が最も少ない，といったことが明らかにされています。

　この結果を見ると，やはり友人関係や親子関係といった緊密な人間関係においてより自己開示をしやすく，また，自分の身体や性格のことを話すのは相当にプライベートな自己開示だと言えそうです。

　相手のことをよく知りたい，友だちになりたいと思ったら，こちらからまず自己開示をしてみることです。自分の方から"こころを開く"と，相手もそれに応じた自己開示をする傾向があります。このように，自己開示の受け手が送り手と同じレベルの自己開示を返す現象を**自己開示の返報性**と呼びます。お互いが積極的に自己開示をし合うと，二者関係はさらに発展していきます。

　自己開示の返報性が生じる理由としては，①相手から価値あるものを受け取った場合はそれと同程度の価値のもの（同程度の内面的な自己開示）を返すべきだ，という返報性の規範に従って返報するという説（社会的交換説）や，②自己開示を受けると，相手が自分に対して好意や信頼感をもっているとみなされるために，相手に対する好意が高まり，それにともなって自分も自己開示するという説（信頼・好意仮説）などがあります。

　ところで，自己開示にはどのような働きがあるのでしょうか。自己開示の心理社会的な機能として，安藤は次のようなものをあげています。

　　①感情表出：心理療法の場面であれ，日常の二者関係であれ，自分自身の
　　　　　　　　問題や葛藤を表出することは，カタルシス（浄化）効果をもち，精神

的健康につながる。
　②自己明確化：自己開示することによって，当該問題に対する自分の意見や感情がより明確になる。
　③社会的妥当化：自己開示すると，しばしば他者からのフィードバックや評価が得られる。その結果，自分の能力や意見の妥当性が評価でき，自己概念が安定する。
　④二者関係の発展：自己開示が相互に返報されると，開示者にとってはカタルシスや自己明確化，社会的妥当化が促進され，受け手も開示者から好意や信頼を得る。その結果，二者関係が発展し，強化される。

最近，**人間関係が希薄化しドライになっている**と指摘されているように，若い人たちの友人関係もお互いのプライバシーに深く立ち入らない，一線を画した関係が増えている傾向にあります。自分をわかってもらいたい気持ちも大きいのに，傷つくのがこわくてなかなか本当のことが言えない。時々，強い孤独感に襲われる。そうした若者たちが増えているようです。お互いに信頼し，自分の性格や過去などを話せる友人関係を作りたいものです（➡第6章，第8章）。

2．自己呈示——自分を演出する

　わたしたちは，いつもありのままの姿を他者に伝えているわけではありません。他者の目を意識して自分を表現していることもよくあります。好きな異性に好意をもってもらおうとして親切にふるまったり，上司の前で自分の業績をアピールし有能さを印象づけようとしたりします。このように，他者から自分がどのように見られるかを考え，特定の印象を与えようと試みることを**自己呈示**または**印象操作**と呼びます。

　自己呈示は多分に意識的，意図的になされますが，そこには，①他者から認めてもらいたいという社会的承認の獲得，②他者から悪く思われたくないという社会的否認の回避，③自尊心の維持・高揚，それに④他者に対する影響力の行使，といった社会的な動機や欲求が背景にあると言えます。

　自己呈示にはさまざまな様式があります。テダスキらによると，**主張的な自己呈示**と**防衛的な自己呈示**の2種類に分けることができます（表7-2）。前者

表 7-2　いろいろな自己呈示

【主張的な自己呈示】
①取り入り：他者から好意をもたれたいために，お世辞を言ったり，相手の意見に合わせたり，親切な行為をすること
②自己宣伝：自分が有能な人間であると見られるように，自分の業績を主張したり説明すること
③模範：道徳的に高い価値があり，完璧な人間であるという印象を与えるために，献身的努力をしたり，奉仕活動をすること
④威嚇：相手に対して罰や苦痛を与える力をもっていることを示すために，威したり怒りを表したりすること

【防衛的な自己呈示】
①釈明・謝罪：釈明とは不適切な行動について行為者が行う弁解や正当化のこと，謝罪とは自分の行為が非難に値することを認め責任を受け入れる言明のこと
②セルフ・ハンディキャッピング：失敗が予想される場合に，遂行を妨害するハンディキャップがあることを他者に主張したり，自らハンディキャップを作り出す行為
③栄光浴：低下した自尊心を高めるために，社会的に高い価値をもつ他者や集団と自分との間に何らかの結びつきがあることをことさらに強調する行為

は，他者に特定の印象を与えることを目的として行為者自身が積極的に行うもので，取り入り，自己宣伝，模範などがあげられます。後者は，他者が自分に対して否定的な印象を抱きそうな時に，それを少しでも肯定的なものに変えようとすることで，釈明・謝罪，セルフ・ハンディキャッピング，栄光浴などがあります。あなたはふだんどのような自己呈示をしているのでしょうか。

　ところで，自己呈示にはかなりの個人差が見られ，自己呈示に関心の強い人とそうでない人，自分をうまく表現できる人とそうでない人がいます。このような自己呈示と結びつく性格特性として，スナイダーは**自己モニタリング**をあげており，その個人差を測定する尺度を考案しています。自己モニタリングとは，対人場面において自己呈示が適切であるか否かを自己観察したり統制したりすることを言います。第4部Ⅱにあなたの自己モニタリング傾向を調べる尺度を用意しています。一度自己評定してみてはいかがでしょうか。

§3 他者に示す表情やしぐさ

1. コミュニケーションにおける表情やしぐさの役割

　人とコミュニケーションを行う時，わたしたちは主に言語を媒介にして感情や意思を伝え合っているように見えます。しかし，「目は口ほどにものを言う」といった諺にもあるように，場面によっては顔の表情や視線，身ぶりや手ぶりなどの非言語的行動がことばよりも重要な意味をもつことがあります。

　このように，言語以外の手がかりによってお互いの感情や意思を伝達し合うことをノンバーバル・コミュニケーション（nonverbal communication：NVC）と呼びます。ふだん，わたしたちはこうした NVC のことをあまり意識していませんが，日常場面において非言語的行動は想像以上のいろいろな役割を果たしているのです。ちなみに，メーラビアンは，相手に対する好意的感情＝顔の表情（55％）＋声の調子（38％）＋言語内容（7％），という式を示し，感情表現における非言語的行動の重要性を指摘しています。

　NVC には顔の表情，視線，身ぶり・手ぶり，姿勢，対人距離，タッチング，準言語（声の質や声の高さなど）など多数のチャネルがあり，アーガイルはその働きを次の５つにまとめています。

① 感情の表出：顔，身体，声によって，自分の感情状態を表出する。
② 対人態度の伝達：対人距離，声の調子，タッチング，凝視，顔面表情を通して，他者との友好関係などを形成し維持する。
③ 会話の調節：うなずきや目くばせ，会話にかかわる準言語を用いて会話の流れを調整する。
④ 自己呈示：自己呈示のかなりの部分は外見や声によって行われる。
⑤ 儀式・作法：あいさつや儀式において非言語的シグナルは重要な役割を果たす。

2. 顔の表情と視線

(1) 表情と情動表出

わたしたちは相手の感情や気持ちを理解しようとする際，「顔色」や「顔つき」といった**顔面表情**を手がかりにすることがよくあります。表情は非言語的手がかりとしてとても大切なものです。表情の研究は，進化論で有名なダーウィンが最初に行っていますが，彼は，人間の情動や感情が顔面表情にどのように表れるかを研究し，表情を苦悩，悲哀，喜び，反省，怒り，軽蔑，驚き，羞恥の8つに分類しました。そして，感情表出の仕方（**符号化**）は遺伝的に決定されており，文化や社会を超えた普遍的な共通性があることや，表情は情動を和らげるのに役立つことを述べています。

その後，エクマンらは**人間の基本情動を驚き，恐怖，嫌悪，怒り，喜び，悲しみの6つに分類**し，それぞれに対応する特定の顔面表情があることや，それぞれの表情には特有の顔の筋肉の動きがあることを明らかにしています（図7-2）。さらに，彼らは表情と顔の筋肉の動きとの関係をもとに顔面表情の符号化法を考案しており，そうした技法を学習することによって，顔面表情の判断が向上し，相手の感情の動きが深く理解できるようになるとしています。あなたも鏡を見ながら練習してみませんか。

図 7-2　6つの基本情動とその顔面表情(Ekman & Friesen, 1975)

（2） 視線の役割と意味

先の諺にもあるように，人とのコミュニケーションにおいて視線の果たす役割は小さくありません。視線の働きとしては，①相手に対する自分の態度や感情を伝える（**表現機能**），②会話のやり取りや流れを調整する（**調整機能**），③相手に対する影響（説得や支配など）を行使するための手段とする（**統制機能**）などがあげられます。

実際，①に関して，恋愛中のカップルはふつうの二者関係に比べて視線の交差が活発であることが報告されています。しかし，相手との関係によっては，凝視が反対に敵意を表現する場合もあります。

②に関して，視線は会話中の話者交代のシグナルとしても重要な働きをしています。ケンドンの研究によると，話し手は自分の話が終わる頃に聞き手を見つめる傾向があり，反対に聞き手は話し手の話が終わる頃に目をそらす傾向があります。また，自分が話をしている間よりも聞いている間の方が相手を直視することが多いということもわかっています。ちなみに，日常的な会話場面での視線を調べると，一方視（二者のうち一方のみが相手の目や顔を見ること）が全体の半分以上を占め，相互の視線交差（相互視）は20〜30％にすぎません。こうしたことから，日常の会話場面には暗黙の視線のルールのあることが理解できます。

視線にはさまざまな**個人差**もあります。例えば，①外向的な人は内向的な人に比べて相手をより多く凝視する，②不安傾向の強い人や抑うつ傾向の人は，相手を凝視したり視線を交差することが少ない，③女性の方が男性よりも相手をより頻繁に見つめる，などがわかっています。

3. 身体動作と姿勢

人と会話をしたり相手に何かを伝えようとする時，わたしたちは無意識のうちに手や身体を動かしていることがよくあります。このように，身ぶりや手ぶりといった動作が一種の言語の役割を果たすことを**ボディ・ランゲージ**と呼びます。身体動作は，会話の流れを調整する上で大切な意味をもっています。会話場面での身体動作は，その機能によって次のように分類できます（Ekman & Friesen, 1969）。

①　表象：勝利や平和の意味としてのVサインのように，ことばに直接置き換えられるような動作で意思の伝達をする働き
②　図解：「立て手」などのように，話す時に手ぶりによって会話内容の理解を促進したり補足したりする働き
③　調整：うなずいたり頭をそむけたりするような動作で，会話の流れを円滑にしたり統制したりするような働き

姿勢はある特定の感情や態度を伝達します。興味のある話を聞く時には前傾姿勢となり両足を後に引き，退屈な話を聞く時には頭を片方に傾けたり片手で頭を支える姿勢をとる傾向があります（図7-3）。さらに，姿勢は相手に対する好意・非好意の態度を示し，好きな相手には前傾姿勢が，嫌いな相手には逆の後傾姿勢がとられがちです。

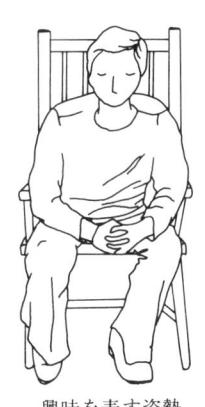

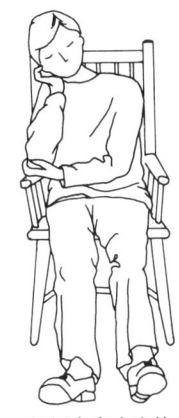

この他，空間行動としての対人距離（人と人との間に保たれる物理的距離）やパーソナル・スペース（個人空間）も非言語的行動として重要な意味をもっています（●コラム⑮）。

　　　　　　　　　　興味を表す姿勢　　退屈を表す姿勢
図 7-3　姿勢による感情の符号化
(Bull, 1983)

§4　他者への働きかけ

1. コミュニケーションと説得

自分の考えを受け入れてもらおうとしたり，相手の意見や態度を変えようとしたりする時，わたしたちは説得的な働きかけを行います。例えば，生徒の喫

煙を止めさせようとして教師が指導を行ったり，有権者に1票を投じてもらおうと立候補者が演説を行ったりします。このように，主に言語的な手段によって相手の態度や行動を特定の方向に変えようとすることを**説得**と言います。

説得の場面ではさまざまな要因が相互作用しながら説得効果を左右していますが，基本的には，①だれが（**送り手**），②どのような内容や形式の説得（**メッセージ**）を，③だれに（**受け手**）行う時に最も効果が高まるか，ということが重要な問題になります。

（1）送り手の特性

同じ内容のメッセージであっても，信頼できる人とそうでない人とではおのずとその効果に違いが見られるものです。ホブランドらの研究によると，**信憑性**の低い送り手よりも高い送り手の方が受け手の意見を説得方向により大きく変化させることが明らかにされています。つまり，説得の話題に関する知識が豊富で（**専門性**），その知識を偏りなく主張する（**信頼性**）とみなされる送り手ほど，受け手の態度や行動を変化させる力をもっています。

送り手のもつ**魅力**も説得効果を左右します。送り手の身体的魅力が高いほど受け手の意見が変化しやすいという報告があります。また，送り手の**内面的・人間的魅力**も同様に説得効果を左右する重要な要因になり得ます。やはり，人から信頼される魅力的な人ほど，影響力が大きいと言えそうです。

（2）説得メッセージのスタイルや呈示方法

説得メッセージの内容や方法をどのようにすると，インパクトは大きくなるのでしょうか。1, 2例をあげましょう。相手を説得しようとする時，自分に都合のよい主張だけを述べる方法を**一面呈示**と言い，自分の主張の欠点や反対論をも述べた上で説得する方法を**両面呈示**と言います。両者の効果は単純には比較できませんが，受け手の立場が送り手の立場と反対である場合や受け手の教育程度が高い場合，さらに，受け手が後で当初の説得と逆方向の説得（**逆宣伝**）を受ける可能性がある場合は，両面呈示の方がより効果的です。その理由は，両面呈示の方が反対の立場をも含んでいるので，押しつけがましい印象が薄れ，逆宣伝に対する免疫を作るためと考えられています。

受け手の恐怖感情を高めることによって，特定の態度や行動をとるように説得する方法を**恐怖喚起コミュニケーション**と呼びます。例えば，喫煙者にタバ

コの有害性を強調し恐怖感を喚起して喫煙を止めさせようとするなど，日常よく用いられる説得法の1つです。一般には，強い恐怖を引き起こす説得の方がより効果的であるようです。それは，強い恐怖が生じると，受け手の危険意識が高まり，危険に対処しようとする動機づけが強くなるためです。ただし，恐怖感情を強く引き起こした時には，脅威に対する有効な対処の仕方を示すことが大切で，脅威に現実感がなかったり，送り手の恐怖喚起の意図が疑われたりするとかえって逆効果を招くことがあります。

（3） 受け手の特性

説得の働きかけが同じようになされても，受け手によってその効果がずいぶん異なることがあります。説得方向へ態度や行動を大きく変える人もいれば，あまり影響されない人や反対方向に変化する人さえいます。こうした説得に対する感受性や影響の受けやすさは**被説得性**と呼ばれ，受け手の知能や性格特性などと密接なかかわりをもっています。

一般に，①知能や自尊心（自尊感情）の高い人よりも低い人の方が被説得性が高い，②攻撃性や不安傾向の強い人ほど被説得性が低い，などが示されています。ただし，このような受け手の特性や個人差はそれ自体で単独に影響することは少なく，むしろ送り手やメッセージの要因と相互作用し合いながら影響を及ぼすのがふつうです。

2．要請技法と承諾

自分の要求を相手に受け入れてもらおうとする場合，あなたはどのような方法を用いますか。例えば，パソコンが欲しくて，その費用を親に出してもらおうと考えているとき，あなたはどのようにして親の承諾を得ようとしますか。

相手の承諾を得るために，人はあれこれ考えて説得したり要請したりしようと試みます。ここでは代表的な要請技法として，次の3つを取り上げます。

（1） 段階的要請法

相手が承諾しやすい小さな要請をして，承諾あるいは実行してもらい，その後で目的とするより大きな要請をするというやり方です。段階的に要請する方が最初から大きな要請をするよりも，承諾率が高いと言われています。例えば，電話などで簡単なアンケート調査に協力を求め，その後で高価な英会話教材を

売込むといった商法がありますが、これは段階的要請法を悪用したやり方と言えるでしょう。

（2）譲歩的要請法

拒否されることを予想して、はじめに大きい要請をし、相手に拒否させてから、次に目的とする本当の要請（最初より小さい要請）をするという方法です。例えば、親から小遣いをもらおうとする場合、最初から拒否されることを覚悟して多めの金額を要求し、実際に拒否された後で譲歩して目的の額の小遣いを要求するといったやり方です。

（3）承諾先取り法

相手が受け入れやすい条件を呈示し、相手の承諾を先取りしておいて、その後、承諾を不利にする実際の条件を呈示して、相手の承諾を得ようとする方法です。常々、欲しいと思っていたパソコンが手頃な値段であったので、買うことを決める。しかし、よく聞いてみるとメモリーやハードディスクを別売りで増設しないと使いにくいと言う。買うと言った手前、引っ込みがつかなくなって購入することにした、などです。

こうした要請技法は、要請する側にとっては相手の承諾を得るための有効な説得技法ですが、ターゲットとなる受け手側にとってはトラブルや後悔のもとになる可能性があります。実際、受け手はその意図に気づかないまま、セールスマンの巧妙なテクニックのターゲットにされている場合が多々あります。要請する側は悪用を厳に慎まなければなりませんが、要請される側も要請者の真のねらいを察知するよう努め、慎重に判断し行動することが望まれます。悪徳商法やいかがわしい勧誘から身を守るためには、こうした要請技法やマインド・コントロール（→コラム⑬）に関する知識を身につけ、心理的な免疫力、抵抗力を高めておく必要があるでしょう。

コラム⑬

マインド・コントロール ── 巧妙な精神操作の手口

　マインド・コントロール（以下，MC）ということばは，一連のオウム真理教事件（1995年）でいっそうセンセーショナルに使われるようになりました。とりわけ，破壊的な宗教カルト（伝統的な宗教集団とは異なる信仰をもつ熱狂的な少数派の宗教集団）によるMCが大きな社会問題としてクローズアップされました。

　多くの人がMCなど自分には関係ない，自分はMCにかかるような人間ではないと考えているかもしれませんが，それこそが落とし穴なのです。人間関係が希薄化し，孤独感や疎外感が増している現代社会の中で，自分を受け入れてくれる仲間が欲しい，仲間と楽しく過ごしたいといった欲求は，おそらく多くの人々がもっていることでしょう。これは社会的な欲求として自然なことですが，MCはそうした心理につけ込んでくるのです。MCとは何かを知ること，自分もMCにかかる可能性があるという自覚をもつことが，MCにかからない一番の予防法なのです。

　当人が気づかない間にこころを変えてしまい，家族や周囲の人たちを不幸に陥れる巧妙な精神操作，それがMCなのです。MCは個人の態度や行動，人格を特定の方向に変容させようとする巧妙な操作で，「説得と要請技法」に関する社会心理学の法則を悪用したテクニックなのです。「洗脳」のように，個人を長時間物理的に拘禁状態におき，厳しい拷問や尋問，自己批判などを強要するやり方とは違って，主に言語的コミュニケーションによって情報を操作し，個人の感情や行動，思想をコントロールする高度なテクニックです。MCが問題にされるのは，当人が説得されているという意識がなく，自分の意志で行動しているという感覚をもつこと，しかも本人が真の目的を知らないことなのです。

　ある教団の元信者に面接調査を行ってカルトMCの影響過程を調べた西田によると，例えば次のようなテクニックが用いられています。①まず最初は宗教活動への参加など重要なことは知らせず，カルチャーセンターで勉強しませんかといった勧誘を行う。そして，2か月くらいの間に要請を徐々に大きくしていき（段階的要請法），最終的に24時間神に奉仕するよう求める（一貫性とコミットメントの法則）。②勧誘された人に「賞賛のシャワー」と呼ばれる賛辞やお世辞を次々と与える。これがカルトのメンバーへの魅力を生みだす（好意性の法則）。③人はいつも人生の岐路に立たされていることを強調し，今こそ自分を変えるべき時期であることをことさらに主張する（希少性の法則）。そして，④教団の講師や霊能者といった人物を高い位置に置くために，情報源の権威を高める操作や表現がなされる（権威性の法則）。

　この他，個人の悩みや病気の原因を「因縁」や「霊界」の祟りにあるとして相手の恐怖心を煽り，それから逃げられる「唯一の方法」を説いたり（恐怖喚起コミュニケーションの利用），外部と接触しにくい場所で合宿を行い，参加者の自由時間や行動を制限して暗示性を高めたりすることもあるようです。

　MCには以上のような宗教カルトの他に，政治カルトや教育カルトなどいろいろなものがあります。MCや勧誘の手口を知る上で，『マインド・コントロールとは何か』（西田公昭著　1995　紀伊國屋書店），『「マインド・コントロール」と心理学』（安藤清志・西田公昭編　1998　至文堂）などは格好の本です。一読されることをお薦めします。

§5 他者への援助と攻撃

1. 他者への援助

人を助ける行動のことを援助行動と呼びます。例えば，座席を譲る，カンパをする，負傷者を助けるなどのいわゆる人助けの行動を指し，困った状況にいる人のために多少の損失を覚悟で力を貸す行動を言います。高木は他者に対する援助を表7-3のように7つのタイプに分類しています。「小さな親切」から急を要する援助までさまざまな援助行動があげられます。本来，援助行動は援助を受ける人への共感や同情から発したもので，相手に利益をもたらすことだけを目的とした自発的な行動を指します。そうした援助行動は**愛他的行動**と呼ばれますが，実際には，相手に見られる印象を意識した自己呈示的な援助などもあります（非愛他的行動）。

表 7-3 援助のタイプ(高木，1982より構成)

①寄付・奉仕：人のために自分の金や労力，時間などを寄付したり，提供する行動
②分与：他者に自分の貴重なものを分け与えたり，貸与する行動
③緊急事態における救助：重大な緊急事態にある人を援助する行動
④努力を必要とする援助：労力の提供など身体的努力を要する行動
⑤迷子や遺失した人に対する援助：迷い子を世話したり，遺失物を届けたりする行動
⑥社会的弱者に対する援助：身体の不自由な人や老人などに援助の手を差し伸べる行動
⑦小さな親切運動：大きな負担をともなわない，ちょっとした親切心からなされる援助

援助行動を促進したり抑制したりする要因として，**援助者や被援助者の要因**，それに**状況的・環境的要因**などが考えられます。現実の援助場面では，これらの要因が複雑に相互作用して援助行動を生じさせています。各要因と援助行動との間には例えば次のような関係が見られます。

（1） 援助者の要因
① パーソナリティ：情動的共感性の高い人や相手の立場に立ってものごとを考える人ほど人に対して援助的である。

② 過去経験や気分：以前に類似の援助経験がある場合や気分的に快適な経験をすると，援助傾向が高まる。
（2） 被援助者の要因
① 性別：男性よりも女性の方が援助を受けやすい。
② 年齢：若い人よりも高齢者の方が援助を受けやすい。
③ 外見：身なりのきちんとした人や容姿が魅力的な人の方が援助されやすい。また，身体的ハンディキャップを負っている人は援助を受けやすい。
（3） 状況的・環境的要因
① 傍観者の存在：援助事態に**傍観者**が居合わせると援助は抑制される。また，傍観者が多いほど援助行動は起こりにくい（**傍観者効果**◯コラム⑭）。
② モデル：援助を実践している他者（モデル）を観察した後には，援助が起こりやすい（**モデリング効果**◯第3章）。
③ 事態のあいまいさ：援助事態があいまいな場合よりも明確な場合の方が援助が生じやすい。

ところで，援助行動は，人が援助事態をどのように認知し意思決定するかに大きくかかわっています。こうした援助行動発生のモデルとして，ラタネらは図7-4のような**認知的モデル**を提唱しています。現実の場面では図のようにすべての段階を経て援助が実行されるとは限らず，もっと直観的で瞬時に判断される場合もあります。また，援助場面で体験される感情的，情緒的要素（他者に対する共感的感情）も加わって援助行動が生じることも多いでしょう。

2．他者への攻撃

援助行動の対極にあるのが攻撃行動です。人に何らかの危害を加えようとしてなされる意図的で有害な行動を攻撃行動と言います。大渕は攻撃を表7-4のように3つのタイプに分類しています。攻撃といってもいろいろな行為を含む事象であることがわかります。

ところで，人間はなぜ人を攻撃したり傷つけたりするのでしょうか。フロイトは人間にはもともと破壊や攻撃を求める生まれながらの衝動があるとする**攻撃本能説**（内的衝動説）を唱えています。また，動物行動学者のローレンツは，

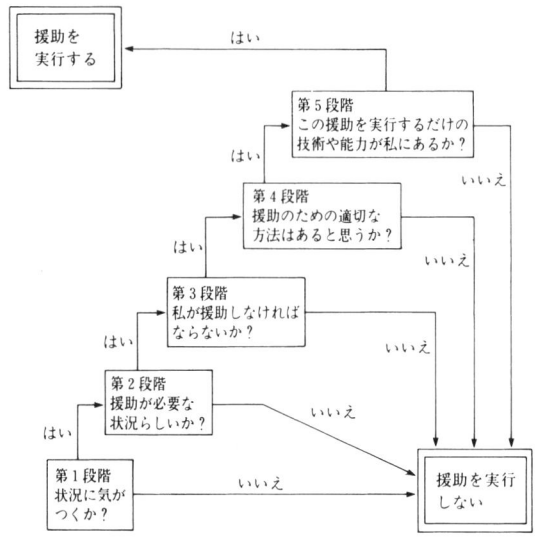

```
                  ┌─────────┐
                  │ 援助を   │ ←── はい ──┐
                  │ 実行する │            │
                  └─────────┘            │
                              ┌──────────────────┐
                              │ 第5段階          │
                              │ この援助を実行するだけの │
                        はい  │ 技術や能力が私にあるか？ │
                              └──────────────────┘
                         ┌──────────────────┐        いいえ
                         │ 第4段階          │
                         │ 援助のための適切な │
                   はい  │ 方法はあると思うか？ │
                         └──────────────────┘
                    ┌──────────────────┐        いいえ
                    │ 第3段階          │
                    │ 私が援助しなければ │
              はい  │ ならないか？     │
                    └──────────────────┘
               ┌──────────────┐           いいえ
               │ 第2段階      │
               │ 援助が必要な │
         はい  │ 状況らしいか？│
               └──────────────┘
          ┌──────────┐         いいえ          ┌─────────┐
          │ 第1段階  │ ── いいえ ─────────→   │ 援助を  │
          │ 状況に気が│                        │ 実行   │
          │ つくか？  │                        │ しない │
          └──────────┘                        └─────────┘
```

図 7-4 援助行動の意思決定過程（Latané et al., 1970；中村，1990）

表 7-4 攻撃事象の種類（大渕，2000）

種　類	行　動　内　容	例
身体的攻撃	他の人や他の生物に対して身体的苦痛や損傷を与えたり，事物を破壊する行為。	暴力，闘争，体罰など。
言語的攻撃	他の人に関する否定的メッセージを表明する行為。	非難，叱責，批判，中傷，悪口など。
心理的攻撃	他の人が不快に思うことを試みるその他の行為。	仲間外れ，無視，拒絶，意地悪など。

動物の攻撃行動の観察をもとに人間にも生理的欲求と同様に攻撃本能が自然に高まる性質があると考えています。これらの攻撃本能説は有名ですが，あまり支持されていません。攻撃行動は非本能な要因によって喚起されるとする考え方（**非本能説**）が今日では有力です。

ダラードらは，他者への攻撃は欲求不満の結果生じるものであり，欲求不満は常に攻撃を喚起する，という**欲求不満―攻撃仮説**を唱えています（●第2章）。しかし，欲求不満以外の不快な動因（他者からの侮辱やいやがらせなど）

コラム⑭

あなたは傍観者，それとも勇気ある援助者？

　電車の中で酒に酔った客にからまれている女性や，路上で乱暴されている人を目撃したことはありませんか。もしも，そのような場面に出会ったらあなたはどう行動しますか。
　1964年3月のある深夜にニューヨーク市内で，キャサリン・ジェノベーゼ（通称キティ）という若い女性が仕事を終えてアパートの駐車場に帰り着いたところを暴漢に襲われ，30分にもわたってナイフで何度も刺されたあげく，殺されてしまいました。この事件は当時のアメリカ人に大きな衝撃を与え，マスコミ等でかなり問題にされました。それは，多くの人々が環視している中でこの悲劇が起こったためなのです。キティ嬢の悲鳴を聞いて灯りをつけたり窓を開けた人は38人もいたことがその後の調査でわかりましたが，彼女が襲われている30分もの間，誰一人助けに降りる者もいなければ警察に通報する者さえいなかったのです。彼らは単に傍観し続けていただけだったのです。彼女が絶命した段階にいたってやっと目撃者の一人が警察に通報し，そのわずか2分後にパトカーが到着したのです。
　まわりの人々が援助の手を差し伸べなかった原因を，当時のアメリカのマスコミは道徳の衰退や都市生活による非人間化などに求めました。そして，この事件に相前後して，社会心理学の領域で援助行動や愛他心の研究が盛んになってきたのです。
　こうした悲劇的な事件は，日本でもテレビや新聞などでしばしば報告されています。例えば，1991年9月1日の深夜，東京都内のタクシー乗場で，騒いでいた少年たちに"ちゃんと並べよ"と注意した男性が妻の目の前で少年グループに殴り殺されてしまうという惨事が起こりました。その時，他に数名の人が居合わせたにもかかわらず，皆冷たく次々にタクシーに乗り込んで帰ってしまったのです（週刊朝日，1991年9月20日号参照）。こうした不条理な暴力がしばしば衆人環視のもとで起こっているのです。
　では，たくさんの人たちが目撃していたにもかかわらず，彼らはなぜ傍観したままで援助しなかったのでしょうか。そうした疑問を解決すべく，ラタネらは**キティ殺害事件**をまねた緊急事態（実験のサクラが発作を起こすなど）を設定して一連の実験を行っています。そして，自分以外に援助する人が誰もいない場合にはかなりの高率で援助行動が起こるのに，まわりに人がいる場合は援助行動がかなり抑制されること，しかもその場に居合わせた人数が多いほど抑制傾向が強まることを明らかにしました。つまり，人がたくさんそばにいるほど援助行動が起こりにくいことがわかったのです。
　このような**傍観者効果**の生じる理由として，他の人が何もしないでいるのを見ると，事態の緊急性がそれほど高いものではないと過小評価しがちになったり，また，事態が緊急であると判断した場合でも傍らに他者がいれば，「自分がしなくても他のだれかが助けるだろう」という**責任の分散**が生じやすくなるためであると，ラタネらは説明しています。
　したがって，キティ事件の原因を単に都会人の冷淡さや無関心さ，あるいは道徳の衰退にのみ求めることは妥当ではありません。わたしたちの行動を規定している身近な**状況的要因**にも目を向ける必要のあることを，この研究は示唆しているのです。都市化によって人間疎外の進んでいる現代社会では，「キティ事件」は増えていくかもしれません。もしもそのような場面に遭遇したら，あなたは傍観して見て見ぬふりをしますか，それとも勇気を出して援助の手を差し伸べることができるでしょうか。

によっても攻撃が喚起されることや，攻撃が生じるためにはしかるべき手がかりの存在が重要であることもわかっています（修正欲求不満攻撃説）。

一方，他者（モデル）の攻撃的な行動を観察し学習するだけでも攻撃行動が喚起されるとする**社会的学習説**も有力な考え方です（⇒第3章）。つまり，援助行動と同様にモデリングによって攻撃行動も学習されるとする考え方で，現実のモデルを観察するだけでなく，映像や象徴的なものを介しても**攻撃行動のモデリング**が成立するというものです。

さらに，**社会的機能説**も有用です。この説によると，攻撃行動は個人間または集団間の葛藤を解決するための手段とみなされています。つまり，他者への攻撃はある目標を達成するための戦略的な行動（例えば，相手を脅して自分の支配力を高める）と考えられるのです。

○参考図書

安藤清志　1994　見せる自分／見せない自分　サイエンス社
ブル，P.　高橋　超（編訳）　1986　しぐさの社会心理学　北大路書房
深田博己　1998　インターパーソナル・コミュニケーション　北大路書房
池上知子・遠藤由美　1998　グラフィック社会心理学　サイエンス社
今井芳昭　1996　影響力を解剖する　福村出版
磯貝芳郎（編）　1992　上手な自己表現　有斐閣
小川一夫（編著）　1995　新くらしの社会心理学　福村出版
大渕憲一　2000　攻撃と暴力　丸善ライブラリー

○キーワード

対人認知　暗黙の性格観　印象形成　認知的バランス理論　自己開示
自己呈示　印象操作　自己モニタリング　ノンバーバル・コミュニケーション（NVC）　顔面表情　視線　ボディ・ランゲージ　身体動作　姿勢
説得　信憑性と魅力　一面呈示と両面呈示　恐怖喚起コミュニケーション
被説得性　要請技法　マインド・コントロール　援助行動　愛他的行動
傍観者効果　モデリング効果　攻撃行動　攻撃本能説　欲求不満―攻撃仮説　社会的学習説　社会的機能説

○課　題

1．自分のまわりの人たちに対して，あなたはふだんどのような自己呈示をしていますか。第4部IIの実習資料（自己モニタリング尺度：SMS）を参考にして考えてみて下さい。
2．人と話をする時，あなたはどのような身ぶりや手ぶりをしますか。あなた自身の特徴的なボディ・ランゲージを自己観察したり，他の人のボディ・ランゲージを観察したりして，NVCとしての身体動作の意味や役割を考えてみましょう。
3．悪徳商法やマインド・コントロールから身を守るには，どのようなことが大切でしょうか。自分の体験なども参考にして対処法を考えて下さい。
4．人に対する援助や思いやりの行動を促すには，どうすればよいでしょうか。援助行動の研究や自分の体験などをもとに考えてみましょう。

第8章

集団・社会とのかかわりを考える

——集団行動の心理——

　集団は，共通の目標をもつ限られた人たちの集まりです。その成員は自分たちがその集団を構成しているという一体感をもち，相互にコミュニケーションをとり，相互に影響し合っています。また，そこでは，地位と役割が分化し，成員の行動の基準となる規範といったものが共有されてきます。その意味で，集団は小さな社会と言ってもよいでしょう。別に，人々の集まった状態を表す用語に群衆がありますが，群衆は集団とは異なります。群衆は，共通の興味・関心をもつものの，たまたまそこに居合わせたという程度の一時的で偶発的な接触しかもたない集合体です。しかし，群衆は，時として暗示にかかったかのように，画一化された，非論理的で，過激な行動（群衆行動）を起こすことがあります。
　このように，集団や群衆，社会，さらには文化の中でのあなたや他の人々の行動には興味深い側面が数多くあります。ここでは，そうした行動のメカニズムについて考察していきます。

§1　集団行動の特徴

1. リーダーとメンバー —— リーダーシップの機能

　クラスやサークル，職場などの集団・組織には，それぞれクラス委員とかキャプテン，課長や部長といった少数のリーダーがいます。彼らは，地位によって規定された公式的なリーダーですが，他方で集団内の相対的な影響力によっ

て自然に浮上してきた非公式的なリーダーもいます。**リーダーが，他の成員（メンバー）に影響を及ぼす過程をリーダーシップ（指導性）**と言います。

では，リーダーシップにはどのような機能（働き）があるのでしょうか。三隅は，リーダーシップを**集団目標達成機能（P機能）**と**集団維持機能（M機能）**に分類しています（**リーダーシップのPM理論**）。集団目標達成機能とは，その集団が本来めざす生産性や能率性の向上といった目標に近づけるために，リーダーがメンバーに対して積極的に指示や命令を与える行動を示します。教師が生徒に教科の学習を促したり，上司が部下に職務上のハッパをかけたりする，いわゆる"仕事中心"の行動です。これに対し，集団維持機能は，集団内のメンバーの対立や不満・緊張を和らげ，集団のまとまりがうまく保たれるような，"人間関係中心"の気配り行動を表します。

この2つの機能の強弱を組み合わせると，図8-1のようにPM型，P型，M型，およびpm型の4つのリーダーシップのタイプができあがります。両方の機能が強いリーダー，つまり仕事（あるいは指導）に厳しく，しかもメンバーの面倒見もよいリーダーがPM型です。逆に，両機能とも弱いリーダーがpm型になります。表8-1は，職場でのリーダーシップ行動をメンバーに尋ねる時に用いられる尺度です。

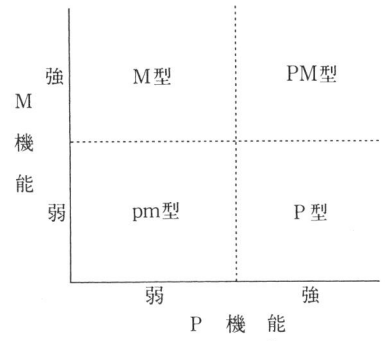

図 8-1　リーダーシップPM類型
（三隅，1964）

こうした尺度を用いて多くの調査が行われていますが，それらの結果からは，**PM型リーダーのもとで集団の生産性やメンバーの満足度が最も高く，pm型リーダーの時に最も低い**ことが認められています。

教師や上司のリーダーシップは，その集団の雰囲気にも影響を及ぼします。やはり，M機能がその集団の雰囲気を規定しているようです。**学級や職場が明るい雰囲気（イメージ）であるのは，上に立つリーダーのリーダーシップM行動によるところが大きいのです。**このことについては§2の「集団のまとまり」の項でも触れます。

表 8-1　上司のリーダーシップ測定尺度（三隅，1978より構成）

【P行動測定項目】
1. あなたの上役は，規則に決められたことがらにあなたが従うことをやかましく言いますか
2. あなたの上役は，あなた方の仕事に関してどの程度指示命令を与えますか
3. あなたの上役は，仕事量のことをやかましく言いますか
4. あなたの上役は，所定の時間までに仕事を完了するように要求しますか
5. あなたの上役は，あなた方を最大限に働かせようとすることがありますか
6. あなたの上役は，あなたがまずい仕事をやった時，あなた自身を責めるのではなく仕事ぶりのまずさを責めますか
7. あなたの上役は，仕事の進みぐあいについての報告を求めますか
8. あなたの上役は，毎月の目標達成のための計画をどの程度綿密に立てていますか

【M行動測定項目】
9. あなたは，仕事のことであなたの上役と気軽に話し合うことができますか
10. 全般的にみて，あなたの上役はあなたを支持してくれますか
11. あなたの上役は，個人的な問題に気を配ってくれますか
12. あなたの上役は，あなたを信頼していると思いますか
13. あなたの上役は，あなたがすぐれた仕事をした時には，それを認めてくれますか
14. あなたの職場で問題が起こった時，あなたの上役はあなたの意見を求めますか
15. あなたの上役は，昇進や昇給など，あなたの将来に気を配ってくれますか
16. あなたの上役は，あなた方を公平に取り扱ってくれますか

注）1. 実施の際には，「非常にそう思う」（5点）～「まったくそう思わない」（1点）といった5段階評定を用います。
　　2. PM類型の分類には，メンバーごとのP項目とM項目の評定値のそれぞれの合計値から算出されるP・M別の平均値が基準となります。

2. 集団思考と集団決定

　集団が共通の目標をもった人たちの集まりであることは本章の冒頭で述べました。そうしたことから，集団のメンバー全員で，ある1つの活動に協同で取り組むことも少なくありません。クラスでのグループ学習や職場での会議などがそれに該当します。**メンバー全員で1つの問題に取り組み，考え合う過程を集団思考**と言います。そして，ある一定の結論に達することを**集団決定**（あるいは集団の意志決定）と言います。

　集団決定にはいくつかの興味深い側面があります。集団決定は，一人で取り組んだ時の結果（個人決定）とどのように異なるのでしょうか。また，集団決定そのものは，どんな特徴をもつのでしょうか。

コラム⑮

あなたはどの席に座りますか？

　集団や群衆の中でのあなたの行動を座席行動から見てみましょう。通学・通勤電車の中で，あなたはどの座席に座りますか。友人・知人が同乗していないなら，おそらく，近くにだれもいない席をまず確保すると思います。それが許されない状況なら，せめて他者との距離を長く保てる位置の座席を選ぶはずです。エレベーターの中でも同じようなことが言えます。それはなぜでしょうか。

　あなたに限らず人はだれしも，自分のまわりに**他者から侵害されたくない空間**をもっています。これを**個人空間（パーソナル・スペース）**と言います。初対面の人があなたにあまりに接近すると，極度の不安や緊張を感じ，あなたは視線をそらしたり，身体の向きを少し変えたりといった防御反応を示すはずです。通学・通勤電車のあなたの行動もこのように考えると納得できると思います。わたしたちは，自分なりの個人空間を保てるように座席を選んでいるのです。

　ところで，こうした座席行動は座席位置の好みや性格，学校生活で言えば学業成績などによっても異なります。講演を聞く場合には，興味・関心をもっているかということも影響します。

　講義を受ける学生に教室内の座席選択の理由を尋ねた調査（北川，1985）によると，彼らの選択理由が，①受講態度の積極性（黒板の文字がよく見える，先生の声がよく聞き取れるなど），②快適環境優先（窓際で明るい，景色がよく見えるなど），③受講不熱心・友人関係優先（居眠りするのに都合がよい，友人が席をとっていてくれるなど）の3つに集約されることが認められました。図⑮-1は，座席位置と選択理由の関係を示したものです。あなたの座席行動の傾向とつき合わせてみて下さい。

図⑮-1　座席位置と選択理由の関係（北川，1985）

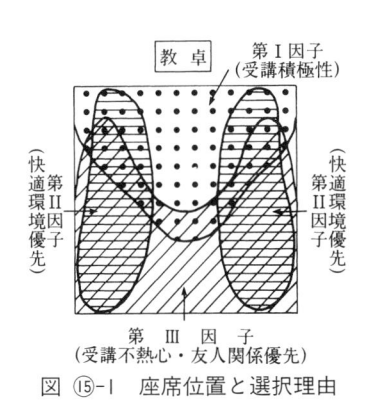

（1） 集団決定の効果

集団決定と個人決定の間には，かなり違いが見られます。例えば，月面で軟着陸した宇宙飛行士が母船にたどりつくのに必要な物品を順序づけるというNASA課題（→第4部II）において，最初に個人決定を行い，その後で集団決定を行うと，個人決定の結果より集団決定の結果の方が正解により近くなるのが一般的なようです。それは，集団モラール（本章§2「集団のまとまりと規範」の項参照），集団による情報量の多さと多面的な吟味などによって説明されます。この課題で集団決定を行う時には，①自分と異なる意見も有効であり尊重する，②単純な多数決や平均値を出したり，勝手な取引きをしてはいけない，といった原則があります（坂口，1973）。

ただし，集団決定が常に個人決定より勝るとは言い切れません。集団決定がプラスに働くのは，集団のメンバーが皆積極的に，協同して課題に取り組む時です。上述の集団思考の原則が守られなかったり，「だれかがやってくれるだろう」といった他人まかせの態度がメンバーに共有されてしまうと，課題遂行は低下します（次のページの「社会的手抜き」参照）。

（2） 集団による強め合い──集団極性化

集団で討議すると，個々のメンバーがもともともっていた意見や態度がより極端な方向に強められることがあります。例えば，架空の交通事故の事例を用いて，加害者の罪の程度を個別に評定させ，その後で集団討議を通じて集団決定させた研究では，加害者に対する有罪の度合いは最初の個人決定より集団決定の方が重くなっていました（Isozaki, 1984）。こうした現象を**集団極性化**と言います。アルコールへの依存度が高い人たちが集まって断酒会を結成するのも，集団極性化によって会員同士の断酒の励行をねらったものと言えます。

集団極性化は**情報的影響**と**社会的比較**の2つの観点から説明されています。情報的影響とは，集団討議を通じて他者が自分と類似した意見や態度をもっているという情報を入手することで自分の意見や態度の正当性が確認され，それによってそうした態度がいっそう精鋭化される過程を指します。他方の社会的比較は，他者の意見や態度と自分のそれを比較する時，自分が社会的に価値ある存在でありたいという動機が作用して，他者の意見や態度より抜きん出た態度表明を行うことを示します。

こうした2つの説明理論は，別々に機能するのではなく，両方が絡み合って機能すると考える方が妥当なようです。

3. 社会的促進と社会的手抜き

（1） 社会的促進

集団の中では，一人ひとりが別々に同じ課題に取り組むことがよくあります（共行為）。学校での学習はその典型的な例と言えます。また，他人が見ている中であなた一人だけ課題に取り組むこともあります。そんな時のあなたのできばえは，一人で取り組む時よりはるかにすぐれていることもあり，逆に劣ることもあります。前者のように，**他人がいることで課題の達成度や能率が向上することを社会的促進**と言います。後者の場合は**社会的抑制**と言われています。

どんな時に促進的になり，どんな時に抑制的になるのでしょうか。ザイアンスという心理学者は，他者が一緒にいることが動機づけを高め，その時に優勢な反応の生起率を高め，その結果として課題遂行が促進か抑制となって現れる，と説明しています。優勢な反応は，取り組む課題についての以前の学習の程度によって決まります。あなたが，すでに経験ずみのよく学習している課題やことがらに取り組む時には，正答あるいは適切な反応が誤答や不適切な反応より優勢になります。他方，ほとんど未知の慣れない課題やことがらに取り組む時は，逆に誤答や不適切な反応の方が優勢になります。そうした優勢さが，社会的促進や抑制を規定する分岐点になるというわけです。

（2） 社会的手抜き

皆が一緒になってあることに取り組む時，皆の力がうまくかみ合って，一人ひとりの力の総和以上の成果が得られることがあります。このことは先の「集団決定の効果」の項で言及しました。しかし，**皆で取り組むことによって逆に一人ひとりの努力量が低下すること**も多く認められます。この現象を**社会的手抜き**（あるいは社会的怠惰）と呼んでいます。社会的手抜きは，協同の課題（作業）状況で生じる現象であり，その点で先に述べた社会的抑制とは異なります。

運動会の綱引きで，あなたはどれほどの力を出していたでしょうか。おそらく，あなたの引く力は一人の時よりずっと弱かったに違いありません。リンゲルマンという研究者は，綱引きの人数によって引っ張る力がどのように変化す

るかを調べています。それによると，1人の時の力を100とする時，2人で引く時は93％，3人で85％，8人では49％の力しか各人が出していませんでした。

ただし，綱引きの力の入れ方が低下するのは，皆がいることで努力量が低下したという原因（社会的手抜き）とともに，味方の人が密集しているために全力を出しにくかったり，引っ張るタイミングが合わないという原因（効率の低下）も考えられます。

こうした疑問を解くために，ラタネらは，1人，2人，6人で大声を出す実験を巧妙に計画しました。2人以上の条件では，被験者と他の人たちが同時に大声を出す条件（真の集団条件）と，被験者以外の人たちも同時に大声を出していると信じ込ませて，実は被験者だけが大声を出している条件（擬似集団条件）も設定したのです。被験者に目隠しと周囲の音を遮断するヘッドホンをつけさせることで，こうした操作が可能でした。2つの集団条件を比較することによって，社会的手抜きによる減少と効率の低下による減少を区別することができます。その結果，図8-2のように，1人あたりの声の大きさ（音圧）は，1人の時より2人の擬似集団条件の方が小さく，擬似集団の人数が6人になるとさらに減少していました。この減少は，集団による効率の低下ではなく，「皆がいるから全力を出す必要もないだろう」という社会的手抜きによるものと考えられます。そして，真の集団条件は擬似集団条件より多くの減少が認められました。2つの集団条件の差が集団による効率の低下を示しています（岡本，1986）。

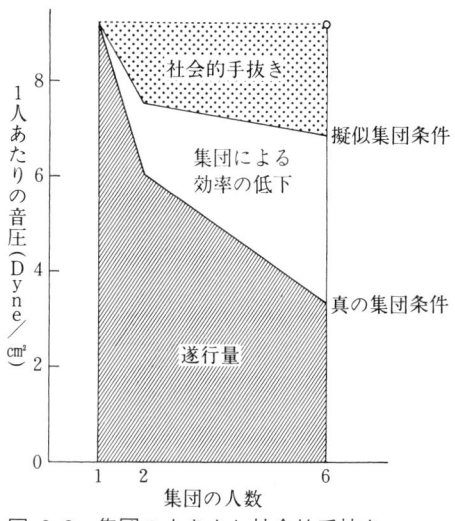

図 8-2 集団の大きさと社会的手抜き
（Latané et al., 1979；岡本，1986）

§2 集団のまとまりと規範

1. 集団のまとまり——集団凝集性と集団モラール

　それぞれの集団には他の集団とは異なる特性があります。集団の個性と言うべきものです。ここではそれらをとらえる観点として，まず集団凝集性を取り上げます。

　集団凝集性は，厳密には「メンバーをその集団にとどめようとするすべての力の合成力」(Festinger, 1950) と定義されます。集団への魅力や集団で取り組む課題への魅力についての総合的な度合いを表します。もし，メンバー全員がその集団に強い魅力を感じているなら，その集団は一体的でまとまりがあると受け取られるし，あまり魅力を感じていないなら集団全体がバラバラな印象を与えるでしょう。したがって，集団凝集性は，一方で集団のまとまり具合を表す概念であると言えます。

　凝集性の高い集団のメンバーは，彼ら自身がその集団の一員であるという自覚が強く（いわゆる"われわれ意識"），相互に援助し合い，友好的な関係を保とうとする傾向が強いと言われています。しかし，"そと"の意識をもつ集団（外集団）に対しては競争的行動をとります。

　さて，集団がまとまりをもつと，メンバーは**集団目標に向かって皆と一緒になって効果的に取り組む態度**をもつようになります。個々のメンバーのこうした態度あるいは行動傾向を**個人モラール**と言い，それらを集団の観点から見る時，**集団モラール**と言います。モラールが高い集団は，凝集性も高く，集団目標のよりよい達成が期待されます。個人モラールが高いメンバーは，その集団に良好に適応していることを示します。

　ところで，あなたは自分のクラス・職場の雰囲気と別のクラス・職場の雰囲気がちょっと違うといったことを感じたことはありませんか。先に紹介したように，凝集性やモラールが集団によって異なるならば，そこに漂う情緒的なムード（雰囲気）も少しずつ違っているはずです。集団には，その集団特有の雰

囲気があるのです。

　ホワイトらは，教師のリーダーシップ行動を実験的に操作して，専制的・民主的・放任的の3つの雰囲気を作り出し，それぞれの雰囲気の中で子どもたちがどのような行動をとったかを報告しています。それによると，専制的雰囲気では，リーダーへの依存行動や攻撃的行動が多く見られ，民主的雰囲気では友好的・相互信頼的で集団を尊重する行動が多く，作業への動機づけも高いことが認められました。放任的雰囲気では，遊びの会話が目立ち，集団がバラバラで作業の成果も低い水準でした。この結果から，先のリーダーとメンバーの項でも述べましたが，リーダーの**リーダーシップ行動が集団雰囲気に大きな影響を及ぼす**ことがわかります。

2．集団規範と同調

　集団が形成されメンバー同士の相互作用が進展するにつれて，メンバー間に**その集団の中での行動の仕方やものの考え方についての期待あるいは態度**が共有されてきます。これを**集団規範**と言います。集団規範は，言い換えれば，メンバーの行動の基準として機能する集団合意です。

　例えば，「授業（あるいは会社）に遅刻しても5分程度の遅れなら許してくれるだろう」といった判断が同じクラス（職場）のメンバーに共有されている場合は，遅刻に関する集団規範ができあがっているわけです。教師や上司への態度・ことばづかいなどさまざまな面で集団規範は存在します。

　そうした集団規範は，いったん形成されると，メンバーの行動を規制することになります。メンバーは集団規範に沿った行動をとるのです。そして，メンバーが規範からはずれた行動（**逸脱**）をとる時には，集団全体がそのメンバーに規範に従わせようとする圧力（**集団圧力**）をかけるのです。共有度の高い集団規範がある場合にはその圧力はいっそう強くなります。

　集団圧力によってメンバーが規範に従った行動をとることを**同調**と言います。アッシュは，わたしたちがいかに同調しやすいかを実証しています。彼は，8人集団（大学生）に図8-3のaの線分と等しい長さのものをbの3本の線分の中から選ぶよう求めました。実は，この集団の7人は研究協力者（サクラ）であり，全員同じ誤った選択をするよう前もって依頼されていました。実験は，

サクラが順に実験者の依頼どおりに誤った選択をした時，最後から2番目に位置する真の被験者がどのような選択をするかを調べようとしたのです。こうした実験を真の被験者50人に線分の長さを少しずつ変えながら12回繰り返して行ったところ，12回すべて正しい選択をした人は13人（26％）しかいませんでした。図8-3の課題は，一人で解くならまちがえそうもないものです。74％の被験者は多少とも集団の多数派の判断（一種の集団規範）に同調したと言えます。

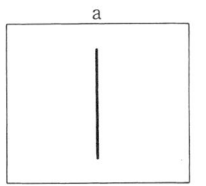

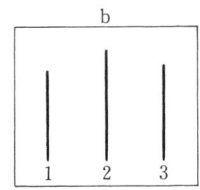

図8-3　アッシュの実験で用いられた線分図形の例　　　　　　　　（Asch, 1951）

この場合の同調は，うわべだけの**追従**でしかありません。しかし，あなたも皆と異なる意見や態度を表明することで非難されると予想される時（集団圧力が強い時），こうした追従行動をとった経験があると思います（→コラム⑯）。

§3　群衆行動の心理

1．うわさ（流言）とパニック

いわゆる"オイル・ショック"が起こった直後，トイレット・ペーパーの品薄がうわさされ，スーパー・マーケットに客が押しかけたという話はあまりに有名です。また，愛知県のある信用金庫が女子高生のちょっとした冗談が発端となってつぶれかかったという事件（→コラム⑰）も同じ頃のことです。こうした事件に共通するのは，うわさ（流言）が一種のパニックを招いたということです。当事者たちは，今でこそ笑い話ですましているかもしれませんが，その時は深刻であったに違いありません。

流言はデマとは区別されます。**流言は情報内容の真偽があいまいなままそれが確かめられることなく，人から人へ伝わっていく過程**を言い，デマはもともとありもしないことを悪意をもって，故意に流されることを指します。

こうした流言はどのようにして発生し，どのように伝わっていくのでしょう

コラム⑯

あなたは"ノー"と言えますか？——権威への服従

　コラム⑬では，宗教カルトのマインド・コントロールをその手口の観点から考察しましたが，ここでは，権威への服従（権威者に対する追従）の観点から考えてみます。

　アメリカの心理学者ミルグラムは，「罰が暗記学習の効率を上げるか」という問題を検討する名目で，実験協力者を一般男性から募りました（最終的には40人）。そして，応募者を2人1組のペアにして，くじ引きで教師と生徒の役のいずれかに割り当てました。実はペアの一方は"本物"の応募者でしたが，他方はサクラで，くじには本物の応募者が教師役に，サクラが生徒役になるように細工されていました。

　隣室で電気イスに固定された"生徒"は，暗記課題に次々に解答するよう求められ，シナリオどおりの"失敗"を重ねます。"教師"は，生徒が失敗するたびに，実験者（権威者として設定されている）から電気ショックの罰を与えるよう求められます。教師の前には15ボルトから450ボルトまで，15ボルト間隔で30個のレバーがあり，生徒の最初の失敗に15ボルト，次は30ボルト，というように順次電気ショックを強くするよう指示を受けます。各レバーには電気ショックの程度も表示されています（例えば，225ボルトでは「強烈なショック」）。

　実験者は，「この電気ショックで身体に障害が起こることはない」「この実験にはあなたがレバーを引くことが必要です」などと言って，教師に電気ショックの行使を強要します。生徒役のサクラは，失敗のたびに電気ショックを受けますが，実際には電気ショックはなく，"与えられたショック"に応じて悲鳴をあげたり，壁をたたくなど迫真の演技をします。

　読者も気づいたかもしれませんが，この実験の本当の目的は，実験者の指示を受けて，"教師"がどの程度のレベルまで電気ショックを与え続けるか，逆に言えば，どのレベルで電気ショックの行使を拒否するか，ということでした。大部分の読者は，こうした状況では最後の450ボルトまでショックを与え続ける人は一人もいないと思うでしょう。

　結果は驚くべきものでした。最後までショックを与えたのは，なんと26人もいたのです。生徒の悲鳴やもがきを聴き，そして最後の方では生徒はまったく反応せずぐったり（とする演技を）していたにもかかわらず，約3分の2の人たちが実験者の指示に従ったのです。

　この結果は，私たちが，"権威"に対してどれほど弱いかをはっきり示しています。"権威"が私たちの行動を強くコントロール（マインド・コントロール）するほどの影響力をもつのです。ふだんなら善悪を十分に判断できるであろう某宗教集団の信者たちが，教祖や幹部の指示で数々の凶悪犯罪を引き起こしたことも，この図式にぴったりとあてはまります。しかも，社会から疎外された意識を共有して閉鎖的・敵対的集団と化した教団においては，凝集性もいっそう強くなり，"権威"の影響力もこの実験の比ではなく，信者へのマインド・コントロールはもっと容易に成立したと考えられます。また，信者の方も，"教え"や"救い"の名の下にコントロールされることを強く望んでいたのかもしれません。

　なお，この実験の"教師"たちは，ただ平然と言われるままに電気ショックを与え続けたわけではなく，その多くは，冷や汗をかき，うめき声や意味不明の笑い声をあげたりして，権威者の指示と自己の内なる良心の間で苦渋の選択をしていたことを付け加えておきます。

表 8-2　流言の発生・伝達条件と変容過程（木下，1977より構成）

	発生条件	伝達条件と過程	変容過程
個人的条件	・主題への興味・関心 ・事態のあいまいさ 　（認知的あいまいさ） ・不安感情など ・性格要因 　（流言に敏感な人） ・批判能力	・流言集団の存在 　主題に関心をもつ人々に選択的に伝達される ・人間関係ネットワーク 　個人の人間関係ネットワークに沿って伝達され，徐々により大きな"社会的"広がりをもつ	・平均化 　伝達途中でしだいに単純化，簡略化された内容に変化する ・強調化 　関心のある部分だけが特に誇張されていく
社会的条件	・流言集団 　（主題に対して共通の興味をもつ人々） ・社会的緊張 　（経済危機，革命，人種暴動，天災など） ・情報の不足	・凝集性 　凝集性が高い集団で伝達されやすい ・地位が階層構造的な集団 　低地位者から高地位者へ伝達される ・生態学的要因 　（メンバー間の物理的距離など）	・同化（合理化） 　流言内容が，個人の主体的枠組に沿った都合のよい形に再構成される

か。表 8-2 は流言の発生・伝達の条件と伝達・変容の過程をまとめたものです。

"○○さんと○○さんはあやしい"とか"今度の課長昇進は○○さんらしい"といったように，あなたの周辺でも流言はしばしば飛び交っています。あなた自身が流言の発信者であったり，途中の伝達者であったりもします。そして，あなた自身が流言に"待った"をかける主体でもあるのです。

流言は，時としてその影響を被る側（群衆）に**過激で同質的な非論理的行動**を引き起こします。いわゆる群衆心理としての**パニック現象**です。先に紹介したトイレット・ペーパー事件や信用金庫の取りつけ騒ぎもこれに該当します。

パニックは，群衆の間に共通の不安・緊張・脅威が極度に高まり，ちょっとした出来事が引き金となってそれらが恐怖に変わった時に発生すると考えられています。群衆の中に自分を埋没させてしまい，判断力を失い，まるで暗示にかかったような行動に駆り立ててしまうのです。

こうなるともう人ごとではありません。パニックはあなた自身にいつふりかかるかもしれません。冷静にものごとを見極める目が求められます。

2. ファッション（流行）の心理

　今のあなたの最大の関心事は，今年あるいは来年のファッションかもしれません。特に若い女性にとって，今年のファッションの色調や型は気になるところでしょう。ファッションとは主に服装の流行を指しますが，流行の対象は服装だけではありません。化粧・髪型，自動車，娯楽，ことば，建築，そして教育などにも見られます。このように考えると，わたしたちの生活の周辺でこうした流行は広く受け入れられていることに気づきます。流行はわたしたちの身近な社会現象の1つなのです。

　では，流行とはどのような現象でしょうか。あなたはなぜ流行に関心をもち，流行を取り入れるのでしょうか。ここではこうした問題について考察します。

　流行とは，**今までとは異なる新奇な行動様式が一時的に普及し，やがて消滅する現象**を言います。そして，この現象は地域，生活圏，あるいは文化圏といった特定の社会集団において顕著に認められます。その社会集団で特定の流行が消滅する時，別の社会集団に普及し始めることもしばしばです。また，流行のもう1つの特徴は周期性をもつということです。女性のミニスカートのように，以前はやったファッションが一定の期間をおいて再現されるのです。

　わたしたちが流行に関心をもち，取り入れるのは，以下のような動機・欲求があるからだと考えられています。

① 新奇なものを求める動機（好奇動機➡第2章）：今までになかった珍しい新しいもの，変わったものや未経験なことには，新鮮な感覚を覚え，選択的に注意が向けられます。好奇心も駆り立てられます。そうした力が流行を取り入れる原動力になるのです。また，この背後には，単調な生活にアクセントを求める欲求もかかわっています。

② 社会や集団に認められたいという欲求（社会的承認欲求）：人は皆自分の所属する集団や社会に認められたいと願っています。そのためには，その集団の他の人たちと同じ行動様式をとる必要があります。所属する社会や集団に広まっている流行を取り入れることは，そうした欲求の反映だと考えられます。

コラム⑰

豊川信用金庫の取りつけ騒ぎ

　この事件は，就職間近かの女子高校生たちの，通学途中の他愛ない会話の中から始まりました。木下の報告に基づいて紹介します。

　豊川信用金庫に就職が内定していたA子に対して，B子が「信用金庫は危ないわよ」と冗談を言ったことが発端です。A子もB子も冗談であることは承知の上だったのですが，横で聞いていたC子はすっかり真に受けて，家に帰って叔母のDにそのことを話しました。Dは過去に民間金融業者の倒産に引っかかった経験があり，心配になって義姉Eに電話し事実の確認を依頼しました。Eは，数日後，豊川信用金庫の知人に連絡して，事実無根であることを確かめ，Dにその旨を知らせました。しかし，Eはそれより早く，行きつけの美容院Fで，以前一緒に海外旅行をした主婦グループにもそのうわさを伝えていました。そのグループのうちの一人の夫が豊川信用金庫の関係者だったので，うわさは一笑に付され，このルートのうわさはそれ以上進展しませんでした。

　しかし，美容院Fにおいては，経営者から妹Gを経てその親に伝わり，ちょうどその話の場に居合わせたクリーニング店主Hの耳に入ることになります。Hは家に帰って妻Iに伝え，両者とも半信半疑ながら，Iは翌日，幼稚園児の母親仲間にそのうわさを伝えました。

　事態が急転したのは，Iが，その後に知り合いの商店主が「豊川信用金庫に預金していた120万円をすぐおろしておくように」と電話しているのをたまたま耳にしたことによります。その電話はたんなる商用であったのですが，Iは「やはりうわさは本当だった」と早合点し，すぐに夫に連絡し，預金をおろさせました。そればかりか，日頃の恩返しにと，手分けして得意先にも連絡をしたのです。

　うわさは爆発的な広がりを見せ，不安と恐怖にかられた人々は，翌日には本店だけでなく支店にまで長い列を作ったのです。

　不確実な情報によって不安にさらされた時，人はだれしもこうした行動をとると言えます。情報過多と言われる時代です。真実を見極める目とそのための情報収集を行う行動力を養うことが必要とされます。

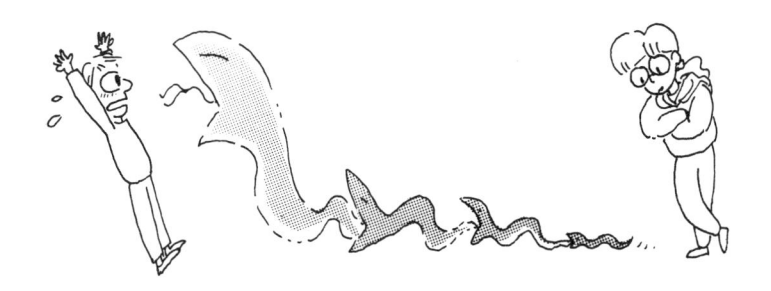

③ 他者と違った存在でありたいという欲求（独自性欲求➡第4部Ⅱ）：わたしたちは，皆に認められたいという欲求とともに，他人と違うユニークな存在でいたいとする欲求ももち合わせています。言い換えれば，自分らしさを主張したいという欲求です。流行をいち早く取り入れることは，自分を際立たせるという意味で，こうした欲求を満たすことになります。

④ 上位の者との同一視を図る動機：流行は最初は社会的に上位の人々の間に広まると言われています。下位の人々にとっては，流行を他人より先に取り入れることで上位者との同一視を図ろうとするわけです。

⑤ 自我防衛の動機：わたしたちには自尊心を保ち続けようとする動機があります。自尊心を脅かすような弱点や劣等感が自分にある場合，この動機が働いて弱点や劣等感をおおい隠そうとするために，華美な流行品を身につけることがあります。

流行は，多くの場合，テレビ，ラジオ，新聞，週刊誌といったマス・メディアを通じて伝達され，普及します。第7章で紹介した説得メッセージの1つの形である宣伝（コマーシャル）のメッセージに反映されます。したがって，どのようにマス・メディアを利用し，どのようなメッセージを流すかによって流行も影響を受けます。

流行は，それがなければ，人間生活が成り立たないというわけでもありません。それでも流行が普及するところに，わたしたち人間の"人間らしさ"があるように思われます。

§4　現代社会に生きる青年たち

1. 孤 独 感

第6章でも述べたように，現代社会は青年にとって，ホンネとタテマエの入り交じった社会，矛盾に満ちた大人社会であり，生きづらい社会であると言えます。その上さらに，所属する集団の中で孤立したり排斥されたりすると，大

きな不安となり，孤独感や疎外感に悩まされることになります。また，皆と一緒にいてもふと孤独感を味わう時もあります。そうした孤独感が生きづらさを増幅するのです。

孤独感は，個人の社会的相互作用の願望レベルと現実レベルの間のずれから生じる不快な主観的経験と考えられています。つまり，自分の周囲の人たちとのつきあいはこうありたいと願う理想と，実際のつきあいの状態がかけ離れている時に生じるわけです。

工藤・西川は，アメリカで開発された孤独感尺度の邦訳版を作成し（表8-

表 8-3　改訂版 UCLA 孤独感尺度（工藤・西川，1983）

1. 　私は自分の周囲の人たちと調子よくいっている。
2. ＊私は人とのつきあいがない。
3. ＊私には頼りにできる人がだれもいない。
4. 　私はひとりぼっちではない。
5. 　私は親しい友だちの気心がわかる。
6. 　私は自分の周囲の人たちと共通点が多い。
7. ＊私は今，だれとも親しくしていない。
8. ＊私の興味や考えは，私の周囲の人たちとはちがう。
9. 　私は外出好きの人間である。
10. 　私には親密感のもてる人たちがいる。
11. ＊私は疎外されている。
12. ＊私の社会的つながりはうわべだけのものである。
13. ＊私をよく知っている人はだれもいない。
14. ＊私はほかの人たちから孤立している。
15. 　私はその気になれば，人とつきあうことができる。
16. 　私を本当に理解している人たちがいる。
17. ＊私は大変引込み思案なのでみじめである。
18. ＊私には知人がいるが，気心が知れた人はいない。
19. 　私には話しあえる人たちがいる。
20. 　私には頼れる人たちがいる。

注）1.　実施の際には，「しばしば感じる」（1点），「ときどき感じる」（2点），「めったに感じない」（3点），「決して感じない」（4点）の4段階尺度を用います。
　　2.　集計する時には，項目番号に＊がついている項目の得点を逆転させる必要があります。「しばしば感じる」を4点，「決して感じない」を1点というように変えるのです。この処理を行った後で，20項目の合計値を求めます。高得点ほど孤独感が高いことになります。

3），高校生，予備校生，大学新入生，社会人，アルコール依存症患者など16の群にその尺度への回答を求めています。その結果，最も孤独感得点が高かったのはアルコール依存症の患者群（全員男性で平均値は43.58）で，その次が大学新入生男子群（同40.57）でした。孤独感とアルコールへの依存の関係は何となくわかるような気がしますが，孤独感がアルコールにのめり込ませるのか，のめり込むから孤独になるのかという因果関係はこの結果からはまだわかりません。

大学新入生男子の孤独感の高さは，同じ新入生女子の得点（同35.64）と比較しても際立っています。新入生男子は新しい環境への適応，とりわけ人間関係のスムーズな確立という点で問題のあることが示唆されます（工藤・西川，1983）。また，この研究から，孤独感の強い人ほど自尊心や社交性が低く，食欲不振・頭痛，あせり・注意散漫といった身体的，精神的な徴候も見られます。

2．ソーシャル・サポート

孤独感と関係が深いのが**ソーシャル・サポート（社会的支援）**です。ソーシャル・サポートの定義は研究者によって違いますが，ここでは，「**困った時や悩んでいる時に自分のまわりの人たちが精神的あるいは物質的に援助してくれること，およびその期待**」と定義しておきます。あなたが学業で留年や落第しそうになった時，あるいは仕事で大きな失敗をした時，これまでの人間関係を通じて，あなたを助けてくれたり，相談にのってくれたり，不安を和らげてくれそうな人が何人かいると思います。そういう人がいると認知（期待）したり，実際にそうした支援を受けることがソーシャル・サポートなのです。

ソーシャル・サポートは，①情緒的サポート（好意，愛情，感情移入），②情報的サポート（環境や状況についての情報），③道具的サポート（物品，サービス），④評価的サポート（自己評価に関する情報）といったタイプに分けることができます（House, 1981）。

ソーシャル・サポートはストレスを低減したり緩和する働きをもつとともに，心身の健康や幸福感を高めると考えられています。あなたが今，精神的に健康で生き生きしているのは，あなたのソーシャル・サポートのネットワーク（友人，家族，教師・上司，先輩など）が充実し，あなた自身がそれに対して満足しているからなのです。逆にあなたがイライラしたり，不安でいっぱいの時は，

コラム⑱

日本人らしさってなに？――日本人の国民性

　これまでは，集団や社会の中のわたしたちの行動を見てきました。しかし，ある状況での社会的行動は，共通の文化圏に属する人々にはあてはまることでも，異なる文化圏の人々にはあてはまらないこともあります。つまり，文化や国民性などのより大きな視点から，わたしたちの行動をとらえることも必要であることを最後に付け加えておきます。

　ここでは，国民性について触れます。国民性は，「その国の多くの人々に特徴的に見いだされ，比較的安定した（変動しづらい）パーソナリティ特性」と定義され，社会心理学や文化心理学の視点からすると，モーダル（最頻的）・パーソナリティ（その国の人々に共通に認められる認知的・行動的傾向➡第5章）に近い概念です。

　南（1994）は，自著『日本人論』の冒頭で「日本人ほど自らの国民性を論じることを好む国民は他にない」と述べています。では日本人の国民性，すなわち日本人らしさとはいったい何でしょうか？　ベネディクト（1967）の『菊と刀』，中根（1967）の『タテ社会の人間関係』，土居（1971）の『甘えの構造』など，多くの研究者がこの問題について考察しています。水口（1992）はこれらの著作に基づき，日本人の国民性の特徴を7つの観点でまとめています。そのうちの4つを以下に紹介します。

- **日本人の矛盾性**　「日本人は礼儀正しいが，しかしまた不遜であり，頑固であるが，しかしまた容易に順応できる」（ベネディクト）というように，日本人は「しかしまた」を使用しなければ語れない矛盾的な国民であるとされます。また，「口に出して言わなくても」と，明確な表現を好まず，あいまいな表現をしがち，とされます。
- **日本人の社会関係性**　ベネディクトは，西洋人の行動特徴が「罪の文化」であるのに対して，日本人のそれは「恥の文化」である，と指摘しています。恥は他者の存在があって成立します。日本人は世間体を気にし，恥を回避する動機で行動する傾向があるとされます。ベネディクトはその根本原因に「義理と人情」をあげています。
- **日本人の社会帰属性**　中根は，日本人は自分を社会的に位置づけるとき，自分の職能や資格（記者とかエンジニア）よりも，A社といった所属している「場」を優先させる，としています。自分が何ができるかよりもどこに所属しているかがまず強調されるのです。そして所属先の上司などの上位者が意思決定を行い，下位の者は従順に従うという，タテ社会の構造になっていると指摘しました。
- **日本人の自己否定性**　日本人は，自己犠牲によって人間関係を円滑化しようとする傾向が強い，とされています。義理・人情を重視し，他人を意識して行動すれば，なおさら自己犠牲がともないます。自己を前面に出さず，控え目にして集団に埋没することを好むのは，あたかも自己卑下的，自己否定的に映ります。

　しかし，ベネディクトらの考察が日本人全体に一般化できるかどうかには，多くの批判があります（例えば，南，1994）。また，統計数理研究所などの分析から，「義理・人情的な考え方をするかしないか」という次元は日本人特有の思考様式のようですが，社会情勢を反映して，日本人の国民性も特にその表層部分はしだいに変化していると考えられます。

人間関係がこじれ，サポート・ネットワークが一時的にも崩壊している時です。ある調査では，離婚などといったサポート関係の崩壊の直後には，交通事故にあうことが多いことも報告されています。

サラソンとサラソンは，大学生をサポート・ネットワーク量が多い群と少ない群に分け，さらに，彼らがむずかしい課題を解く時に「わからないことがあったらどんなことでも構いません，気軽に声をかけて下さい。あなたの力になります」と実験者が教示を与える群（サポートあり群）とそのような教示はいっさい与えない群（サポートなし群）を設定しました。そして，それら4群の課題のできばえを比較したところ，図8-4のように，サポート・ネットワーク量の少ない群は，サポートを与えた方が与えなかった場合より成績がよいことが見い出されました。他者からのサポートは，サポートに関する人間関係が狭い人たちの「できなかったらどうしよう」といった不安を和らげ，課題への取り組みに専念させることに寄与すると考えられます。

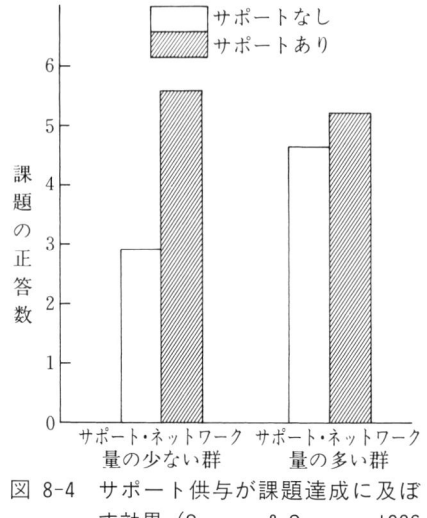

図 8-4 サポート供与が課題達成に及ぼす効果（Sarason & Sarason, 1986 より構成）

あなたのサポート・ネットワークの量と満足度を測定する尺度を第4部のIIに収録しています。一度，自己評定してみて下さい。

○参考図書

チャルディーニ，R. B. 社会行動研究会（訳） 1991 影響力の武器―なぜ，人は動かされるのか 誠信書房

大坊郁夫（編） 1993 わたしそしてわれわれ Ver.2―現代に生きる人のための心

理学テキストブック　北大路書房
池内　一（編）　1977　講座社会心理学3　集合現象　東京大学出版会
菊池　聡・谷口高士・宮元博章（編）　1995　不思議現象　なぜ信じるのか―こころの科学入門　北大路書房
南　博　1970　日本人論の系譜　講談社
水原泰介（編）　1971　講座心理学13　社会心理学　東京大学出版会
小川一夫（編著）　1995　新くらしの社会心理学　福村出版
対人行動学研究会（編）　1986　対人行動の心理学　誠信書房
吉森　護（編）　1991　人間関係の心理学ハンディブック　北大路書房

○キーワード

リーダーシップ　PM理論　集団思考　集団決定　集団極性化　社会的促進　社会的抑制　社会的手抜き　個人空間　集団凝集性　集団モラール　集団規範　同調　群衆行動　流言　パニック　流行　孤独感　ソーシャル・サポート　国民性　モーダル・パーソナリティ

○課題

1. 第4部IIのNASA課題を用いて，集団決定と個人決定を実際に比較してみましょう。
2. コラム⑯は，わたしたちがいかに権威に服従しやすいかを示しています。その理由を考えてみましょう。
3. 今，あなた自身が取り入れている流行にはどんなものがありますか。いくつかあげてみて下さい。なぜ，あなたはそれらの流行を取り入れているのでしょうか。この章で紹介した流行への動機・欲求の観点から自己分析してみて下さい。
4. 第4部IIのSSQ9を用いて，あなたのソーシャル・サポートのネットワークと満足度を測定し，「解説」に沿って自己分析して下さい。また，表8-3の孤独感尺度の得点との関連性についても考察して下さい。

第 4 部

実験や観察で明かすこころの世界
―― 心理学の研究法と実験・実習の資料集 ――

I 心理学の研究法

　心理学は人間のこころや行動の法則性を明らかにし，人間をよりよく理解することをめざしています。初期の心理学では，人間のこころや行動を理解するために，研究者の思弁的な考察に基づいて研究が行われていました。また，「内観」といって，自分の意識経験の過程を注意深く観察する方法を心理学者自身が訓練し，それによって本人のみが観察できる意識（感覚や知覚，思考など）を研究の対象にしていた時代もありました。いわゆる，ヴントの内観心理学です。しかし，そうした方法だけに頼っていたのでは心理学の発展は望めません。そこで，現代の心理学は実験や観察，調査といった科学的な手続きを用いて人間のこころや行動を理解しようと努めています。ここでは，心理学のいろいろな研究法について紹介します。

1 実証性を重視する心理学

　心理学は実証性と客観性を重視する学問（実証科学）です。心理学では，誰もが観察できる「行動」を研究の対象にしてより客観的なデータを集め，組織的な知識を収集するという方法がとられています。そのため，実験や観察や調査などを行い，確かな証拠（データ）を集めた上で理論や仮説を検証し，心理学の知見を得る，という科学的な手続きが重視されています。

　序章でも触れたように，心理学の対象とする行動とは，表情やしぐさやことばといった外から観察できるものだけを指すものではありません。そうした外見的行動の他に，ものを見る，記憶する，考える，喜び悲しむ，などの知覚，思考，感情といった内的な心理的活動をも含む広い意味をもっています。睡眠中にみる夢も心理的活動の一種と言えます。研究分野によって対象にされる行動はそれぞれ異なりますが，目的に応じて研究者は対象となる行動を観察・測

定したり，あるいは，本人に直接，言語報告を求めたりしてデータを収集しようとします。

そこで，重要になるのが研究データを収集する方法です。心理学の研究を行う上で大切なことは，データを収集する方法がだれにでも利用できるような**公共性**の高いものであること，そして，そこから得られたデータが**客観性**を備えているということです。心理学のデータ収集法には，**観察法，実験法，調査法，検査法，面接法，事例研究法**があります。研究の目的や対象によっていずれの方法を選択するかが決まってきますが，時にはいくつかの方法を併用することもあります。次に，それぞれの方法のねらいや特徴について考えてみましょう。なお，この第4部IIに用意されている実験・実習の資料集は，これから述べるさまざまな研究法に基づいて考案されたものです。

2 心理学のさまざまな研究法

1. 観察法

観察法には，自然な状況のもとでありのままの現象や行動を観察し記録する**自然観察法**と，観察すべき対象（人間や動物）に何らかの統制を加えて観察する**実験的観察法**があります。ふつう，観察法と言えば前者の自然観察法のことを指します。例えば，人間関係によって人と人との物理的距離（対人距離）がどのように異なるかを調べたり，幼児の遊びの発達の様相を調べるために幼稚園で自由遊びの場面を観察したりする場合にこの方法が用いられます。また，自然観察法の一種に**参加観察法**（参与観察）と呼ばれるものがあります。これ

は，研究者が自ら研究対象の中に積極的に参入し観察する方法で，社会行動や集団行動を研究する場合によく用いられます。例えば，暴走族の多彩な行動様式を鮮明に観察した研究などがあります。最近では，こうした参加観察などを用いたフィールドワーク，フィールド研究が注目されています。

　実験的観察法は，後述の実験法の一種とも言えます。例えば，会話中の2人がどの程度相互に視線を合わせる（視線交差）かを調べようとする場合，図1のように被験者（研究の対象者）と研究協力者（サクラ）が座り，協力者は研究者の指示に従って会話中，被験者の顔をずっと見続けるようにします。この場面で被験者が協力者の方を直視すれば，両者に視線交差が生じることになり，それを観察者がチェックリストやVTRで記録します。そうしたデータをもとに会話中の視線行動を分析したりします。

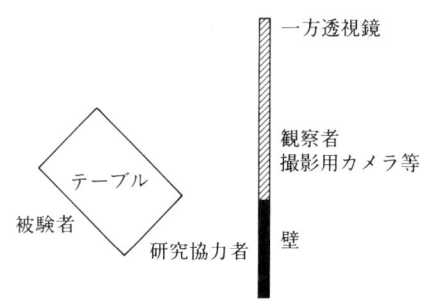

図1　観察法の例（会話中の視線の分析）

　観察法の場合，対象者から言語報告を求めることなく，あるがままの行動を観察し記録するので，先の例のように言語の発達していない幼児や動物の行動を研究する上でも便利です。ただし，対象をただ漠然と観察するのではあまり意味がありません。事前に，**目的をはっきり定め，観察の視点や場面を明確に決めておくことが重要**になります。また，データを実際に収集する際には，観察者が自らの**観察眼**を高めておくことが大切です。研究の問題意識や場面設定がいくらよくても，観察能力が低かったり観察の仕方が稚拙であればよいデータは得られないからです。さらに，観察データの**信頼性**を高めるために，複数で観察を行い，観察者間の一致度を求めることもあります。

　観察法は人間の行動様式を客観的に調べる上で非常に有用な方法で，いろいろな分野で活用されていますが，行動の法則性や因果関係を究明するまでにはいたりません。観察法のそうした限界を補う方法として次の実験法があります。

2. 実験法

　心理学の実験法は自然科学の実験法をモデルにしています。心理学の実験では，観察する場面や条件を研究者（実験者）が人為的に統制し，そこで生じる行動の変化を観察・測定します。つまり，問題にする要因（**独立変数**）だけを人為的に操作し，それによって生じる反応や行動あるいはその変化（**従属変数**）を観察・測定することによって，**行動の法則性や因果関係を明らかにしようとするもの**です。例えば，同じ仕事を一人でする場合と他者と一緒にする場合とでは，その成果に違いが見られますが（●第8章），そうした行動の法則やメカニズムを明らかにするには，実験が必要になります。簡単な掛け算などの課題を用意し，単独でやった場合と3, 4人で一緒にやった場合の結果を比較検討します。この場合，単独で作業するか複数で作業するかという場面の違いが独立変数になり，掛け算の成績（点数）のよしあしが従属変数ということになります。

　通常，実験は理論から導き出された仮説を検証するために用いられますが，もしも得られた結果が仮説を支持するものであれば，その理論はより強固なものになり，逆に仮説に反していれば，理論や仮説を修正したり再検討しなければなりません。その意味で，**理論と実験は車の両輪のように相互に不可分な関係**にあります。

　心理学の実験には，実験室で行う**実験室実験**と現実の生活場面の中に入って行う**現場実験**があります。実験室実験は，知覚，学習，記憶，思考などの個人の心理過程を明らかにしたり，社会的行動の生起過程を調べたりする際によく用いられます。例えば，刺激や物を知覚する時，それらはどのように知覚される傾向があるか，そして，そこにはどのような法則が働くかを実験によって調べたり（●ミュラー・リアー錯視など），ものごとがどのようにして記憶されるか，また記憶されたことがらがどのように忘却されていくかを実験によって明らかにしようとします(●記憶を促進するスキーマなど)。また，子どもの思考の特徴を調べるために保存の実験をしたりします(●数の保存)。さらに，個人と集団の意志決定がどのように異なるかを実験によって究明することができます（● **NASA 課題**）。

一方，現実の生活場面に実験の手法をもち込む現場実験もしばしば行われます。教育場面で新しい教授法AとBの効果を比較する際に，ある学級では教授法Aによる授業を，別の学級では教授法Bによる授業をそれぞれ実践し，残りの学級では従来のやり方で授業を行い，その三者の結果を相互に比較する（実際には，各条件に複数の学級を割り当てる）といったやり方をすることがあります。教育心理学や社会心理学，産業心理学などにおいてそうした現場実験がよく利用されています。

3. 調査法

調査法では，現実の社会に起こっている**現象の実態を把握したり，問題を発見したりすること**に主眼が置かれます。実験法のように，人為的にある条件を設定したり特別な操作を加えることはないので，行動の法則性や因果関係を究明することはむずかしいのですが，ある行動や現象にかかわる要因間の**相関関係**については詳しく理解することができます。例えば，学習意欲と学業成績との関係や，親の養育態度と子どもの性格との関連性を明らかにしたり，集団の人間関係を理解したり，社会問題（脳死やがん告知などの医療問題，いじめや不登校などの教育問題など）に関する人々の意見を調べたりする場合（世論調査）によく利用されます。II部にある**SSQ 9**も調査法の一種と言ってよいでしょう。

通常は，研究者や調査者が目的に沿ってあらかじめ質問項目を用意し，被調査者に言語的な回答を求める，という形でデータが収集されます。その際，事前に調査の目的を明確にし，対象者の選定（標本の抽出）と質問項目の構成を十分に検討しておくことが重要です。回答を求める方法としては，調査員が訪問して直接質問する面接調査，電話で質問する電話調査，回答者に質問紙を送り回答を求める郵送調査，さらに，回答者に一か所に集合してもらい集団的に回答してもらう集合調査などがあります。

最近では調査法に工夫がなされ，高度な統計の分析手法を用いることによって要因間の因果関係を推定しようとする努力もなされています。統計的手法は実験法や観察法などのデータ分析においても頻繁に用いられます。得られたデータを数量化することによって有効な情報を引き出したり，さまざまな分析を

通して行動の因果関係や生起過程を究明する有用な手段として活用されています。統計法も心理学研究法の重要な部分です。

4. 検査法

皆さんの中には、性格検査を受けたことがあるという人は多いのではないでしょうか。検査法は皆さんになじみ深い研究法かもしれません。しかし、その反面では検査についての誤解も多く、誤った使われ方もなされているようです。

心理学の検査法は、**標準化されている手続きや尺度を用いて個人の性格や知能、適性、動機などを測定すること**を目的としています（→第5章）。そして、一定の基準に照らして個人の特徴を理解したり診断したりします。

心理学の検査と言うと、ふつうは**性格検査**のことを連想しがちですが、その他に**知能検査**や**適性検査**があります（表1）。さらに、心理状態・症状を調べる検査などもあります。また、性格検査には**質問紙法、投影法、作業検査法**があり、それぞれねらいや特徴が異なります（→第5章）。1905年にフランスのビネーが世界で最初の知能検査を発表して以来、これまでに各種の心理検査が作られています。臨床心理学や教育心理学、発達心理学などの分野で、こうした検査法がよく利用されています。次節の資料集には、性格や心理状態・症状を調べることのできるいろいろな検査が用意されています（→**自己効力感尺度**、「**自立・依存」測定尺度、気分調査票**など）。

検査法において大切なことは、使用される検査が**信頼性と妥当性**を十分備え

表1　代表的な心理検査

【性格検査】
　　質問紙法：Y-G性格検査、MPI（モーズレイ性格検査）、MMPI（ミネソタ多面人格目録）
　　投　影　法：ロールシャッハ・テスト、TAT（主題統覚検査）、SCT（文章完成法）
　　作業検査法：内田クレペリン精神検査、ベンダー・ゲシュタルト検査
【知能検査】
　　個別検査：スタンフォード・ビネー法、ウェクスラー法（WISC-R, WAIS-R）
　　集団検査：田中B式知能検査、京大NX知能検査
【適性検査】
　　職業適性検査：労働省編一般職業適性検査、VPI職業興味検査
　　進学適性検査：SAT（米国の学習適性検査）

ているかどうかということです。つまり，どの検査者が行っても安定した結果が得られ信頼できること（信頼性），そして，本来測定しようとしている特徴を確実に測定していること（妥当性）が大切です。雑誌や一般向けの本に載っている「心理検査」は，そうした手続きを踏まずに興味本位に作られているものが少なくありません。また，当然のことながら，**1つの検査だけですべてのことは理解できません**。性格や知能などを調べる場合には，目的や対象に合わせて複数の検査を併用することも必要です。**心理検査は，その意義や基礎理論，限界をよく理解した上で慎重に活用しなければなりません**。第4部Ⅱの実習を通して検査法の実際と問題点について考えてみて下さい。

5. 面接法と事例研究法

　進路相談のための面接を受けたり，入学試験の際に面接試験を受けたりした人は多いと思います。

　面接者が被面接者と対面して話し合い，被面接者の特性や状態（性格や能力，動機など）についての情報を収集し評価したり，問題解決のために被面接者を援助したりすることを面接法と言います。これには，面接を行う際にあらかじめ視点を定めて質問をし回答を求める**組織的面接法**と，大まかな質問をして自由な反応を求める**自由面接法**とがあります。

　心理学では面接と言えば，診断や治療を目的とした**臨床的面接法**を指すのが一般的です。心理臨床場面においてカウンセラーやセラピストがクライエント（来談者や患者）のパーソナリティを理解したり，心理的な問題や精神障害（神経症など）を治療したりする場合に重要な方法となります。カウンセリングや心理療法（**●理性感情行動療法**）において不可欠のものです。

　面接では会話を通して生き生きとした生の情報を得ることができますが，面接者には専門的な知識や技術が要求されます。面接場面では，**ラポール**が保たれるようにすることが何よりも大切です。ラポールとは面接者と被面接者の間に親和的な関係ができ，共感や相互理解が生まれる状態を言います。この他に，多数の人々の態度や心理的傾向を調べることを目的とした**調査的面接法**もあります。前述の社会調査における面接調査や電話調査も，面接法の1つのタイプとも言えます。

事例研究法（ケース・スタディ）は，クライエントに関する種々の資料（生活環境，家族関係，生育歴など）を収集し，その個人の特性や心理的問題を総合的，力動的に調べようとする方法です。臨床心理学や精神医学の領域においてとりわけ重要な研究法で，主に心理的な問題や障害の診断と治療のために用いられます（事例は➡第6章）。その際，面接法や検査法が重要な手段となり，そうした方法を併用して多角的な資料を集めていきます。時には，その個人の日記や自叙伝なども資料として利用できます（➡自分史によるライフ・レビュー）。つまり，事例研究法は1つの独立した研究法ではなく，他の方法と組み合わせて総合的に研究する方法なのです。面接法や事例研究法では他の専門家にも検討してもらい，診断や治療がより確かなものになるよう努めなければなりません。その際，対象者のプライバシーの尊重や秘密保持といった研究の倫理が求められます。この他，ある集団の問題（家族や組織の病理など）や事件を解明する時にも事例研究法が用いられることがあります。

○参考図書

南風原朝和・市川伸一・下山晴彦（編）　2001　心理学研究法入門　東京大学出版会
岡堂哲雄　1994　心理テスト　講談社
尾見康博・伊藤哲司（編著）　2001　心理学におけるフィールド研究の現場　北大路書房
佐藤郁哉　1992　フィールドワーク　新曜社
末永俊郎（編）　1987　社会心理学研究入門　東京大学出版会
続　有恒・八木　晃（監修）　1972-1975　心理学研究法全17巻　東京大学出版会

○キーワード

実証科学　　行動　　観察法　　自然観察法　　実験的観察法　　参加観察法
実験法　　独立変数　　従属変数　　行動の法則性　　因果関係　　実験室実験
現場実験　　調査法　　相関関係　　検査法　　性格検査　　知能検査　　信頼性
妥当性　　面接法　　臨床的面接法　　調査的面接法　　事例研究法

II　心理学実験・実習の資料集

　ここでは以下のような心理学の実験・実習の資料集を用意しています。こうした実験・実習を試みることは，心理学の知識や研究法の理解を深めるだけでなく，自分自身や他者を多角的に理解したり，こころの働きの不思議さ，おもしろさを体験したりするのに役立つと思います。

1　盲点の観察
2　幾何学的錯視——調整法によるミュラー・リアー錯視の測定
3　独自性欲求尺度
4　気分調査票
5　理性感情行動療法
6　記憶を促進するスキーマ
7　理解と記憶
8　一般性セルフ・エフィカシー（自己効力感）尺度
9　幼児の思考特徴——数の保存の実験
10　子どもの遊び
11　ジェンダー・パーソナリティ・スケール
12　自分史によるライフ・レビュー
13　加齢に関するクイズ（FAQ）
14　「自立・依存」測定尺度
15　大学生活適応感尺度
16　恥と自己愛に関する質問表
17　自己モニタリング尺度（SMS）
18　感情的コミュニケーション検査（ACT）
19　集団決定の効果の測定（NASA 課題）
20　ソーシャル・サポートの測定（SSQ 9）

以上の実験・実習と本書の各章（研究分野）との関係を図式化すると，次ページのような図になります。それぞれの実験や検査などを実際に行って，各章のテーマや問題について理解を深めて下さい。

第4部　実験や観察で明かすこころの世界

1	盲点の観察
2	幾何学的錯視―調整法によるミュラー・リアー錯視の測定
3	独自性欲求尺度
4	気分調査票
5	理性感情行動療法
6	記憶を促進するスキーマ
7	理解と記憶
8	一般性セルフ・エフィカシー（自己効力感）尺度
9	幼児の思考特徴―数の保存の実験
10	子どもの遊び
11	ジェンダー・パーソナリティ・スケール
12	自分史によるライフ・レビュー
13	加齢に関するクイズ（FAQ）
14	「自立・依存」測定尺度
15	大学生活適応感尺度
16	恥と自己愛に関する質問表
17	自己モニタリング尺度（SMS）
18	感情的コミュニケーション検査（ACT）
19	集団決定の効果の測定（NASA課題）
20	ソーシャル・サポートの測定（SSQ9）

図　心理学実験・実習の資料集と

第1章
身のまわりの世界を知る ──知覚の働きとその特性──
(知覚・認知)

第2章
行動にかりたてるもの ──欲求・動機と情緒の世界──
(欲求・動機・感情)

第3章
学び,考える ──学習・記憶・思考のプロセス──
(学習・記憶・思考)

第4章
ライフ・サイクルを考える ──こころの生涯発達──
(幼児・児童期,青年期,中・高年期)

第5章
自分と相手の特性を理解する ──性格と知能の科学──
(パーソナリティ・性格,知能・創造性)

第6章
こころの健康を考える ──青年期の精神保健──
(精神保健・カウンセリング)

第7章
人とのかかわりを考える ──対人行動の心理──
(人間関係・対人行動)

第8章
集団・社会とのかかわりを考える ──集団行動の心理──
(集団行動・群衆行動)

本書の各章(研究分野)

本書の各章(研究分野)との関係

1 盲点の観察

基本的には，知覚は身のまわりの世界からやってくる情報に基づいて成立しますが，そのような情報が十分でない場合には，内的に情報を補完し，安定した知覚世界を成立させています。盲点はその典型的な例です。

コラム②の図②-1に示された眼球の模式図において，眼球の奥にある網膜には光として与えられる情報を受容する神経細胞が並んでいます。各神経細胞から大脳皮質へ向かって神経線維が束となって送り出されている部位が盲点です。盲点では光を感じることができないので，視野の欠落が生じるはずですが，通常そのような欠落を感じることはありません。

ここではコンピュータグラフィックスを利用して盲点を実際に体験してみましょう。

［方　法］

次ページのプログラムは，HSP（Hot Soup Processor）というフリーのスクリプト言語を用いて記述されています。このプログラムを実行すると，図1のような画面の中を白円が左右に往復運動します。画面のサイズにもよりますが，画面から数10 cm 離れ，片眼を閉じ，開けている方の片眼で閉じている側（左眼を閉じている場合は，右眼で左側）の×印を凝視して下さい。

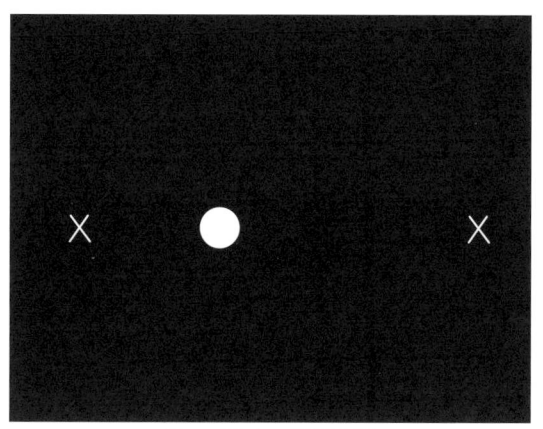

図1　盲点の観察画面

移動する白円がある位置で突然見えなくなり，少し移動した位置で再び現れます。ESC キーを押すと終了します。

［参考資料］

スクリプト言語 HSP 並びに必要なプラグイン類は，次のサイトからダウンロードできます。　　　http://www.onionsoft.net/HSP

「盲点」観察のソース・プログラム

```
#include "hspdx.as"
    ;
    ;   DirectX を用いた盲点観察プログラム
    ;
    wx=800 : wy=600
    es_ini                    ; system 初期化
    es_screen wx,wy,8         ; スクリーン初期化
    if stat=1 : goto *dderr1
    if stat=2 : goto *dderr2

    goto *start               ; 正常に完了

*dderr1
    dialog "DirectX の初期化に失敗しました",1
    end
*dderr2
    dialog "スクリーンの初期化に失敗しました",1
    end

    ;-----------------------------------------------------------------

*start
    x=73 : y=285 : dx=2 : x1=x

    gsel 0
    es_cls
    es_sync
    wait 100

    color 255,255,255
    repeat
        es_cls
         font "MS ゴシック",50 : pos  40,275 : es_fmes "X"
                                pos 710,275 : es_fmes "X"
         font "MS ゴシック",30 : pos x1,y : es_fmes "●"
        es_sync
        await 0

        x1=x1+dx
        if (x1<x) or (x1>675) : dx=-dx
        getkey ky,27 : if ky=1 : break
    loop
    end
```

2 幾何学的錯視——調整法によるミュラー・リアー錯視の測定

[目 的]

内向図形と外向図形を組み合わせたミュラー・リアー図形（図1）において，挟辺の長さと挟角の大きさを変えることが，両図形の主線の相対的な長さの知覚にどのように影響するかを，コンピュータ・グラフィックスを用いて，実験してみましょう。

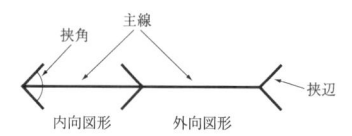

図1 内向図形と外向図形を組み合わせた
ミュラー・リアー錯視図形

[方 法]

刺激図形　この実験では，比較する内向・外向図形の主線は，Windows系のコンピュータのグラフィックス画面（1024ドット×768ドット）上で常に256ドットの長さで固定されていますが，それを挟む矢羽根の長さ3種類（主線の15％，30％，45％）と矢羽根の角度3種類（30°，60°，90°）の組み合わせで，表1のような5種類の図形が用いられます。

表1　ミュラー・リアー図形の挟辺の長さと挟角の大きさ

図形タイプ	A	B	C	D	E
挟辺の長さ(％)	30	30	30	15	45
挟角の大きさ(°)	30	60	90	60	60

手続き　被験者になる人は，コンピュータのキーボード上のカーソルキーを用い，比較図形の主線の長さを調整して，標準図形の主線と同じ長さに見える長さ（主観的等価点，point of subjective equality：略称 PSE）を求めます。この実験では，内向図形を標準図形，外向図形を比較図形としてあります。

各図形について，測定は，内向図形と外向図形の左右配置を入れ替え，さらに比較図形の主線が明らかに標準図形の主線よりも短く見える点から調整を開始する上昇系列と，逆に比較図形の主線の方が明らかに長く見える点から開始する下降系列とで2回ずつ，計8回行います。次ページからの実験プログラムでは，図形のタイプとこの8回の測定が組み合わされた40回の測定を，ランダムな順序で行うようにしてあります。

II　心理学実験・実習の資料集　　**193**

「ミューラー・リアー錯視」実験のソース・プログラム

```
#struct code

DEFINT A-Z

X0=0 : Y0=0 : Xmax=1024 : Ymax=768
WNDPOS Owner#wd%, X0, Y0, Xmax, Ymax

RANDOMIZE VAL(MID$(TIME$, 4, 2)+RIGHT$(TIME$, 2))

DEF FNX(L, AG)=CINT(L*COS(AG*3.14159/360))
DEF FNY(L, AG)=CINT(L*SIN(AG*3.14159/360))
GOSUB *CONSTANT
WIDTH 100, 40
DO
    CLS 3
    LOCATE 35,  5 : PRINT "お名前を入力してください"
    LOCATE 35,  6 : PRINT "（実験を終了するのであれば、＊を入力してください）"
    LOCATE 65,  5 : INPUT ;SNAME$
    IF SNAME$="*" THEN EXIT DO Else STARTTIME$=TIME$
    GOSUB *EXPERIMENT : ENDTIME$=TIME$
    GOSUB *PRINTOUT
LOOP UNTIL SNAME$="*"
CLS 3
END

*CONSTANT
    DIM OT$(2), SR$(2)

RSP$=CHR$(&H1C)+CHR$(&H1D)+CHR$(&HID)   反応キーの割り当て　　　　　&H1D
                                        ［リターン］            &H1C
OT$(1)="左" : OT$(2)="右"   : SR$(1)="上昇" : SR$(2)="下降"
FIG=5                       図形の種類
ORT=2                       上昇系列と変化図形の提示位置
SER=2                       比較刺激の線分増を左方向へ
REPT=2                      比較刺激の線分増を右方向へ
TR=ORT*SER*REPT             繰り返し数
TRIAL=FIG*TR                全試行数

ML=Xmax/4                   主線の長さ（画面の 1/4）
                            画面上での提示図形の中心位置の基準
CENTRX=Xmax/2 : CENTRY=Ymax/2-Ymax/10

DIM L(FIG), AG(FIG), RD(TRIAL, 5), RESP(FIG, ORT, SER, REPT), COUNT(FIG, ORT, SER)
```

* L(i)   ： 図形 i の矢羽根の長さ（主線に対する割合 A-C 30%, D 15%, E 45%）
* AG(i) ： 図形 i の挟角 (A 30, B・D・E 60, C 90)
* RD(i,j)： 各条件では Muller-Lyer 錯視の実験を始めるましょう 下のボタンを押してください
* 試行での条件並びに調整値
* RESP(i, j, k, l)   ： 各条件で測定された個々の錯視量
* COUNT(i, j, k)   ： 各条件での測定回数のカウンター

```
DIM MEAN(FIG), SD!(FIG)
* 各図形における平均錯視量とその標準偏差

FOR I=1 TO FIG
    READ Lr : L(I)=ML*Lr/100
    READ AG(I)
NEXT I
    DATA 30,30, 30,60, 30,90, 15,60, 45,60
FOR I=1 TO TRIAL : RD(I,1)=I : NEXT I
RETURN

*EXPERIMENT
* 提示図形、提示系列、その他のランダム化
FOR I=1 TO TRIAL-1
    SWAP RD(TRIAL-I+1,1), RD(INT(Rnd(1)*(TRIAL-I+1))+1,1)
NEXT I
* 実験開始
FOR I=1 TO TRIAL   : WHILE INKEY$<>"" : WEND
    CLS 3
* 提示図形
    R=((RD(I,1)-1) MOD (FIG*ORT*SER))+1 : F=INT((R-1)/(ORT*SER))+1
* 提示位置
    R=(R-1) MOD (ORT*SER)+1 : O=INT((R-1)/SER)+1
* 提示系列
    S=(R-1) MOD SER+1
    GOSUB *DISPLAY
* 調整値の記録
    C=COUNT(F, O, S)+1 : COUNT(F, O, S)=C : RESP(F, O, S, C)=DIF
    RD(I,1)=L(F) : RD(I,3)=O : RD(I,4)=S : RD(I,5)=ML-DIF
    RD(I,2)=AG(F)
NEXT I
    CLS 3
RETURN

*DISPLAY
* 誤差の初期値
    DIF=INT(ML*(.15*(S=1)+.07+.08*Rnd(1))*((-1)^S))
* 中央矢羽根の頂点位置のランダム化
    CX=CENTRX+INT((DIF+FNX(L(F), AG(F))/2)*((-1)^0)
```

```
'標準図形
    LINE(CX,CENTRY)-STEP(((-1)^O)*ML,0),7
    FOR J=1 TO 2 : FOR K=1 TO 2
        LINE(CX+((-1)^O)*ML*(2-J),CENTRY)-STEP(((-1)^J)*FNX(L(F),AG(F)),
((-1)^K)*FNY(L(F),AG(F))),7
    NEXT K : NEXT J
'比較図形
    LINE(CX,CENTRY)-STEP(-((-1)^O)*(ML-DIF),0),7
    FOR J=1 TO 2
        LINE(CX-((-1)^O)*(ML-DIF),CENTRY)-STEP(-((-1)^O)*FNX(L(F),AG(F)),((-1)^J)*
FNY(L(F),AG(F))),7
    NEXT J
'図形表示
    RP=0
    WHILE RP=0
        R$="" : WHILE R$="" : R$=INKEY$ : WEND
        RP=INSTR(RSP$,R$) : ON RP GOSUB *ADJ,*ADJ.END
    WEND
    RETURN
'キー入力
*ADJ  '比較図形の調整
    FOR K=1 TO 2
        LINE(CX-((-1)^O)*(ML-DIF),CENTRY)-STEP(-((-1)^O)*FNX(L(F),AG(F)),((-1)^K)*
FNY(L(F),AG(F))),(J-1)*7
    NEXT K
    CL=((O AND RP)>0)*(-7) : PSET(CX-((-1)^O)*(ML-DIF),CENTRY),CL
    IF J=1 THEN DIF=DIF+((-1)^(2-RP)*((-1)^(2-O))
    NEXT J  :  R$=INKEY$ : WHILE R$<>"" : R$=INKEY$ : WEND
    RP=0 : R$=INKEY$ : WHILE R$="" : R$=INKEY$ : WEND
    RETURN
*ADJ.END '調整終了？
    LOCATE 40,39 : PRINT "この調整でよければ，[リターン] キーを押してください．";
    R$=INKEY$ : WHILE R$="" : R$=INKEY$ : WEND
    IF R$<>CHR$(&HD) THEN RP=0
    LOCATE 40,39 : PRINT " "
    RETURN
*PRINTOUT
    FOR I=1 TO FIG : MEAN!(I)=0 : SD!(I)=0
        FOR J=1 TO ORT : FOR K=1 TO SER : COUNT(I,J,K)=0 : FOR L=1 TO REPT
            MEAN!(I)=MEAN!(I)+RESP(I,J,K,L) : SD!(I)=SD!(I)+RESP(I,J,K,L)^2
        NEXT L : NEXT K : NEXT J
        MEAN!(I)=MEAN!(I)/TR
        SD!(I)=(TR*SD!(I)-MEAN!(I)^2)/TR^2
        IF SD!(I)>0 THEN SD!(I)=SQR(SD!(I)) ELSE SD!(I)=0
    NEXT I

    OPEN SNAMES$+".txt" FOR OUTPUT AS #1
    PRINT #1, "******"
    PRINT #1, "******       Mueller-Lyer 錯視実験      ******" : PRINT #1,
    PRINT #1, "******"
    PRINT #1, " 被験者    :";SNAMES
    PRINT #1, " 日時      :";DATE$,STARTTIMES;"-";:ENDTIME$
    PRINT #1,

    PRINT #1, "矢の長さ(dots)  = ";ML
    PRINT #1,

    PRINT #1, "矢羽の長さ(%) :"
    FOR I=1 TO FIG
        PRINT #1,USING "##";L(I);
    NEXT I : PRINT #1,
    PRINT #1, "矢の角度(°):"
    FOR I=1 TO FIG
        PRINT #1,USING "###";AG(I);
    NEXT I : PRINT #1,
    PRINT #1, "標準刺激の配置":
    FOR I=1 TO FIG : PRINT #1," 左         右";: NEXT I : PRINT #1,

    FOR I=1 TO SER : FOR J=1 TO REPT
        IF J=1 THEN PRINT #1,USING " & &系列       #";"SR$(I),J;
        FOR K=1 TO FIG
            PRINT #1,USING " ####  ####";RESP(K,1,I,J),RESP(K,2,I,J);
        NEXT K : PRINT #1,
    NEXT J : NEXT I : PRINT #1,

    PRINT #1, "平均"
    FOR I=1 TO FIG
        PRINT #1,USING " ####.##";MEAN!(I);
    NEXT I : PRINT #1,
    PRINT #1, "標準偏差"
    FOR I=1 TO FIG
        PRINT #1,USING " (###.##)";SD!(I);
    NEXT I : PRINT #1,

    PRINT #1, : PRINT #1,

    PRINT #1, "試行  矢の  矢羽の  標準刺激  提示    調整値"
    PRINT #1, "      長さ  角度   の配置   系列"
    FOR I=1 TO TRIAL
        PRINT #1,USING "###    ##    ###    &     &   ###.##";I,RD(I,1),RD(I,2),OT$(RD(I,3)),SR$(RD(I,4)),RD(I,5)
    NEXT I
    Close #1
    RETURN
```

[結果の処理方法]

実験プログラムを実行させ，すべての測定が終了すると，各試行での PSE 測定値が，図形のタイプ，空間配置，上昇系列・下降系列ごとに表2の形でテキストファイルに出力されます。これらの測定値に基づいて，図形タイプ別に PSE の平均値を求め，挟辺の長さ，あるいは挟角の大きさについて，PSE がどのように変化するかをグラフに描いてみましょう。

表2 ミュラー・リアー錯視の測定結果の記入表

系列	試行	図形のタイプ									
		A		B		C		D		E	
		挟辺の長さ(%)									
		30		30		30		15		45	
		挟角の大きさ(°)									
		30		60		90		60		60	
		空間配置									
		左	右	左	右	左	右	左	右	左	右
上昇系列	1										
	2										
下降系列	1										
	2										
平均											
標準偏差											

[文献と参考資料]

実験については，

利島　保・生和秀俊（編著）　1993　心理学のための実験マニュアル　北大路書房

を参考にして下さい。

　また，実験プログラムは，Active Basic というフリーのプログラム言語を用いて記述してあります。Active Basic と関連ツール類は下記のサイトからダウンロードできます。

　　　　http://www2s.biglobe.ne.jp/~yamadai/

3 独自性欲求尺度

　スナイダーとフロムキン（Snyder & Fromkin）は，わたしたちが他者と違う独自な存在でいたいとする独自性欲求（ユニークネス欲求➡第2章）をもつという考えに立ち，「独自性理論」を展開しています。岡本（1985）は，スナイダーらが作成した独自性欲求尺度を邦訳し，彼自身のユニークな発想でその妥当性・信頼性を実証しています。この尺度を用いて，あなたの独自性欲求を測ってみましょう。

[実施方法]
　以下の32項目の各文を読み，あなたの日常の考えや行動にどのくらいあてはまるかを回答して下さい。回答は5段階評定です。

```
1．ぜんぜんあてはまらない
2．あまりあてはまらない
3．どちらともいえない
4．だいたいあてはまる
5．非常によくあてはまる
```

1　知らない人ばかりのグループの中でも，ちゅうちょせず自分の意見を述べる。	1　2　3　4　5
2＊批判されると自尊心を傷つけられる。	1　2　3　4　5
3＊自分の考えが役に立たないかもしれないと思って，実行に移すのをためらうことがある。	1　2　3　4　5
4　社会は，新しい習慣も合理的に取り入れ，古い慣習や単なる伝統にすぎないものは捨てるべきだと思う。	1　2　3　4　5
5＊人に説得されて，意見や決心を変えることがしばしばある。	1　2　3　4　5
6　教師や法律家や「教養人」の威厳を傷つけて愉快に感じることがたまにある。	1　2　3　4　5
7＊制服やユニホームを着るのが好きだ。それは，制服やユニホームを着ていると，そのメンバーであることにプライドを感じるからである。	1　2　3　4　5
8　人から「生意気だ」とか「うぬぼれている」とか言われたことがある。	1　2　3　4　5
9＊他人が自分に反対すると，いやな気持ちになる。	1　2　3　4　5

10	社会の規則や基準にいつも従わなければならないわけではないと思う。	1	2	3	4	5
11*	そうすることが望ましくない結果を招きそうなときは，自分の考えていることを口に出すことができない。	1	2	3	4	5
12	仕事で成功するということは，他人のできなかったような貢献をすることであると思う。	1	2	3	4	5
13*	人に，私が社会の慣習や伝統を軽視する人間だと思われるのはいやだ。	1	2	3	4	5
14*	いつも規則を守ろうとする。	1	2	3	4	5
15	先輩と意見がくいちがったときに，自分の意見を言わないままにしておくことはあまりない。	1	2	3	4	5
16	ミーティングなどの集まりで，誤りだと思われるような意見を言っている人がいると，反対意見を述べる。	1	2	3	4	5
17*	人が大勢いる中で「違和感」を感じると，いやな気持ちになる。	1	2	3	4	5
18	どうせ死ななければならないのなら，畳の上での平凡な死よりも，非凡な死に方がよい。	1	2	3	4	5
19*	人から「変わり者」と言われるよりは，皆と同じようにしている方がよい。	1	2	3	4	5
20	厳しい規則や，きまりの下で働くのは得意ではない。	1	2	3	4	5
21	いつも信頼できる方法だけを用いる人間だと思われるよりも，むしろ，いつも新しいアイデアを試みる人間だと人に思われたい。	1	2	3	4	5
22*	人の意見に反対して，いやな人だと思われるより，いつも賛成している方がよい。	1	2	3	4	5
23*	あまり変わったことを人に言うのは好きではない。	1	2	3	4	5
24	人がどういう意見を言っていようが，自分の意見は表明する方である。	1	2	3	4	5
25	反対意見に対して，自分の意見を強く弁護することが多い。	1	2	3	4	5
26*	我を通すことをあまり好まない。	1	2	3	4	5
27*	グループと一緒にいるとき，けんかなどにならないように，彼らに賛成している。	1	2	3	4	5
28*	自分より上の人や，経験の深い人の前では，あまり自分の意見を言わない方である。	1	2	3	4	5
29	今まであまり家の規則に縛られてこなかった。	1	2	3	4	5
30	集団活動に参加するとき，どちらかと言えば，集団に同調しない方である。	1	2	3	4	5
31*	人生のいろいろなことで，賭をやるよりも，むしろ，安全主義である。	1	2	3	4	5
32	非人間的な社会にいつも従っているよりも，たまには規則を破る方がよい，と思う。	1	2	3	4	5

[結果の整理]

1. まず，＊がついた項目（16項目）は逆転項目のため，回答した数値を変換する必要があります。1は5に，2は4に，3はそのままで，以下，4→2，5→1とします。
2. 変換したら，32項目の数値を合計します。この合計得点があなたの独自性欲求の程度を表します。

[解　説]

1. 岡本の報告によれば，この尺度を大学生459名に実施したところ，以下の結果になりました。全体のデータには，性別無記入者も含めています。正規分布を仮定すると，男性では83～110，女性では80～103の範囲にそれぞれ全体の約68％が入ります。これを目安に自分の独自性欲求がどの程度であるかを判断して下さい。

	平均値	標準偏差
男子学生（$N=222$）	96.4	13.5
女子学生（$N=223$）	91.2	11.7
全　　体（$N=459$）	94.0	12.9

2. 上のデータから，男性の方が女性より独自性欲求が高いことがわかります。また，岡本は，この尺度の妥当性を調べる過程で，プロ野球チームや大衆小説のジャンルの好みと独自性欲求得点の関係を調べ，世論調査で多くの人が好むチーム（巨人など）や小説（推理小説など）を好きな人より，そうでないチームや小説ジャンルを好きな人の方が，独自性欲求得点が高いことを見い出しています。

   あなたの"好み"は独自性欲求の反映です。第8章の「ファッション（流行）の心理」にもあるように，流行をいち早く取り入れることも同じです。こうした観点から，あなたの日常の行動を振り返ってみて下さい。

[文　献]

岡本浩一　1985　独自性欲求の個人差測定に関する基礎的研究　心理学研究，**56** (3)，160-166.
Snyder, C. R., & Fromkin, H. L. 1980 *Uniqueness : The human pursuit of difference.* New York : Plenum Press.

4 気分調査票

　この尺度は主観的な気分状態を多面的に測定するもので，坂野ら（1994）が開発したものです。現在の気分をチェックしてみましょう。

[実施方法]
　以下の40項目をよく読んで，今のあなたの状態に最も当てはまると思う番号に○印をつけて下さい。回答は4段階評定です。

```
1. 全く当てはまらない
2. 当てはまらない
3. 当てはまる
4. 非常に当てはまる
```

1．興奮している	1－2－3－4
2．心静かな気分だ	1－2－3－4
3．何もしたくない	1－2－3－4
4．気持ちがめいっている	1－2－3－4
5．将来のことをあれこれ考えてしまう	1－2－3－4
6．気分が高ぶってじっとしていられない	1－2－3－4
7．頭の中がすっきりしている	1－2－3－4
8．面倒くさい	1－2－3－4
9．気分が沈んで憂うつである	1－2－3－4
10．なんとなく不安だ	1－2－3－4
11．緊張している	1－2－3－4
12．くつろいだ気分だ	1－2－3－4
13．物事に気乗りしない	1－2－3－4
14．みじめだ	1－2－3－4
15．いろんな思いが心をよぎる	1－2－3－4
16．そわそわしている	1－2－3－4
17．物事を楽にやることができる	1－2－3－4
18．しらけている	1－2－3－4
19．がっかりしている	1－2－3－4
20．自分のことが気になる	1－2－3－4
21．怒っている	1－2－3－4

22. 生き生きしている　　　　　　　　　　　　　1 — 2 — 3 — 4
23. わけもなく疲れたような感じがする　　　　　1 — 2 — 3 — 4
24. 気が重い　　　　　　　　　　　　　　　　　1 — 2 — 3 — 4
25. とまどいを感じている　　　　　　　　　　　1 — 2 — 3 — 4
26. 焦っている　　　　　　　　　　　　　　　　1 — 2 — 3 — 4
27. 元気いっぱいである　　　　　　　　　　　　1 — 2 — 3 — 4
28. 集中できない　　　　　　　　　　　　　　　1 — 2 — 3 — 4
29. つらい　　　　　　　　　　　　　　　　　　1 — 2 — 3 — 4
30. 自分の考えがまとまらない　　　　　　　　　1 — 2 — 3 — 4
31. いてもたってもいられない　　　　　　　　　1 — 2 — 3 — 4
32. 気持ちが引き締まっている　　　　　　　　　1 — 2 — 3 — 4
33. ぐったりしている　　　　　　　　　　　　　1 — 2 — 3 — 4
34. むなしい　　　　　　　　　　　　　　　　　1 — 2 — 3 — 4
35. 何か具合の悪いことが起こりはしないか心配だ　1 — 2 — 3 — 4
36. いらいらしている　　　　　　　　　　　　　1 — 2 — 3 — 4
37. 充実している　　　　　　　　　　　　　　　1 — 2 — 3 — 4
38. 誰にも話しかけられたくない　　　　　　　　1 — 2 — 3 — 4
39. 一人きりのようでさみしい　　　　　　　　　1 — 2 — 3 — 4
40. 何か物足りない　　　　　　　　　　　　　　1 — 2 — 3 — 4

[結果の整理]

坂野らは因子分析の結果，①緊張と興奮②爽快感③疲労感④抑うつ感⑤不安感，の5つの因子を抽出しています。

下の集計表に各項目で選択した数字を転記し，因子ごとの粗点を合計して因子の得点を求めて下さい。1～40は項目番号を表しています。

①緊張と興奮	1	6	11	16	21	26	31	36	①合計
②爽快感	2	7	12	17	22	27	32	37	②合計
③疲労感	3	8	13	18	23	28	33	38	③合計
④抑うつ感	4	9	14	19	24	29	34	39	④合計
⑤不安感	5	10	15	20	25	30	35	40	⑤合計

[解 説]

坂野らの報告によると，大学生，一般成人，心療内科受診群，それに一般外来受診群に分けて尺度得点の比較をしています。あなたの因子の得点をこの結果（表1）と比較して今の気分を分析して下さい。

表1　気分調査票の平均値と標準偏差（坂野ら，1994）

	大学生		一般成人		心療内科受診群		一般外来受診群	
	平均	標準偏差	平均	標準偏差	平均	標準偏差	平均	標準偏差
緊張と興奮	13.18	4.33	12.89	4.45	16.31	5.59	12.69	4.25
爽快感	18.87	4.70	21.31	4.98	16.84	4.31	18.36	4.71
疲労感	16.66	4.95	15.00	4.87	18.41	5.70	14.96	4.80
抑うつ感	15.24	5.83	13.33	5.04	18.44	6.73	13.36	5.03
不安感	19.35	4.71	17.28	4.86	21.32	6.25	15.94	4.88

[文 献]

坂野雄二・福井知美・熊野宏昭・堀江はるみ・川原健資・山本晴義・野村　忍・末次弘行　1994　新しい気分調査票の開発とその信頼性・妥当性の検討　心身医学，**34**，629-636.

原　奈津子　2001　気分　堀　洋道（監修）山本眞理子（編）　心理測定尺度集Ⅰ―人間の内面を探る〈自己・個人内過程〉―　サイエンス社　249-254.

5　理性感情行動療法

　学習理論や行動理論を理論的・方法論的根拠とする心理療法に，行動療法があります。つまり，神経症や恐怖症などの不適応行動や異常行動は過去の誤った学習の結果であり，その治療は新しい行動の学習や異常行動の除去を目標とするものです。学習理論の世界では行動理論と認知理論との相互乗り入れが進んでいます。そして，行動療法や認知療法にしても，両者の利点を取り入れる試みがすでに始まっており，実証的研究が積み重ねられ，認知行動療法として融合されています。

　ところで，認知療法には，主に3つの学派がありますが，①認知が症状を媒介すると考える，②認知をアセスメントに利用する，③治療で認知の変化を第一のターゲットとする，という点で共通している（ドライデン・レントゥル，1996）と考えられます。ここでは，エリスの理性（論理・合理）感情行動療法を取り上げます。

[実施方法と解説]

　理性感情行動療法は，不安・怒りや抑うつなどの否定的感情や神経症に有効だと言われます。この理論では，その人にかかわる出来事やその出来事についての思考・感情 "A（Activating）" と，その出来事についてのその人のビリーフ（信念）"B（Belief）"，そしてその人の認知的・感情的・行動的な結果 "C（Consequence）" に注目します。ふつう，AがCに直接原因として関与していると考えますが，それはまれなことで，BがAとCの主要な媒介として働いたり，直接的にBがCの原因として作用すると考えます。例えば，あなたがゼミの発表会でうまく受け答えができなくて（A），自分はダメな人間だ，絶望的だ（C）と感じたとします。しかし，その背景には，非理性的ビリーフ（B）が存在すると考えられるのです。それは，例えば「…ねばならない」とか，「…すべきである」というビリーフです。そして，このビリーフから起こってくる心理的混乱や絶望，例えば「こんなことになって，それはとても恐ろしい」とか，「こんなことにもうわたしは耐えられない」などは人を落ち込ませてしまいます。それらを見つけるヒントとして，典型的なビリーフを表1にあげておきます。こういった非理性的な考えに対して，自分で論理的・合理的に論破します。例えば，「なぜわたしは上手にやらなければならないのか」「わたしが認められなければならないという証拠がどこにあるのか」などです。そして，効果的な理性的ビリーフに変えます。例えば，「上手にやることが好ましいけれど，絶対にそうでなければならないということはないし，絶対に認められねばならないということもない」「そうであればよ

いけれども，別にそうでなくても絶望だということにはならない」，「ただ，残念だ」ということです。これらを繰り返し自分自身に言い聞かせて，今後，自分を悩ませないように，また自滅的に行動しないように努めるということです。

これらは，カウンセラーとともに治療の過程で進めることもできますが，自分自身で取り組むことも可能です。各自試みて下さい。

表1　イラショナル・ビリーフ（非理性的信念）の例（エリス・ドライデン，1996より）

 1) 私は上手にやらねばならない
 2) 愚かな行動をする私は悪い，価値のない人間だ
 3) 私は，重要な人々から認められ，受容されるべきだ
 4) もし私が，人から拒否されるとしたら，私は悪い，愛されない人だからである
 5) 人々は私を大切に扱い，私のほしいものを与えるべきである
 6) 不道徳な行いをする人は，よくない性悪の人だ
 7) 人々は私の期待にそうべきだ。そうでなければ，ひどいことだ
 8) 私の人生は波風なく，平穏なものでなければならない
 9) 私は悪いことや非常に難しい人には我慢できない
10) 大事なことが自分の思うようにならないのは，恐ろしいことだ
11) 私は，人生が全く不公平だと思うときには我慢できない
12) 私は私とかかわる人から絶対に愛されるべきなのだ

[文　献]

ドライデン，W.・レントゥル，R.（編）　丹野義彦（監訳）　1996　認知臨床心理学入門　東京大学出版会

エリス，A.・ドライデン，W.　稲松信雄・重久　剛・滝沢武久・野口京子・橋口英俊・本明　寛（訳）　1996　REBT入門―理性感情行動療法への招待　実務教育出版

6 記憶を促進するスキーマ

　第3章§3でスキーマが認知を妨害する例を紹介しましたが，ここではスキーマが記憶・認知を促進する例を実体験してみましょう。

［実施方法と結果の整理］
　まず，友人に協力してもらうか，自分自身で試してもよいでしょう。第1リストの項目を1項目ずつ7枚のパネルに書き写して，1つずつ5秒間程度提示していきます。その後に自由再生をしてもらいます。さて，何項目再生されたでしょうか。次に第2リストの項目も，同様にして1つずつ8枚のパネルに書き写します。以下の手続きは，先ほどと同様です。

第1リスト
1. ECW
2. HOJ
3. RNT
4. TNE
5. CNP
6. OTB
7. SABC

第2リスト
1. EC
2. WHO
3. JR
4. NTT
5. NEC
6. NPO
7. TBS
8. ABC

［解　説］
　実験の結果はいかがでしたか。第2リストの方が再生成績がよくなりませんでしたか。そうです。第2リストを記憶する時には，あなたは略号に関するスキーマが利用しやすくなって，それを用いることで記憶が促進されたのです。しかし，それが第1リストでは，利用しにくかったのです。なぜか考えてみて下さい。ヒントは，第1リストと第2リストを比較してみて，第2リストから第1リストがどのようにして作成されたのかを確かめて下さい。同じアルファベットが使われていることに気づいたでしょうか。ただし，第2リスト中のNPOがあなたにとって目新しい略号であり，略号スキーマが使いづらければ，記憶に失敗したかもしれません。

7 理解と記憶

　第3章§3で記憶を促進させる方法において，記憶と理解について，機械的な丸暗記よりも，時には多くのことがらとともに覚えた方が，記憶しやすくなることについて述べました。ここでは，ブランスフォードとステインの必然性の実験について紹介します。

[実施方法と結果の整理]

　まず，友人に協力してもらうか，自分自身で試してもよいでしょう。第1リストを1分間程度提示して，記憶してもらいます。次に，再生リストの（　）内に記憶した文の述部にあたる部分を再生・解答してもらいます。どの程度，再生できたしょうか。次に新しい被験者がよいのですが，必然性を付加した第2リストを提示して，やはり1分間程度ながめてもらい，記憶してもらいます。その後，再生リストを用いて，再生・解答してもらいます。

第1リスト
1．背の高い人が花火を買った。
2．はげ頭の人が新聞を読んだ。
3．ふざけた人が指輪を好んだ。
4．腹のすいた人がネクタイを買った。
5．背の低い人がほうきを使った。
6．力の強い人が本を流し読みした。
7．眠い人が水差しをもっていた。

再生リスト
1．はげ頭の人が　（　　　　　　　　　　）
2．腹のすいた人が（　　　　　　　　　　）
3．眠い人が　　　（　　　　　　　　　　）
4．背の低い人が　（　　　　　　　　　　）
5．ふざけた人が　（　　　　　　　　　　）
6．背の高い人が　（　　　　　　　　　　）
7．力の強い人が　（　　　　　　　　　　）

第2リスト（必然性付加リスト）
1．背の高い人が【棚の一番高いところに置いてある】花火を買った。
2．はげ頭の人が【カツラの広告を見るために】新聞を読んだ。
3．ふざけた人が【水鉄砲つきの】指輪を好んだ。
4．腹のすいた人が【高級レストランに行くために】ネクタイを買った。
5．背の低い人が【高い位置にあるスイッチを押すのに】ほうきを使った。
6．力の強い人が【ボディ・ビルの】本を流し読みした。
7．眠い人が【コーヒー・メーカーに水を入れるために】水差しをもっていた。

（佐伯，1984より改変）

[解 説]
　結果はどうだったでしょうか。第1リストの各文における主部と述部には何の必然的関係性もありませんし，それらのつながりについてなかなか考えつきません。したがって，ほとんどの人は記憶するとき，機械的丸暗記をすることになるでしょう。しかし，必然性のある状況を思い浮かべることによって記憶が促進されるということです。これを実験者ではなく，自分自身で創出できた時，より深い理解や納得に到達できます。勉強でもそうです。およそ，勉強や学問の歴史において，わたしたちは，自然界の中での事物と事物との関係や，自然と人間や他の生物とのつながりについて知ろうとしてきたわけです。そして，それらとすでにもっている知識や新しく入力される知識を結びつけようとしていくことが学習や勉強でもあるのです。

[文 献]
佐伯　胖　1984　わかり方の根源　小学館
西林克彦　1994　間違いだらけの学習論―なぜ勉強が身につかないか―　新曜社
ブランスフォード，J.D.・ステイン，B.S.　古田勝久・古田久美子（訳）　1990　頭の使い方がわかる本　HBJ出版局

8 一般性セルフ・エフィカシー（自己効力感）尺度

バンデューラの社会的学習理論では，行動の先行要因として予期機能が重視されています。すなわち，ある人の行動に影響する予期には大きく2種類あり，第一にある行動からどのような結果が生じるかという結果予期と，第二にある結果を生み出すために必要で適切な行動をうまくできるかどうかの効力予期があると考えます。したがって，これらの予期は何らかを成し遂げようとする場合の意欲にもかかわってくるのです。

例えば，「心理学の期末試験なぞ，毎回講義にまめに出ていれば，合格するよ」と講師に言われたとしても（これが結果予期を高めさせるメッセージ），「毎回出席など，バイトと遊びでとてもじゃない」と思えば，これでは効力予期が低いということになります。そして，この効力予期に対する確信度がセルフ・エフィカシー（自己効力感）です。これらは，実体験や社会的学習などによって習得されると言われています。また，心理的健康や不適応行動・問題行動の治療にも大いにかかわっていることが知られています。

セルフ・エフィカシーには特定の行動に対してのものと，広く一般的な行動に関してのものが考えられています。ここでは，一般性セルフ・エフィカシー尺度（GSES）を紹介します。

[実施方法と結果の整理]

表1の説明に従って，各項目について Yes・No で回答して下さい。次に，1，3，6，9，10，12，13，16の各項目で Yes に○がついている時は，1点を与え，No の場合は0点とします。逆に，2，4，5，7，8，11，14，15の各項目で No に○がついている時は，1点を与え，Yes の場合は0点とします。そして，全16項目の合計点を求めます。これが一般性セルフ・エフィカシー得点となり，得点が高いほどセルフ・エフィカシーが高いことになります。段階点を求めたい場合は，表2を参照して下さい。

表1 一般性セルフ・エフィカシー尺度（GSES）（坂野・東條，1986より）

以下に16個の項目があります。各項目を読んで，今のあなたにあてはまるかどうかを判断してください。そして右の応答欄の中から，あてはまる場合には「Yes」，あてはまらない場合には「No」を○で囲んでください。Yes，Noどちらにもあてはまらないと思われる場合でも，より自分に近いと思う方に必ず○をつけてください。どちらが正しい答えということはありませんから，あまり深く考えずにありのままの姿を答えてください。

1　何か仕事をするときは，自信を持ってやるほうである。　Yes　No
2　過去に犯した失敗やいやな経験を思い出して，暗い気持ちになることがよくある。　Yes　No
3　友人よりすぐれた能力がある。　Yes　No
4　仕事を終えた後，失敗したと感じることのほうが多い。　Yes　No
5　人と比べて心配性なほうである。　Yes　No
6　何かを決めるとき，迷わずに決定するほうである。　Yes　No
7　何かをするとき，うまくいかないのではないかと不安になることが多い。　Yes　No
8　引っ込み思案なほうだと思う。　Yes　No
9　人より記憶力がよいほうである。　Yes　No
10　結果の見通しがつかない仕事でも，積極的に取り組んでいくほうだと思う。　Yes　No
11　どうやったらよいか決心がつかずに仕事に取りかかれないことがよくある。　Yes　No
12　友人よりも特にすぐれた知識を持っている分野がある。　Yes　No
13　どんなことでも積極的にこなすほうである。　Yes　No
14　小さな失敗でも人よりずっと気にするほうである。　Yes　No
15　積極的に活動するのは，苦手なほうである。　Yes　No
16　世の中に貢献できる力があると思う。　Yes　No

表2　一般性セルフ・エフィカシー尺度（GSES）5段階評定点（坂野，1989より）

セルフ・エフィカシー得点	5段階評定値				
	1	2	3	4	5
成人男性	〜4	5〜8	9〜11	12〜15	16
成人女性	〜3	4〜7	8〜10	11〜14	15〜
学生	〜1	2〜4	5〜8	9〜11	12〜
セルフ・エフィカシーの程度	非常に低い	低い傾向にある	普通	高い傾向にある	非常に高い

[解　説]
　坂野と東條によると，一般性セルフ・エフィカシー尺度は3つの因子からなると言います。第1因子は，行動の積極性で項目1，5，6，8，10，13，15です。第2因子は，失敗に対する不安で項目2，4，7，11，14です。第3因子は，能力の社会的位置づけで項目3，9，12，16です。また，一般性セルフ・エフィカシーが高いと無力感に陥ることもないと言えるでしょう。

[文　献]
坂野雄二　1989　一般性セルフ・エフィカシー尺度の妥当性の検討　早稲田大学人間科学研究，**2**，91-98.
坂野雄二・東條光彦　1986　一般性セルフ・エフィカシー尺度作成の試み　行動療法研究，**12**，73-82.
坂野雄二・東條光彦　1993　セルフ・エフィカシー尺度　上里一郎（監修）　心理アセスメントハンドブック　西村書店

9　幼児の思考特徴 —— 数の保存の実験

［実施方法］
　この実験には幼児の被験者が必要です。近所の幼稚園や保育所にお願いしたり，親類等を頼って子どもに接する機会を見つけて下さい。簡単な実験なので数分でできます。子どもをできるだけリラックスさせるために，実際の教示はお母さんや保育者にお願いするのも1つの方法です。
　まず，白の碁石（以下，白と省略）を図1のAのように7つ並べておきます。次に，(1)白と同じだけ黒の碁石（以下，黒と省略）を並べるように子どもに伝えます。(2)はじめにあった白の数と子どもが並べた黒の数が同じであるかどうかを尋ねます。最後に，(3)図のBのように，実験者が白の間隔を広げて(狭めて)，白と黒の数が同じかどうかを尋ねます。

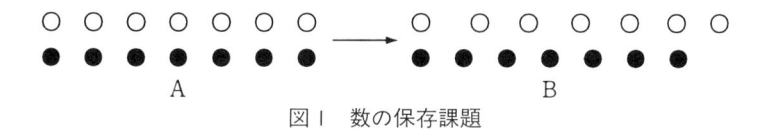

図1　数の保存課題

［結果の整理］
　子どもが下にあげた3つの段階のどの段階であるかを確認してみましょう。また，なぜそうしたのか（答えたのか）という理由も聞いてみましょう。そして，これらの結果を子どもの年齢に基づいて比較してみましょう。
　段階①　白と黒の列の長さだけを合わせて，同じ数に並べられない。
　段階②　黒を白に1対1に対応するように並べることはできるが，白の長さを変えられると，同じ数であることがわからない。
　段階③　長さを変形されても，白と黒が同じ数であることがわかる。

［解　説］
　ピアジェは保存が完全にできない原因を「もとに戻せば同じ」という，思考における可逆性がないこととしています。この可逆性の理解は児童期をむかえないと難しいと言われています。しかし，問題をより具体的にすることで保存の理解の程度をより詳細にみることも可能です。抽象的な問題ではできない子も，具体的でより親しみやすい問題にすることで保存ができる子どもが出てきます。マクリガルらはいたずら好きの熊さんが，列を乱したという設定で問題を提示すると，保存反応がでる子どもがいることを報告しています。このように問題の状況を子どもにとって理解しやすいものにすることで，子どもの思考特徴がより明らかになるでしょう。なお，数の保存よりも量の保存は難しいとされています。粘土や液体を使っても試してみて下さい。

10 子どもの遊び

　子どもたちは遊びを通して発達していきます。子どもの遊びにはさまざまな要素があると考えられています。子どもたちの遊びを具体的にあげて，その働きや機能を考えてみましょう。

［実施方法］
　1．あなたが子どもの頃にした遊びや，今の子どもたちがしている遊びを思い出すだけ書き出してみて下さい。
　2．次に例に従って分類してみましょう。
　3．遊びを通じて子どもは何を学ぶのでしょうか。遊びの分類ごとに考えてみましょう。
　　　(a) 感覚・運動遊び…………　（例）「粘土遊び」
　　　(b) 文字遊び　　…………　（例）「へのへのもへじ」
　　　(c) ごっこ（ふり）遊び……　（例）「ままごと」
　　　(d) ルール遊び　…………　（例）「トランプ」

［解　説］
　思いのほかたくさんの遊びが出されたことでしょう。さて，いろいろな遊びの分類がありますが，今回は皆さんに分類してもらった4つの遊びから，子どもたちが学んでいくことについて見ていきましょう。

(a) 感覚・運動遊び　例にあげた粘土や水，砂などを使った遊びです。泥団子を作ったり雪だるまを作ったりと素材に対応した触覚を発達させる遊びです。その他には，ブランコやフラフープや積み木やブロックなど触覚に加えて運動感覚を必要とする遊びによって，感覚と運動の連携がとれるようになってきます。

(b) 文字遊び　「へのへのもへじ」や「かわいいコックさん」など歌を歌いながら絵を描くものや，「しりとり」のようにことばを使って遊ぶものなどが含まれます。文字に親しみ，読書や会話の基本を形成していきます。

(c) ごっこ（ふり）遊び　ままごとでお母さんのふりをしたり，学校の先生のふりをしたりします。表象ができ，「見立てる」ことができる象徴機能の発達によって可能になる遊びです。TV番組のヒーローやキャラクターのまねをすること，あるいは人形でだれかを演じたりすることで他者の視点をもつことができます。人の気持ちがわかる，そして，自分を見つめることができるなどの働きをもたらす遊びと言えるでしょう。

(d) ルール遊び　幼児期の半ばから徐々にルールに従った遊びがでてきます。昔の遊びではビー玉やめんこ，鬼ごっこなどはルールを必要とします。今でもコンピュータゲームやカードゲームでルールを遵守しながら遊びます。子どもは成長とともに複雑なルールをともなう遊びに興味を示すようになります。このような遊びによって子どもたちは，自己をコントロールしたり，欲求不満耐性を高めたり，協調性を学んでいきます。大人からの指導によらない方法で社会性を身につけることが可能になります。

11 ジェンダー・パーソナリティ・スケール

　現代においては，女らしさ・男らしさの概念もずいぶんと変化し，また多様化しています。とは言っても，スカートを履いて大学に登校する男子学生はほとんどいないことから，一方で多くの人がもっている性役割に対する基本的な態度自体には，それほど大きな変化はないとも考えられています。ここでは，あなたの男性性・女性性を小出（1998）の尺度をもとに測定してみましょう。なお，ジェンダーとは生物学的性別であるセックスに対して，社会・文化的性別のことを言います。

[実施方法]
　次の1から43の各項目それぞれについて，現実のあなた自身にどの程度あてはまるか，あるいはあてはまらないかを考えて，該当する数字に○をつけて下さい。

		全くあてはまらない	ほとんどあてはまらない	あまりあてはまらない	ややあてはまる	だいたいあてはまる	かなりあてはまる

1. 人の表情から気持ちを敏感に感じとる　　　　　　　1・2・3・4・5・6
2. 状況判断を正確に行い臨機応変に物事に対処できる　1・2・3・4・5・6
3. 普段，取るに足らないことでも友達としゃべりがちだ　1・2・3・4・5・6
4. 度胸のある気の強い人間であらねばならない気がする　1・2・3・4・5・6
5. 香水をつける時がよくある　　　　　　　　　　　　1・2・3・4・5・6
6. 育児にむいているような気がする　　　　　　　　　1・2・3・4・5・6
7. 車などの所有物によって自分の魅力をアピールする　1・2・3・4・5・6
8. 結婚するとしたら相手の方からプロポーズしてほしい　1・2・3・4・5・6
9. 髪を長く伸ばしたほうが異性からのウケがいいと思う　1・2・3・4・5・6
10. 泣いてしまうことがよくある　　　　　　　　　　　1・2・3・4・5・6
11. 受験勉強では実力以上の学校を狙って頑張ってきた　1・2・3・4・5・6
12. 人に依存したり甘えることが，許されない気がする　1・2・3・4・5・6
13. ファッションにスカーフを使うと魅力が高まると思う　1・2・3・4・5・6
14. 占いに興味を持っている　　　　　　　　　　　　　1・2・3・4・5・6
15. ピンク色の服でも抵抗なく着れる　　　　　　　　　1・2・3・4・5・6

16.	アイロンをかけている姿が絵になる	1・2・3・4・5・6
17.	同年代男女の平均よりも多くの年収を稼ぐ確率が高い	1・2・3・4・5・6
18.	恋愛には，性行為よりロマンチックな雰囲気に憧れる	1・2・3・4・5・6
19.	入念に化粧をする時がよくある	1・2・3・4・5・6
20.	包容力があって，頼もしくあらねばならない気がする	1・2・3・4・5・6
21.	マニキュアを塗ったほうが魅力が高まると思う	1・2・3・4・5・6
22.	将来，あくせく働かずラクに暮らしていけると思う	1・2・3・4・5・6
23.	物事を考える時，論理より感性を働かせがちである	1・2・3・4・5・6
24.	ボディーラインが強調された服を着る時がよくある	1・2・3・4・5・6
25.	組織の中で，目下の者をうまく取りまとめていける	1・2・3・4・5・6
26.	定年まで中断せず収入のある仕事を続ける確率が高い	1・2・3・4・5・6
27.	見知らぬ異性から体をジロジロ見られる時がよくある	1・2・3・4・5・6
28.	普段，洋服や髪型など身だしなみに気を配っている	1・2・3・4・5・6
29.	一本筋を通し，しっかりしなければならない気がする	1・2・3・4・5・6
30.	ヘアバンドや髪止め用の髪飾りをつける時がよくある	1・2・3・4・5・6
31.	結婚するとしたら相手しだいで幸せになれるか決まる	1・2・3・4・5・6
32.	むだ毛（ひげを除く）の処理に気を使う時がよくある	1・2・3・4・5・6
33.	将来，仕事中心で家事を怠ってしまうような気がする	1・2・3・4・5・6
34.	スリムな体形でありたい	1・2・3・4・5・6
35.	華やかな色や模様（がら）の服を着る時がよくある	1・2・3・4・5・6
36.	デートでは，リード役であらねばならない気がする	1・2・3・4・5・6
37.	駅のホームなどの鏡で自分の顔をよく見がちである	1・2・3・4・5・6
38.	将来，何かと過剰な責任がのしかかり荷が重いと思う	1・2・3・4・5・6
39.	野心や野望を持っていなければならない気がする	1・2・3・4・5・6
40.	可愛らしくもありたい	1・2・3・4・5・6
41.	イヤリング（ピアスを除く）をつける時がよくある	1・2・3・4・5・6
42.	恋人には，できれば自分より背の高い人を選びたい	1・2・3・4・5・6
43.	筋肉が目立つような，たくましい体形でありたい	1・2・3・4・5・6

[結果の整理]

各尺度に含まれる項目について，あなたが選択した数字（得点）の合計得点を下の表に記入して下さい。

表 1　男性性尺度，女性性尺度，女性のセックス・アピール度尺度の得点

尺度	各尺度に含まれる項目	あなたの合計得点
男性性得点	2, 4, 7, 11, 12, 17, 20, 25, 26, 29, 33, 36, 38, 39, 43	(　　　　　)
女性性得点	1, 3, 6, 8, 10, 14, 16, 18, 22, 23, 28, 31, 40, 42	(　　　　　)
女性のセックス・アピール度得点	5, 9, 13, 15, 19, 21, 24, 27, 30, 32, 34, 35, 37, 41	(　　　　　)

[解　説]

1. 男性性得点が高いほど男性性が強く，女性性得点が高いほど女性性が強い，また女性のセックス・アピール度得点が高いほど女性のセックス・アピール度が強いことを意味します。さらに男性性尺度と女性性尺度の得点から，表2の4類型に分類されます（小出, 1996）。例えば，男性性得点が60点，女性性得点が40点であれば「男性型」ということです。男性で「男性型」，女性で「女性型」の場合は"典型的"な人であり，逆に男性で「女性型」，女性で「男性型」の場合は"少数派"であるということを意味します。

　　さらに小出（1998）によれば，性別を問わず，①「両性具有型」ないしは「男性型」の人は男性性が強いので達成動機（物事を達成したいという欲求➡第2章）が高く，②「両性具有型」ないしは「女性型」の人は女性性が強いので親和動機（人と親しくしたいという欲求➡第2章）が高いと考えられています。また，あなたが女性で，③「両性具有型」であればセックス・アピールが最も強く，④「男性型」であればフェミニズム傾向が最も強いと推察されます。つまり，このような傾向は性別によって決まるのではなく，女性性・男性性の強さに規定されるのです。さて，あなたは何型でしたか？

表 2　各類型の判定基準と男女別による各類型の出現率（小出，1996）

男性性得点	55点～90点	55点～90点	15点～54点	15点～54点
女性性得点	53点～84点	14点～52点	53点～84点	14点～52点
類　　型	両性具有型	男性型	女性型	未分化型
男性における出現率	13.8%	50.9%	0.9%	34.5%
女性における出現率	33.6%	3.4%	51.7%	11.2%

2．小出（1998）によると，女性のセックス・アピール度得点は，女性の平均が51.2点で，60点以上の女性はセックス・アピール度が高い人，40点以下の女性はセックス・アピール度の低い人と考えられます。他の尺度との相関から，この尺度が高得点の女性には自己顕示欲の強い恋愛経験豊富な人が多く，逆に低得点の女性は自己顕示欲が弱い恋愛経験も比較的少ない人であると推察されています。つまり，「女性にとってのセックス・アピールとは，単に女らしさの強調といった意味合いだけでなく，女性が男性中心社会の中で自己を主張していく表現法としての意味合いも込められている」（小出，1999）のです。

[文　献]

小出　寧　1996　ジェンダーに関する3つの尺度―パーソナリティ，スキーマ，受容性―　江戸川学園人間科学研究所紀要，**12**，119-143.

小出　寧　1998　男と女の心理テスト―フェミニズム・ジェンダー・セクシャリティ―　ナカニシヤ出版

小出　寧　1999　ジェンダー・パーソナリティ・スケールの作成　実験社会心理学研究　**39**，1，41-52.

12 自分史によるライフ・レビュー

　バトラーは，死を目前にすることで統合性獲得に向けてライフ・レビューの過程が活性化すると考えました。しかし，発達段階の各期で，それ以前の段階の発達課題の再統合が求められることをエリクソンは強調しています。ウェブスターとヤング（Webster & Young, 1988）も「ライフ・レビューは一生を通じての過程であり，特定の発達段階の課題ではない」と述べています。これまでの人生を振り返り，評価し，再構築していく過程は発達の節目節目で有用なのです。

　ライフ・レビューにもさまざまな方法がありますが，自己の人生を振り返って"自分史"を執筆することもその1つです。自分史とは文字どおり，自己の人生についての歴史，すなわち生育史を回顧し，記述したものです。

［実施方法］

　回想の手がかりとして，ハイト（Haight, 1988）が用いた質問項目をもとに，筆者が補足したテーマを次に示します。現在のあなたの年代で振り返ることの可能な項目を参考にして，これまでの人生を振り返ってみて下さい。幼児期からの年代順でも，思い出しやすい年代からでも構いません。

　自分史を書き上げたら，何度か読み返してみましょう。読み返した時の感想や印象も記録しておきましょう。そして，自分史とその感想を合わせて，原稿用紙5〜10枚程度のレポートにまとめてみて下さい。

〈幼児期から児童期〉
- あなたの人生において，思い出すことのできる最も昔の出来事は何ですか。できるだけ幼い頃までさかのぼって下さい。
- あなたにはきょうだいがいますか。それぞれの子どもの頃の特徴を教えて下さい。
- 両親はどんな人ですか。子どもの頃のあなたにとって，両親はどのような存在でしたか。

〈青年期〉
- あなた自身のことやあなたの人生について考える時，10代の出来事で思い出すことのできる最も昔のことは何ですか。
- 青年期の最も楽しかったことは何ですか。
- 中学，高校時代になって，両親との関係はどのように変化しましたか。
- あなたの友人，恋愛関係について，印象に残っていることは何ですか。

〈成人期〉
- 20歳代，30歳代の頃，あなたにとって人生とはどのようなものでしたか。
- あなたの仕事に関して教えて下さい。仕事は楽しかったですか。生活するのに十分な収入を得ていましたか。その頃，仕事はきつかったですか。あなたは高い評価を受けましたか。
- あなたの結婚生活はどのようなものでしたか。結婚にいたったいきさつや，配偶者の特徴について教えて下さい。

〈中年期から高齢期〉
- 40歳代，50歳代の頃，あなたにとって人生とはどのようなものでしたか。
- あなたには子どもはいますか。あなたの子どもの特徴について教えて下さい。
- 仕事（家事も含む）を引退するとき，何を考えましたか。

〈これまでの人生全体に関しての要約〉
- 全体としてあなたの人生はどのようなものでしたか。
- もし，もう一度，人生を繰り返すことができるとしたら，あなたは何を変えたいと思いますか。何を変えたくないと思いますか。
- 人生で直面せざるを得なかったことで最も厳しかったことは何ですか。

〈自分史を読み返してみて抱いた印象・感想・連想など〉

[解　説]

　ウェブスターとヤングによれば，ライフ・レビューはまず過去の出来事を思い出すこと（想起）からはじまります。スムーズに思い出せる出来事もあれば，答えにくい質問もあったでしょう。思い出しにくいエピソードには抑圧（➡第6章）が生じていると考えられますので，慎重に検討して下さい。

　想起された記憶に対して，次の段階では評価が行われます。思い出した記憶を吟味する中で，新たな記憶がよみがえり，記憶が修正され，推敲されていきます。このようなプロセスを繰り返すことによって，これまで否定的にとらえていた出来事にも肯定的側面のあることに気づいて，自分のこころに受け入れられるようになるのです。

　そして，想起と評価を通じて，自己の肯定的側面と否定的側面の両方をありのままに受け入れられるようになると言われています。これがライフ・レビューの第3段階の総合であり，またライフ・レビューの目標です。

　自分自身のこれまでの人生を良い面も悪い面も含めて振り返ることは，「自分とは何か」を問い直す作業ですが，これはアイデンティティの確立にも関連します。また，自己の成長過程でさまざまな出来事や他者とのかかわりが存在し，それが現在の自分に大きく影響していることにも気づいたことでしょう。

　"自分史を書く"という作業は，自分自身を見つめ直す作業です。それは自己を客観視する見る目を養い，ひいては自己理解を深める作業なのです。自分史を書くたび，読み直すたびに，さらに新たな"発見"があることと思います。同じ出来事でも，それを振り返る時々によって，見え方・感じ方が異なることもあるのです。

[文　献]

Haight, B. K.　1988　The therapeutic role of a structured life review process in homebound elderly subjects. *Journal of Gerontology*, **43**, 40-44.

Webster, J. D. & Young, R. A.　1988　Process variables of the life review: Counceling implications. *International Aging & Human Development*, **26**, 315-323.

13 加齢に関するクイズ（FAQ）

　あなたは加齢に関して，どの程度の正しい知識をもっているでしょうか。パルモアは，加齢に関するクイズ（the Facts on Aging Quiz：FAQ）によってそれを測定しようとしました。ここでは日本向けに内容を修正した西村と平沢（1993）の項目を紹介しましょう。

［実施方法］
　次のことがらについて，正しいと思う場合はT（真）を，誤りと思う場合はF（偽）を○で囲んで下さい。

1）大多数の高齢者は，記憶力が落ちたり，ぼけたりする　　　　　　　　　　T　F
2）高齢になると耳や目などいわゆる五感がすべておとろえがちである　　　　T　F
3）ほとんどの高齢者は，セックスに対する興味も能力ももっていない　　　　T　F
4）高齢になると，肺活量が落ちる傾向がある　　　　　　　　　　　　　　　T　F
5）大多数の高齢者は，多くの時間をみじめな気持ちで過ごしている　　　　　T　F
6）肉体的な力は，高齢になるとおとろえがちである　　　　　　　　　　　　T　F
7）少なくとも，1割の高齢者は養護老人ホーム，特別養護老人ホームなど
　　に長期間入所している　　　　　　　　　　　　　　　　　　　　　　　T　F
8）65歳以上で車を運転する人は，若い人よりも事故を起こす率が低い　　　 T　F
9）ほとんどの高齢者は，若い人ほど効率よく働けない　　　　　　　　　　　T　F
10）およそ8割の高齢者は健康で，普通の生活をおくるのにさしつかえない　 T　F
11）ほとんどの高齢者は，自分の型にはまってしまって，なかなかそれを変
　　えることができない　　　　　　　　　　　　　　　　　　　　　　　　T　F
12）高齢者は，何か新しいことを学ぶのに若い人よりも時間がかかる　　　　 T　F
13）大多数の高齢者にとって，新しいことを学ぶのはほとんど不可能である　 T　F
14）ほとんどの高齢者は，若い人よりも反応時間が長い　　　　　　　　　　 T　F
15）だいたい，高齢者というものは，みな同じようなものだ　　　　　　　　 T　F
16）大多数の高齢者は，めったに退屈しない　　　　　　　　　　　　　　　 T　F
17）大多数の高齢者は，社会的に孤立しており，またさびしいものだ　　　　 T　F
18）高齢者は，若い人よりも職場で事故にあうことが少ない　　　　　　　　 T　F
19）わが国の人口の2割以上が65歳以上の高齢者である　　　　　　　　　 T　F
20）ほとんどの医師は，高齢者の治療より若い人の治療を優先する傾向がある　T　F
21）一人暮らしの高齢者の半分以上は，生活保護を受けている　　　　　　　 T　F
22）ほとんどの高齢者は，現在働いているか，または家事や奉仕活動でもよ
　　いから何らかの仕事をしたいと思っている　　　　　　　　　　　　　　T　F
23）高齢者は年をとるにつれて，信心深くなるものだ　　　　　　　　　　　 T　F
24）だいたいの高齢者は，めったにおこったり，いらいらしたりしない　　　 T　F
25）高齢者の健康状態や社会経済的な地位は，21世紀になっても今とあまり
　　かわっていないだろう　　　　　　　　　　　　　　　　　　　　　　　T　F

［結果の整理と解説］

　採点は，事項索引の「FAQ の正解」を見て下さい。あなたは25問中，何問正解できましたか。西村と平沢によると大学生275名（男子学生138名，女子学生137名）の平均正答数は13.97点，標準偏差（SD）は2.44でした。これを１つの目安として，現在のあなたがもっている加齢に関する知識や，加齢に関する誤解・偏見・エイジズムについて客観的に検討してみて下さい。

［文　献］

　西村純一・平沢尚孝　1993　現代学生にみる老いへの知識と態度　東京家政大学生活科学研究所研究報告, **16**, 25-33.

14 「自立・依存」測定尺度

　この尺度は，あなたがどの程度依存的な性格かを調べるもので，野々口（1990）の開発したものです（一部簡略化）。性格検査のうちの質問紙法によるテストの一例です。質問紙法による性格検査を体験し，自分がどの程度自立に向かって発達した性格をもっているかを測定してみましょう。

［実施方法］
　次の項目について，自分自身にどの程度あてはまるかを，［まったくあてはまらない・あまりあてはまらない・ややあてはまる・非常にあてはまる］の中から1つ選び，その数字を○印で囲んで下さい。
　1つの質問にあまり考え込まずに，読んだ直後に感じた答えを書き込んで下さい。正しい答えや悪い答えはありません。現在のあなた自身のありのままを答えて下さい。

| 1. まったくあてはまらない |
| 2. あまりあてはまらない |
| 3. ややあてはまる |
| 4. 非常にあてはまる |

1. 私は，生きることの意味や価値を自分で見いだすことができる。　　1－2－3－4
2. 私は，思いどおりにいかないと反抗的になる。　　1－2－3－4
3. 私は，まだ親に甘えている。　　1－2－3－4
4. 私は，自分の性格について悩んだことがある。　　1－2－3－4
5. 私は，人のために苦労するのはいやだ。　　1－2－3－4
6. 私は，他人が何を考えているのか気になる。　　1－2－3－4
7. 私には，将来のはっきりとした目標や計画がある。　　1－2－3－4
8. 私は，物事を自分中心に考える傾向がある。　　1－2－3－4
9. 私は，自分で決心できないときは，親の意見に従うようにしている。　　1－2－3－4
10. 私は，自己の理想像に向かって，性格を変えようと努力している。　　1－2－3－4
11. 私は，委員や係など責任のある仕事は引き受けたくない。　　1－2－3－4
12. 私は，自分に対する他人の評価が気になる。　　1－2－3－4
13. 私は，自分の行動や判断に責任をもつことができる。　　1－2－3－4
14. 私は，怒ると攻撃的になる。　　1－2－3－4
15. 私は，困ったとき，親を頼る。　　1－2－3－4
16. 私は，孤独だと思うことがある。　　1－2－3－4
17. 私は，自分が苦労したとき，他人はもっと苦しめばいいと思う。　　1－2－3－4
18. 私は，無理をしても他人からよく思われようと努める。　　1－2－3－4
19. 私は，理想とする自己のあるべき姿を描きもっている。　　1－2－3－4
20. 私は，批判されたり小言を言われたりすると頭にくる。　　1－2－3－4
21. 親は，私の望むことをだいたいかなえてくれる。　　1－2－3－4
22. 私は，大人になるために，もっと自分の性格を変えなければいけないと思う。　　1－2－3－4
23. 私は，きらいな人とはうまくやっていけない。　　1－2－3－4
24. 私は，人の意見や行動に同調しやすい。　　1－2－3－4
25. 私は，社会に出て意欲的に働ける自信がある。　　1－2－3－4
26. 私は，誰かに注意されたりすると自己弁護（言い訳）をする傾向が強い。　　1－2－3－4
27. 私は，親といるだけで，なんとなく安心する。　　1－2－3－4
28. 私は，劣等感が強い。　　1－2－3－4
29. 私は，人間関係でこじれても，自分の方から仲直りしようとしない。　　1－2－3－4
30. 私は，自分のしたことについて，あとで後悔することがよくある。　　1－2－3－4

［結果の整理］

下の集計表に選択した数字（得点）を転記し，各下位尺度に含まれる項目の得点を合計し，下位尺度得点を出して下さい。

下位尺度		自己実現		利己主義・攻撃性		親への依存		性格向上意欲		排他的自己愛		他人志向・没個性	
		項目	得点	項目	得点	項目	得点	項目	得点	項目	得点	項目	得点
		1		2		3		4		5		6	
		7		8		9		10		11		12	
		13		14		15		16		17		18	
		19		20		21		22		23		24	
		25		26		27		28		29		30	
得点合計													
得点の意味（高得点ほど）		自己実現している（自立的）		利己主義で攻撃的（依存的）		親に依存している（依存的）		自分の性格をもっとよくしたい		自分中心で，人のために努力したくない（依存的）		他者からどうみられているかが気になる（依存的）	
得点の目安	高い	17点以上		17点以上		15点以上		17点以上		15点以上		18点以上	
	普通	11～16点		10～16点		8～14点		10～16点		10～14点		13～17点	
	低い	10点以下		9点以下		7点以下		9点以下		9点以下		12点以下	

[解　説]
　このテストは，大学2年生と高校生を対象に，個々人がどれほど人に頼る傾向があるかという依存性の程度，逆に言えば，どのくらい自分で問題に立ち向かい，人に頼らず生活していけるかという自立の程度を測定する目的で開発されたものです。このテストでは，自己実現（人生の意味や価値を見い出し，しっかりした目標をもち，責任をもって行動できる人格）ができており，利己主義やそこからくる攻撃的行動を抑えることができ，親への依存度が低く，人のことを気遣ったり人のために努力することができ，他者からの評価を気にしすぎない人が自立的なパーソナリティであると考えています。その逆の人は，依存的なパーソナリティとなります。性格向上の意欲に関しては，高すぎるのも低すぎるのも問題で，ほどほどがよいのではないでしょうか。上の得点の目安は，高校生のデータを参考に設定してあります。あくまでも，おおまかな目安として考えて下さい。
　第5章でも述べたように，性格はある程度変えることも可能です。自立－依存に関する自分の性格特性を知り，その特徴を長所として活かすとともに，短所をカバーしたり，改善したりすることにより，生活に役立てて下さい。

[文　献]
　野々口浩幸　1990　現代高校生における自己意識の発達段階—自立と依存を中心に—　兵庫教育大学大学院学校教育研究科修士論文

15　大学生活適応感尺度

　この尺度は，あなたがどの程度，大学生活に適応しているかを調べるものです。米国で作られた尺度（Baker & Siryk, 1984など）をもとに，浅川を中心とするグループが開発したものです（一部簡略化）。自分がどのくらい学校生活に適応しているかを測定してみましょう。

[実施方法]

　次の項目について，自分自身にどの程度あてはまるかを，[まったくあてはまらない・あまりあてはまらない・ややあてはまる・非常にあてはまる]の中から1つ選び，その数字を○印で囲んで下さい。

　1つの質問にあまり考え込まずに，読んだ直後に感じた答えを書き込んで下さい。正しい答えや悪い答えはありません。現在のあなた自身のありのままを答えて下さい。

```
1. まったくあてはまらない
2. あまりあてはまらない
3. ややあてはまる
4. 非常にあてはまる
```

1. 私は最近，ゆううつになりがちだ。　　　　　　　　　　　1 — 2 — 3 — 4
2. 最近私は，この大学に入学してよかったと思っている。　　1 — 2 — 3 — 4
3. 私は，人とつきあおうと思う。　　　　　　　　　　　　　1 — 2 — 3 — 4
4. 私の学科の先生たちは，私の勉強を評価してくれる。　　　1 — 2 — 3 — 4
5. 私は，勉強が思うように進んでいる。　　　　　　　　　　1 — 2 — 3 — 4
6. 私のクラス担任は，私のことをよく思っている。　　　　　1 — 2 — 3 — 4
7. 私は最近，神経質になってきた。　　　　　　　　　　　　1 — 2 — 3 — 4
8. 私は，この大学での勉強が楽しい。　　　　　　　　　　　1 — 2 — 3 — 4
9. 私は，私の学科の中に何でも話せる友だちがいる。　　　　1 — 2 — 3 — 4
10. 私の授業での発表は，学科の中で評価されている。　　　　1 — 2 — 3 — 4
11. 私は最近，勉強に一生懸命努力している。　　　　　　　　1 — 2 — 3 — 4
12. 私の学科の先生たちは私のことをよく思っている。　　　　1 — 2 — 3 — 4
13. 私は最近，なんとなく不安になる。　　　　　　　　　　　1 — 2 — 3 — 4
14. この大学で私が受ける授業は，私の勉強に役に立つ。　　　1 — 2 — 3 — 4
15. 私と話すとき，人は私に心を開いてくれる。　　　　　　　1 — 2 — 3 — 4
16. 私の学科の友だちは，私の勉強を評価してくれる。　　　　1 — 2 — 3 — 4
17. 私は，この大学で勉強を続けていく能力に自信がある。　　1 — 2 — 3 — 4
18. 私は，私のクラス担任と，勉強以外の面でも個人的なつきあいがある。　1 — 2 — 3 — 4
19. 私は最近，感情の変化が激しい。　　　　　　　　　　　　1 — 2 — 3 — 4
20. 私は最近，この大学での自分の学習に価値があるかどうか疑問に思う。　1 — 2 — 3 — 4
21. 私は，私の学科の友だちと勉強以外の面でも個人的なつきあいがある。　1 — 2 — 3 — 4
22. 私のクラス担任は，私の勉強を評価してくれる。　　　　　1 — 2 — 3 — 4
23. 私は最近，勉強する気があまりしない。　　　　　　　　　1 — 2 — 3 — 4
24. 私は最近，イライラしがちだ。　　　　　　　　　　　　　1 — 2 — 3 — 4
25. 最近私は，他の大学に入学したかったと思っている。　　　1 — 2 — 3 — 4
26. 私は，集団に参加することができる。　　　　　　　　　　1 — 2 — 3 — 4
27. 私は，授業での発表はうまくできる。　　　　　　　　　　1 — 2 — 3 — 4
28. 私は卒業するまでに，価値のある学習成績をあげる自信がある。　1 — 2 — 3 — 4
29. 私は最近，淋しくなる。　　　　　　　　　　　　　　　　1 — 2 — 3 — 4
30. 私は，今学期自分のとった授業に満足している。　　　　　1 — 2 — 3 — 4
31. 私は，私の学科の友だちに，気軽に話しかけることができる。　1 — 2 — 3 — 4

[結果の整理]

下の集計表に選択した数字（得点）を転記し，各下位尺度に含まれる項目の得点を合計し，下位尺度得点を出して下さい。ただし，＊印の項目は，得点を逆転します（1点→4点，2点→3点，3点→2点，4点→1点）。

下位尺度		ストレス反応		授業満足感		友人関係		認知的他者評価		学習態度		対教師関係	
		項目	得点	項目	得点	項目	得点	項目	得点	項目	得点	項目	得点
		1		2		3		4		5		6	
		7		8		9		10		11		12	
		13		14		15		16		17		18	
		19		20*		21		22		23*			
		24		25*		26		27		28			
		29		30		31							
合計得点													
得点の意味（高得点ほど）		ストレスを感じている（不適応）		大学での授業に満足している（適応）		友だちとうまくいっている（適応）		特に学業に関して評価されている（適応）		勉強への努力・やる気（適応）		先生との関係が良好（適応）	
得点の目安	高い	20点以上		20点以上		24点以上		16点以上		15点以上		9点以上	
	普通	9〜19点		13〜19点		17〜23点		9〜15点		8〜14点		4〜8点	
	低い	8点以下		12点以下		16点以下		8点以下		7点以下		3点以下	

[解　説]

　このテストは，大学生を対象に，個々人がどれほど大学の学校生活に適応しているかの程度を測定する目的で開発されたものです。このテストでは，友人や教師との人間関係が良好で，勉強に対する意欲があり，そうした活動が認められ，授業に満足し，ストレス反応が出ていないことが適応的な反応であると考えています。その逆が表れた場合は，不適応に陥る危険性があると言えます。上の得点の目安は，大学１年生と４年生の女子大学生のデータを参考に設定してあります。あくまでも，おおまかな目安として考えて下さい。

　大学生活に限らず，一般的に，ある環境における適応度は，個人の側の特性（性格傾向，体調など）と環境の側の特性（施設設備，人間関係，雰囲気など）との相互作用によって決まります。自分の適応度を知り，不適応になりそうな下位尺度があれば，問題点を発見し，改善・解決するように努力し，楽しい大学生活を送るために役立てて下さい。

[文　献]

東紀美子・浅川潔司・古川雅文・吉田幸世　2002　女子青年の大学適応に関する研究　神戸女子大学文学部紀要, **35**, 161-179.

Baker, R.W., & Siryk, B.　1984　Measuring adjustment to college. *Journal of Counseling Psychology*, **31**（2）, 179-189.

吉田幸世・鈴木啓嗣・古川雅文・浅川潔司・東紀美子　2002　女子大学生の大学適応と将来展望に関する心理学的研究（１）　日本進路指導学会第24回研究大会発表論文集, 22-23.

16　恥と自己愛に関する質問表

　こころの健康について考える時，その人が他人に認められることについてどのような感覚を抱いているのかは，たいへん重要なことです。この感覚は本文にある，アイデンティティの感覚や対人恐怖の意味に深く関連しています（➡第4章，第6章）。ここでは，「自分の存在を人に認めてほしいという自己愛的な願望は，私たちが自然にもつものである」と考える岡野（1998）が試みに作成した「恥と自己愛に関する質問表」で，あなたの自己愛の感覚を調べてみましょう。

[実施方法]
　次ページの文を読んで，1〜3（1：ほとんどない　2：ときどきある　3：かなりよくある）の中から数字を選び，○で囲んで下さい。日頃のありのままの自分をふり返って気楽に答えて下さい。

1	店のレジで，あなたの買い物が多いせいで手間取っている場合，後ろに並んでいる人の視線が非常に気になり，消え入りたくなる。	1 - 2 - 3
2	複数の人との対談の時など，自分の持ち出した話題に時間が取られすぎないかと気になることが多い。	1 - 2 - 3
3	パーティーで，知り合いが誰かと話をしている時は，それに割って入って話しかけることが難しい。	1 - 2 - 3
4	人に電話する時，それが迷惑になるのではないかと非常に気になるため，手紙とかファックス（Eメール）の方が気が楽である。	1 - 2 - 3
5	親しい人からの頼み事や電話による商品の勧誘を受けた時，(相手の態度に腹が立つ時以外は) それを断ることが非常に難しく感じる。	1 - 2 - 3
6	人にお土産をわたす時，それを相手が気に入らないのではないかと気になることがある。	1 - 2 - 3
7	外出した時などに人の視線が気になる。	1 - 2 - 3
8	ちょっとしたことで自信をなくし，落ち込むことが多い。	1 - 2 - 3
9	相手から積極的に誉められないと，むしろ馬鹿にされているのではないかと思うことが多い。	1 - 2 - 3
10	批判されたり馬鹿にされることを恐れるために，自分の作業の結果や作品を人になるべく見せたくない。	1 - 2 - 3
11	自分の名前や経歴が恥ずかしかったり，自分の家族を人前に出したくない。	1 - 2 - 3
12	出勤したり登校した時に，他人が積極的に挨拶をしてこないと，無視された気持ちになり，落ち込んだり腹を立てることが多い。	1 - 2 - 3
13	人の伝記を読み，自分が将来そうなることを夢見ることがある（あった）。	1 - 2 - 3
14	自分が何か大きな力を秘めていて，周囲はそれを分かってくれていないだけではないかと考えることがある。	1 - 2 - 3
15	自分は根は目立ちたがりやではないかと思う。	1 - 2 - 3
16	自分の作品や仕事が誰かにより評価された時などは生きがいを感じる。	1 - 2 - 3
17	家族や親しい友人との写真を見る時に，全体を見るより，まず自分がどう写っているかを先に見ることが多い。	1 - 2 - 3
18	自分が舞台や競技場でスポットライトを浴びている夢を見たり，夢想することが多い。	1 - 2 - 3

［結果の整理］
　質問項目1～6までの合計をA，7～12までの合計をB，13～18までの合計をCとした場合，以下の可能性を考えることができます。

　　　Aが12点以上だと，他者配慮的敏感傾向が強い。
　　　Bが12点以上だと，恥に関する敏感傾向，ないしは社交恐怖の傾向が強い。
　　　Cが12点以上だと，自己顕示傾向が強い。

　自己愛的な願望がうまく満たされない場合がだれにでもあります。恥との関係からいくと次の3通りになります。1つは，他人に認められるかが過剰に気になって身動きが取れない場合，2つ目は，他人に認められないようなことをしでかしそうで，他人に評価されるような状況を避けてしまう場合，3つ目は，認められようとする気持ちが強すぎて，過剰に自己を主張して結果的に周囲の人に疎んじられる場合です。あなたはどのような傾向が強いでしょうか。

［文　献］
　岡野憲一郎　1998　恥と自己愛の精神分析　岩崎学術出版

17 自己モニタリング尺度（SMS）

　第7章でも述べたように，自己呈示や社会的スキルの個人差を測定するものとしてスナイダーは自己モニタリング尺度（SMS）を考案しています。ここでは，大渕ら（1991）が作成した邦訳版自己モニタリング尺度を用いて，自己モニタリング傾向の強さを測定し，あわせて対人行動における自己モニタリングの意味や役割について考えることを目的とします。

［実施方法］
　別紙の自己報告型の質問紙検査（22項目）によって，あなたの自己モニタリング傾向を調べます。回答形式は5段階評定です。よくあてはまると思う数字に◯印をつけて下さい。結果に良い悪いはありませんので，日頃のありのままの自分を考えて気楽に答えて下さい。

```
1. まったくあてはまらない
2. あまりあてはまらない
3. どちらともいえない
4. だいたいあてはまる
5. 非常によくあてはまる
```

1．たぶん上手な俳優になれるだろう。　　　　　　　　　　　　　1・2・3・4・5
2．自分をエンターテイナーだと思ったことがある。　　　　　　　1・2・3・4・5
3．ジェスチャーとか即興を必要とするゲームでうまくできたことがない。＊　1・2・3・4・5
4．ほとんど知らない話題であっても，即興でスピーチができる。　1・2・3・4・5
5．人の目をじっと見つめて，まじめな顔でうそをいうことができる。　1・2・3・4・5
6．つきあう人や場面によって，まったく別の人のようにふるまうことがある。　1・2・3・4・5
7．人から好かれたり，人とうまくやっていくために，期待されている通りにふるまうことが多い。　1・2・3・4・5
8．私は，必ずしも見た通りの人間ではない。　　　　　　　　　　1・2・3・4・5
9．たぶん，自分を印象づけたり人を楽しませるために，演技していると思う。　1・2・3・4・5
10．実際には楽しくないのに，楽しそうなふりをすることがよくある。　1・2・3・4・5
11．本当は嫌いな人であっても，友好的なふりをすることができると思う。　1・2・3・4・5
12．人を喜ばせたり歓心をかうために，自分の意見（行動）を変えることはないだろう。＊　1・2・3・4・5
13．人づきあいが苦手で，思ったように自分が表現できない。＊　1・2・3・4・5
14．どのように行動したらよいか自信が持てない場面では，人の行動をてがかりにする。　1・2・3・4・5
15．私の行動には，たいてい自分の本当の感情や態度や信念が表れている。＊　1・2・3・4・5
16．パーティや会合で，人から好かれるようなことをしたり言ったりしようとは思わない。＊　1・2・3・4・5
17．人の集まりは気づまりで，私は目立つことはないし，また目立ちたくもない。＊　1・2・3・4・5
18．パーティでは，私はもっぱら人の話や冗談を聞く側である。＊　1・2・3・4・5
19．集団の席で，私が注目の的になることはほとんどない。＊　1・2・3・4・5
20．私は，人に好かれるようにふるまうのが得意な方ではない。＊　1・2・3・4・5
21．私は，ジェスチャーとか即興を必要とするゲームはうまくできたことがない。＊　1・2・3・4・5
22．私は，相手や場面に応じて行動を変えるのが苦手である。＊　1・2・3・4・5

[A:　　　, O:　　　, E:　　　]
[Total　　　]

[結果の整理]

この尺度は，後の研究によって演技性（Acting），他者志向性（Other-directed），および外向性（Extraversion）の3因子からなることが明らかにされています。演技性は演技したり即興でものごとをこなす俳優のような能力を，他者志向性は人を喜ばすために自分の行動を変えるという対人的感受性を，そして，外向性は外向的な行動を表しています。回答が終わったら，3因子ごとに合計得点を算出します。ただし，＊のついた項目は逆転項目で得点の意味が反対になるため，1→5，2→4，3→3，4→2，5→1というように，数値を逆転させます。

各因子ごとに得られた得点は，値が高いほどその因子の意味する傾向を強くもっているということを表します。

演技性（A）　　：項目1～5までの5項目（得点範囲：5～25）
他者志向性（O）：項目6～16までの11項目（得点範囲：11～55）
外向性（E）　　：項目17～22までの6項目（得点範囲：6～30）

[解　説]

結果については各因子ごとに解釈したり，3因子の合計得点（得点範囲：22～66～110）を出して全体的な自己モニタリング傾向を知ることができます。筆者の行った調査（大学1年男女84名）では，3因子合計の平均は68.0（$SD=10.46$）で，A，O，Eの各平均はそれぞれ13.4（$SD=3.63$），35.7（$SD=5.80$），18.5（$SD=3.89$）でした。1つの目安にして下さい。なお，SD は標準偏差を表します。

自己モニタリング傾向の強い人（高SM）と弱い人（低SM）を比べると，次のような差異のあることがわかっています。自分の結果を解釈する際の参考にして下さい。詳しくは下記の文献を調べて下さい。

① 高SMは低SMよりも感情を意図的に表現し，特定の性格をもっているように自分を表現できる。
② 高SMは低SMよりも正確な感情表出ができ，また，他者の感情判断においてもすぐれている。
③ 高SMは他者を判断する時，その人の内面よりも外面を重視する傾向がある。
④ 高SMよりも低SMの人の方が，自己の態度と一貫した行動をとりやすい。

[文　献]

安藤清志　1990　「自己の姿の表出」の段階　中村陽吉（編）「自己過程」の社会心理学　東京大学出版会　143-198.

Briggs, S. R., Cheek, J. M., & Buss, A. H. 1980 An analysis of the self-monitoring scale. *Journal of Personality and Social Psychology*, **38**, 679-686.

バス, A. H.　大渕憲一（監訳）　1991　対人行動とパーソナリティ　北大路書房

堀毛一也　1990　自己モニタリングに関する諸研究　細江達郎・大江篤志・堀毛一也・今城周造　いんとろだくしょん社会心理学　新曜社　200-212.

岩淵千明・田中國夫・中里浩明　1982　セルフ・モニタリング尺度に関する研究　心理学研究, **53**, 54-57.

Snyder, M. 1974 Self-monitoring of expressive behavior. *Journal of Personality and Social Psychology*, **30**, 526-537.

18 感情的コミュニケーション検査（ACT）

　第7章でも述べたとおり，非言語的行動は日常のコミュニケーションにおいて重要な役割を果たしています。人とのコミュニケーションを円滑にしたり，よりよい人間関係を作ったりするには，自分の感情や気持ちを非言語的な行動として適切に表現したり（符号化），反対に相手の示す非言語的行動からその人の内面を的確に理解すること（解読化）はとても大事なことです。そうした表現力や解読力には大きな個人差がありますが，それらが豊かであるほどよりよいコミュニケーションが可能になるでしょう。

　ここでは，感情の非言語的な表現力の問題に注目してみましょう。自分の感情や気持ちをうまく表現できる人もいれば，反対にうまく伝わらない人や誤解されやすい人もいます。このような個人差について，フリードマンら（Friedman et al., 1980）が考案した ACT（Affective Communication Test）をもとに考えてみましょう。ACT とは，自分の感情や情動を非言語的行動を通してどの程度うまく表現できるかを調べるための検査です。

　ここでは，あなたの非言語的コミュニケーション・スキルの一面を理解する手がかりとして ACT に回答して，その結果を考察して自己理解の一助として下さい。

[実施方法]

　次の自己報告型質問紙検査・ACT（13項目）の質問をよく読んで回答して下さい。結果に良い悪いはありませんので，日頃のありのままの自分を考えて気楽に答えて下さい。

　回答形式は，「非常によくあてはまる」から「まったくあてはまらない」までの9段階評定です。「5」はその中間段階を意味します。よくあてはまると思う数字に○印をつけて下さい。

| まったくあてはまらない　1-2-3-4-**5**-6-7-8-9　非常によくあてはまる |

1．素敵なダンス音楽を聞くと，じっとしていられない。
　　　　　　　　　　　　　　　　　　　　　1・2・3・4・**5**・6・7・8・9
2．私はソフトで抑えた声で笑う。＊
　　　　　　　　　　　　　　　　　　　　　1・2・3・4・**5**・6・7・8・9
3．私は電話でもたやすく感情を表現できる。
　　　　　　　　　　　　　　　　　　　　　1・2・3・4・**5**・6・7・8・9
4．会話中，友達の身体に触れることがよくある。
　　　　　　　　　　　　　　　　　　　　　1・2・3・4・**5**・6・7・8・9
5．私はたくさんの人に見つめられるのが嫌いだ。＊
　　　　　　　　　　　　　　　　　　　　　1・2・3・4・**5**・6・7・8・9
6．普通，私は感情を顔に表わさない。＊
　　　　　　　　　　　　　　　　　　　　　1・2・3・4・**5**・6・7・8・9
7．いい俳優になれる，と人に言われる。
　　　　　　　　　　　　　　　　　　　　　1・2・3・4・**5**・6・7・8・9
8．人ごみでは気づかれずにいる方がよい。＊
　　　　　　　　　　　　　　　　　　　　　1・2・3・4・**5**・6・7・8・9
9．見知らぬ人の中にいるのは気恥かしい。＊
　　　　　　　　　　　　　　　　　　　　　1・2・3・4・**5**・6・7・8・9
10．その気になれば，人を引きつけるまなざしができる。
　　　　　　　　　　　　　　　　　　　　　1・2・3・4・**5**・6・7・8・9
11．ジェスチャーゲームのように，パントマイムをす
　　るのはいやだ。＊　　　　　　　　　　　1・2・3・4・**5**・6・7・8・9
12．小さなパーティで，私は注目の的になる。
　　　　　　　　　　　　　　　　　　　　　1・2・3・4・**5**・6・7・8・9
13．私は抱きついたり触ったりして，自分の好意を相
　　手に示す。　　　　　　　　　　　　　　1・2・3・4・**5**・6・7・8・9

　　　　　　　　　　　　　　　　　　　［Total：　　　］

［結果の整理］

＊印のついている項目は逆転項目です。得点の意味が反対になるので，1→9，2→8，5→5，8→2，9→1というように，数値を逆転させます。

その後，各項目（13項目）の得点を合計します。それがあなたのACT得点になります。得点範囲は13～65～117です。

［解　説］

1．日本人大学生を対象にした研究（大坊，1989）では，平均得点（M）は約60点です。男性は$M=59.69$（$SD=13.48$），女性は$M=60.28$（$SD=11.70$）で，表出能力に関しては男女差はほとんどありません。正規分布を仮定すると，全体の68％の人が，47,48～72,73の範囲に入ることになります。得点が高いほど，自分の気持ちや感情を非言語的行動を介して相手に表現する能力がすぐれていることを意味します。

2．ACT得点は，社会的外向性，親和性，自尊心などと正の相関を示し，神経症的傾向とは負の相関のあることが示されています。ACT得点の高い人ほど，外向的，親和的で，自尊心が高いなどの傾向が認められます。さらに，感情の解読力とも正の相関が見られます。ACT得点の高い人ほど自分の感情表現がうまくでき，同時に相手の感情の読み取りがすぐれているようです。

［文　献］

大坊郁夫　1989　非言語的表出性の測定：ACT尺度の構成　日本心理学会第53回大会発表論文集，210.

大坊郁夫　1998　しぐさのコミュニケーション　サイエンス社

Friedman, H. S., Prince, L. M., Riggio, R. E., & DiMatteo, M. R. 1980 Understanding and assessing nonverval expressiveness : The affective communication test. *Journal of Personality and Social Psychology*, **39**, 333-351.

磯貝芳郎（編）　1992　上手な自己表現　有斐閣

菊池章夫・堀毛一也（編著）　1994　社会的スキルの心理学　川島書店

19　集団決定の効果の測定（NASA 課題）

　これは個人の意志決定（個人決定）と集団思考による意志決定（集団決定：⮕第8章）を比較するための課題です。坂口によれば，この課題はもともとはNASA（アメリカ航空宇宙局）で用いられた教材の1つであり，それをアメリカの研究者たちが集団決定の実習課題として再構成したものです。たいへん興味深い課題ですし，実習も楽しく行えるはずです。坂口（1973）の紹介と筆者の実習経験に基づいて，実習の手続きや結果の整理法などを述べます。

[実施方法]
1．まず，別紙にある個人決定シートの問題（15の物品に順位をつける問題）に各自が解答します。制限時間は15分程度です。この時は人と相談してはいけません。
2．次に，6～8人を1グループとするグループをつくります。少なくとも2グループ以上必要です。グループ数が多いほど，さまざまな考察が可能です。
3．全員が解答をすませたら，グループごとに討議ができるような配置で集まります。討議を通じて同じ問題に対するグループとしての解答を導き出すのです。そのために各グループでリーダーを決めます。リーダーは集団思考と決定が円滑に進むように努めて下さい。この段階で別紙の集団決定シートが必要になります。そこにある討議上の留意点を皆で確認して下さい。次に，他のメンバーの解答を各自そのシートの「順位」の欄に書き写す作業をします。「差」の欄は空欄のままです。それがすんだら，実質的な集団討議に移って下さい。約40分で集団決定を終えて下さい。集団決定の結果は，「グループの決定」の「順位」欄に記入して下さい。

NASA 実習　　個人決定シート *

あなたは宇宙飛行士です。当初の計画では，明るい方の月面上で母船とランデブーすることになっていましたが，機械が故障してしまったため，ランデブーを予定した地点から300 km離れたところに着陸しました。その上，着陸の際にのせていた多くの機械類は破損してしまいました。ここで生き残るためには母船へたどりつく以外には方法がありません。そこで，300 kmの旅行をするために必要な物品を選択しなくてはなりません。さいわいにも破損をまぬがれ，もとのままで残っている15の物品があります。

あなたの課題は，乗組員が母船とランデブーする地点にたどりつくためにもっとも必要とする物品から順位を決定することです。もっとも必要であると思われる物品に1をつけ，その次に重要だと思われる物品に2をつけ，順次に番号をつけ，もっとも必要でないと思われる物品が15となるよう全品目に順位を決定して下さい。時間は15分以内です。

　　　 マッチ箱
　　　 濃縮の宇宙食品
　　　 5 mのナイロン・ロープ
　　　 パラシュートの絹布
　　　 ポータブルの暖房器具
　　　 45口径のピストル2挺
　　　 粉乳1ケース
　　　 45 kgの酸素入りボンベ2本
　　　 月の星座図
　　　 救命いかだ
　　　 磁石の羅針儀
　　　 20 l の水
　　　 発火信号
　　　 注射針の入った救急箱
　　　 太陽電池のFM送受信機

グループ名	グループ討議以前		グループ討議以後			
	I	II	III	IV	V	VI
	グループ・メンバーの平均	正確度の最も高いメンバーの値	集団決定の値	IとIIIの比較（I－III）	集団決定よりも正確であった人数	IIとIIIの比較（II－III）
A						
B						
C						
D						
E						
F						

＊　坂口（1973）の邦訳版を一部変更して作成した。

NASA 実習　　集団決定シート＊

　この実習は，集団思考を通して，グループとしての意志決定を下すことです。グループの各メンバーの合意を得て決定することが大切です。15の物品の順位はそれぞれ各メンバーの合意を得てから決定して下さい。全員が一致して決定を下すことは無理なことかもしれません。可能なかぎりグループとしての一致した決定を出して下さい。お互いに納得のいくところまで討議し決定するよう努力して下さい。そのためには次の点に留意して下さい。

① 他人との対立を避けるために，自分の意見を簡単に変えてしまわないこと。少なくとも自分が合意できる解決を支持すること。

② はやく，しかも対立をなくして決定しようと急がないこと。また安易な方法を用いないこと。例えば単純な多数決や平均値を出したり，勝手な取り引きをしてはいけない。

③ 集団の決定には，違った意見は有効であり，尊重すべきである。そしてあくまでも集団思考によって合意を得るよう努力すること。

メンバーの名前　　　　　15品目	個人の決定																	グループの決定		宇宙飛行士の決定
	1		2		3		4		5		6		7		8				
	順位	差	順位	差	順位	差	順位	差	順位	差	順位	差	順位	差	順位	差	順位	差	
マッチ箱																			
宇宙食品																			
ロ ー プ																			
絹　　布																			
暖 房 器																			
ピストル																			
粉　　乳																			
酸　　素																			
星 座 図																			
い か だ																			
羅 針 儀																			
水																			
発火信号																			
救 急 箱																			
FM送受信機																			
差の合計																		メンバーの平均値

　　＊　坂口（1973）の邦訳版を一部変更して作成した。

［結果の整理］
1．すべてのグループが集団決定を下したら，本書の事項索引の中に各物品とその順位を組み込んでいますので，それを見て下さい。各物品は集団決定シートにある名称で事項索引に載っています。物品名の右の数字が正答になります。それを集団決定シートの「宇宙飛行士の決定」欄に書き写し，それとメンバー各自の解答との差の絶対値を「差」の欄に記入します。さらに，「グループの決定」の順位との差の絶対値も同様に記入します。そして，それぞれの合計値を下の「差の合計」欄に記入します。各メンバーの「差の合計」の平均値も求め，「メンバーの平均値」欄に記入します。「差の合計」が小さいほど正答に近いことを表します。
2．最後に，個人決定シートの下半分にある一覧表の空欄に各グループの数値を埋めていきます。

［考察の視点］
1．まず，個人決定シートの一覧表の各欄の意味を考えて下さい。
2．個人決定より集団決定の方が効果的であったのはどのグループでしょうか。また，逆に集団決定の方が個人決定より劣るグループはどのグループでしょうか。どうしてそうなったのでしょうか。集団討議の過程を振り返って，その原因を考えてみましょう。
3．NASA課題は，集団決定の効果を調べるのに適切な課題だと思われます。その理由も考えて下さい。

［文　献］
坂口順治　1973　集団思考と組織　小口忠彦・早坂泰次郎（編）　集団思考の心理学　明治図書　271-285.

20　ソーシャル・サポートの測定（SSQ 9）

　この尺度は，サラソンら（Sarason et al., 1983）が開発したソーシャル・サポート測定尺度（Social Support Questionnaire：SSQ）を，松崎ら（1990）が邦訳し簡略化したものです。ソーシャル・サポートの問題は第8章で簡単に取り上げましたが，その重要性については日常はそれほど意識化されていないのではないでしょうか。ここでは，あなたが自分の人間関係を理解し，発展させるための手がかりを提供する意味で，あなたのソーシャル・サポートのネットワーク量（SSQ9N）とそれに対する満足度（SSQ9S）を測定します。

［実施方法］
1. この尺度は学生を主な対象として構成されています。一般の人が回答する場合は，厳密には一部の項目（例えば，項目2や4など）の内容を変更する必要があります。しかし，ここではそれほど厳密さを要求しませんので，必要ならば自分なりに同じ程度の重みをもった文言に変更して回答して下さい。
2. 回答にあたっては，それぞれの質問文に該当すると思われる人の名前かイニシャルを，最もあてはまる人から順に記入して下さい。名前やイニシャルは，姓・名いずれかで構いません。該当者が項目間で重複しても構いません。
3. 該当者が多数の場合は，上位9名までで打ち切って下さい。そして，記入した人数を［　　］に書いて下さい。
4. それぞれの項目の最後に，当該の人間関係の満足度についての6つの選択肢がありますので，適切なものを1つ選んで○をつけて下さい。1番目の項目のみ質問文を載せています。

SSQ 9

1. あなたが悩んでいるとき（人間関係，自分の性格，進路選択などで），親身になって相談にのってくれそうな人は誰ですか。
　　　①＿＿＿＿＿　②＿＿＿＿＿　③＿＿＿＿＿
　　　④＿＿＿＿＿　⑤＿＿＿＿＿　⑥＿＿＿＿＿
　　　⑦＿＿＿＿＿　⑧＿＿＿＿＿　⑨＿＿＿＿＿　［　　］人
あなたはこうした人間関係ネットワークにどの程度満足していますか。
　　（とても満足：かなり満足：少し満足：少し不満：かなり不満：とても不満）
2. あなたが試験や実習，面接などを前にして，緊張し不安なとき，それを和らげてくれそうな人は誰ですか。

①＿＿＿＿＿＿　②＿＿＿＿＿＿　③＿＿＿＿＿＿
④＿＿＿＿＿＿　⑤＿＿＿＿＿＿　⑥＿＿＿＿＿＿
⑦＿＿＿＿＿＿　⑧＿＿＿＿＿＿　⑨＿＿＿＿＿＿　［　］人
（とても満足：かなり満足：少し満足：少し不満：かなり不満：とても不満）

3．日常の生活で，あなたが援助や手助けを必要としているとき，頼れそうな人は誰ですか。
①＿＿＿＿＿＿　②＿＿＿＿＿＿　③＿＿＿＿＿＿
④＿＿＿＿＿＿　⑤＿＿＿＿＿＿　⑥＿＿＿＿＿＿
⑦＿＿＿＿＿＿　⑧＿＿＿＿＿＿　⑨＿＿＿＿＿＿　［　］人
（とても満足：かなり満足：少し満足：少し不満：かなり不満：とても不満）

4．もしあなたが留年や退学の処分を受けたとき，あなたを支えてくれる人は誰ですか。
①＿＿＿＿＿＿　②＿＿＿＿＿＿　③＿＿＿＿＿＿
④＿＿＿＿＿＿　⑤＿＿＿＿＿＿　⑥＿＿＿＿＿＿
⑦＿＿＿＿＿＿　⑧＿＿＿＿＿＿　⑨＿＿＿＿＿＿　［　］人
（とても満足：かなり満足：少し満足：少し不満：かなり不満：とても不満）

5．あなたの心の奥底に秘めている感情や考えに対して，批判することなく耳を傾けてくれる人は誰ですか。
①＿＿＿＿＿＿　②＿＿＿＿＿＿　③＿＿＿＿＿＿
④＿＿＿＿＿＿　⑤＿＿＿＿＿＿　⑥＿＿＿＿＿＿
⑦＿＿＿＿＿＿　⑧＿＿＿＿＿＿　⑨＿＿＿＿＿＿　［　］人
（とても満足：かなり満足：少し満足：少し不満：かなり不満：とても不満）

6．あなたの長所も短所もわかった上で，つき合ってくれる人は誰ですか。
①＿＿＿＿＿＿　②＿＿＿＿＿＿　③＿＿＿＿＿＿
④＿＿＿＿＿＿　⑤＿＿＿＿＿＿　⑥＿＿＿＿＿＿
⑦＿＿＿＿＿＿　⑧＿＿＿＿＿＿　⑨＿＿＿＿＿＿　［　］人
（とても満足：かなり満足：少し満足：少し不満：かなり不満：とても不満）

7．あなたの身の上に何があっても，あなたのことを気づかってくれる人は誰ですか。
①＿＿＿＿＿＿　②＿＿＿＿＿＿　③＿＿＿＿＿＿
④＿＿＿＿＿＿　⑤＿＿＿＿＿＿　⑥＿＿＿＿＿＿
⑦＿＿＿＿＿＿　⑧＿＿＿＿＿＿　⑨＿＿＿＿＿＿　［　］人
（とても満足：かなり満足：少し満足：少し不満：かなり不満：とても不満）

8．あなたが失敗してうちひしがれているとき，慰めてくれる人は誰ですか。
①＿＿＿＿＿＿　②＿＿＿＿＿＿　③＿＿＿＿＿＿
④＿＿＿＿＿＿　⑤＿＿＿＿＿＿　⑥＿＿＿＿＿＿
⑦＿＿＿＿＿＿　⑧＿＿＿＿＿＿　⑨＿＿＿＿＿＿　［　］人
（とても満足：かなり満足：少し満足：少し不満：かなり不満：とても不満）

9．あなたが立腹し不愉快な気分のとき，それを和らげてくれそうな人は誰ですか。
①＿＿＿＿＿＿　②＿＿＿＿＿＿　③＿＿＿＿＿＿
④＿＿＿＿＿＿　⑤＿＿＿＿＿＿　⑥＿＿＿＿＿＿
⑦＿＿＿＿＿＿　⑧＿＿＿＿＿＿　⑨＿＿＿＿＿＿　［　］人
（とても満足：かなり満足：少し満足：少し不満：かなり不満：とても不満）

[結果の整理]
1. まず,各項目の [　] の人数を合計します。得点範囲は0～81です。この数値があなたのサポート・ネットワーク量（SSQ9N）になります。
2. サポート関係についての満足度（SSQ9S）は,以下のように得点化します。

とても満足：6, かなり満足：5, 少し満足：4, 少し不満：3, かなり不満：2, とても不満：1

そして,各項目の得点を合計します。得点範囲は9～54です。

[解　説]
1. 大学生を対象とした筆者の調査（N=117）では,以下の結果が得られています。

	平均値	標準偏差
SSQ9N	47.07	15.02
SSQ9S	42.33	7.93

正規分布を仮定すると,SSQ9Nは32～62, SSQ9Sは34～50の範囲にそれぞれ全体の約68%の人が入ることになります。これを目安として,自分のSSQ9NとSSQ9Sを見て下さい。
2. サラソンら（1983）の報告によると,SSQNとSSQSの相関は,.30前後であると言われています。また,女子学生においては,SSQNあるいはSSQSが高い人は不安傾向,抑うつ傾向,敵対心などが低いことが認められています。男子学生に関してもこうした傾向はいくぶん見られますが,女子学生の結果に比べると,その関連性は弱いと言えます。自分の結果を考察する時,これらの視点も参考になると思います。さらに,第8章の孤独感尺度（表8-3）の得点との関連性も興味深いと思います。

[文　献]
松崎　学・田中宏二・古城和敬　1990　ソーシャル・サポートの供与がストレス緩和と課題遂行に及ぼす効果　実験社会心理学研究, **30**, 147-153.
Sarason, I. G., Levine, H. M., Basham, R. B., & Sarason, B. R. 1983 Assessing social support: The social support questionnaire. *Journal of Personality and Social Psychology,* **44**, 127-139.

引用・参考文献

〈第1部第1章〉
Coren, S., Porac, C., & Ward, L. M.　1979　*Sensation and perception*.　New York : Academic Press.
Goldstein, E. B.　1989　*Sensation and perception*（3rd ed）.　Belmont : Wadsworth Publishing Company.
ホッホバーク, J. E.　上村保子（訳）　1981　知覚　岩波書店
Ittelson, W.　1952　*The Ames demonstrations in perception*.　New Jersey : Princeton University Press.
Kanizsa, G.　1979　*Organization in vision : Essays in Gestalt perception*.　New York : Praeger.
カニッツァ, G.　野口　薫（監訳）　1985　視覚の文法―ゲシュタルト知覚論―　サイエンス社
金城辰夫　1990　知覚・記憶（認知心理学 I）　金城辰夫（編）　図説現代心理学入門　培風館　75-96.
古崎　敬　1977　外界の認知　金子隆芳・古崎　敬（編著）　現代心理学要説　日本文化科学社　61-77.
リンゼイ, P. H.・ノーマン, D. A.　中溝幸夫・箱田裕司・近藤倫明（共訳）　1983　情報処理心理学入門 I・II・III　サイエンス社
牧野達郎　1976　知覚の一般特性　柿崎祐一・牧野達郎（編著）　知覚・認知　有斐閣　5-20.
牧野達郎　1976　知覚と運動　柿崎祐一・牧野達郎（編著）　知覚・認知　有斐閣　33-41.
益田　栄　1978　ポケット解剖アトラス　第2版　文光堂
メッツガー, W.　盛永四郎（訳）　1968　視覚の法則　岩波書店
メッツガー, W.　大村敏輔（訳）　1997　心理学　九州大学出版会
野口　薫　1976　かたちの成立　柿崎祐一・牧野達郎（編著）　知覚・認知　有斐閣　43-62.
鷲見成正　1970　運動知覚と関係系　大山　正（編）　講座心理学4　知覚　東京大学出版会　213-240.
利島　保・生和秀俊（編著）　1993　心理学のための実験マニュアル　北大路書房
八木昭宏　1991　知覚　今田　寛・宮田　洋・賀集　寛（編）　心理学の基礎　改訂版　培風館　133-158.

〈第1部第2章〉
Bridges, K. M. B.　1932　Emotional development in early infancy. *Child development*, **3**, 324-341.
Cannon, W. B.　1927　The James-Lange theory of emotion : A critical examination and an alternative theory. *American Journal of Psychology*, **39**, 106-124.
Harlow, H. F.　1958　The nature of love. *American Psychologist*, **13**, 673-684.
Heron, W.　1957　The pathology of boredom. *Scientific Monthly*, March, 81-90.
James, W.　1884　What is an emotion ? *Mind*, **9**, 188-205.
金子隆一 他　1988　最新脳科学―脳は脳を理解できるか―　学研
Lewin, K.　1935　*A dynamic theory of personality*.　New York : McGraw-Hill.
Maslow, A. H.　1954　*Motivation and personality*.　Harper & Row, Publisher.

Morris C. G.　1976　*Psychology*(2nd ed.) Englewood Cliffs, N. J.: Prentice-Hall.
Murray, H. A.　1971　*Thematic apperception test : Manual*. Cambridge: Harvard University Press.
Plutchik, R.　1962　*The emotions : Facts, theories, and a new model*. New York: Random House.
佐藤静一　1979　欲求と行動　原岡一馬・河合伊六・黒田輝彦（編）　心理学―人間行動の科学―　ナカニシヤ出版
篠田　彰　1976　人間の欲求の発現形態　吉田正昭・祐宗省三（編）　心理学3　動機づけ・情緒　有斐閣
篠田　彰　1990　感情・情緒　詫摩武俊（編）　心理学（改訂版）　新曜社
祐宗省三　1976　情緒理論　吉田正昭・祐宗省三（編）　心理学3　動機づけ・情緒　有斐閣
Thompson, G. G.　1952　*Child psychology*. Boston: Moughton Mifflin. 144.

〈第1部第3章〉

Anderson, J. R.　1980　*Cognitive psychology and its implications*. San Francisco: Freeman. 富田達彦・増井　透・川崎恵理子・岸　学（訳）　1982　認知心理学概論　誠信書房
東　洋・大山　正　1969　学習と思考　相良守次（編）　心理学入門講座　新版3　大日本図書
Bower, G. H., & Hilgard, E. R.　1981　*Theories of learning*(5th ed.). Englewocd Cliffs, N. J.: Prentice-Hall. 梅本尭夫（監訳）　1988　学習の理論　培風館
Collins, A. M., & Quillian, M. R.　1969　Retrieval time from semantic memory. *Journal of Verbal Learning and Verbal Behavior*, **8**, 240-248.
Jenkins, J. G., & Dallenbach, K. M.　1924　Obliviscence during sleep and waking. *American Journal of Psychology,* **35,** 605-612.
Loftus, G. R., & Loftus, E. F.　1976　*Human memory : The processing of information*. Hillsdale, N. J.: Lawrence Erlbaum Associates. 大村彰道（訳）　1980　人間の記憶　東京大学出版会
Mandler, G.　1985　*Cognitive psychology*. Hillsdale, N. J.: Lawrence Erlbaum Associates. 大村彰道・馬場久志・秋田喜代美（訳）　1991　認知心理学の展望　紀ノ国屋書店　187.
Peterson, L. R.　1975　*Learning*. Illinois: Scott, Foresman and Company, Glenview, Illinois. 篠原彰一（訳）　1984　学習心理学入門　新曜社
佐藤方哉　1975　学習行動―道具的条件づけ―（1）　八木　晃（編）　心理学研究法第5巻　東京大学出版会　121.
辰野千壽　1973　学習心理学総説　金子書房

〈第2部第4章〉

有馬比呂志　1994　思考の発達　今泉信人・南　博文（編）　教育・保育双書6　発達心理学　北大路書房　101-118.
バトラー，R. N.　蔵持不三也（訳）　1990　エージズム　マドックス，G. L.（編）　エイジング大事典刊行委員会（監訳）　エイジング大事典　早稲田大学出版部　47-48.
遠藤利彦　1995　中年から老年へ　無藤　隆・久保ゆかり・遠藤利彦（共著）　発達心理学　岩波書店　179-200.
Horn, J. L.　1970　Organization of data on life-span development of human abilities. In L. G. Goulet & P. B. Baltes (eds.), *Life span developmental psychology : Research and theory*, Academic Press. 424-467.
井上勝也　1980　老人の死生観―"ポックリ願望"の心理的背景―　井上勝也・長嶋紀一（編）　老年心理学　朝倉書店　188-202.

Lorenz, K. 1943 Die angeborenen Formen moglicher Erfahrung. Z. *Tiperpsychol*, 5.
三宅 廉・黒丸正四郎 1971 新生児 日本放送出版協会
岡本祐子 1985 中年期の自我同一性に関する研究 教育心理学研究, **33**, 295-306.
岡本祐子 1994 成人期における自我同一性の発達過程とその要因に関する研究 風間書房
岡本祐子 1997 中年からのアイデンティティ発達の心理学 ナカニシヤ出版
鑪 幹八郎 1990 アイデンティティの心理学 講談社
鑪 幹八郎・山本 力・宮下一博(編) 1995 アイデンティティ研究の展望Ⅰ ナカニシヤ出版

〈第2部第5章〉
Bayley, N. 1956 Individual patterns of development. *Child Development*, **27**, 45-74.
Cattell, R. B. 1967 *The scientific analysis of personality*. Revised ed. Harmondsworth, Middlesex : Penguin Books. 斉藤耕二・安塚俊行・米田弘枝(訳) 1981 パーソナリティの心理学—パーソナリティの理論と科学的研究 改訳版 金子書房
Guilford, J. P. 1967 *The nature of human intelligence*. New York : McGraw-Hill.
Guilford, J. P., & Hoepfener, R. 1971 *The analysis of intellect*. New York : McGraw-Hill.
Kretschmer, E. 1955 *Körperbau und Charakter* (21/22. Aufl). Berlin : Springer.
西村秀雄 1983 パーソナリティの成り立ち こころの世界—図説心理学入門— 新曜社 171-212.
鈴木乙史 1986 人格変容の理論 詫摩武俊(監) 鈴木乙史・清水弘司・松井 豊(編) パッケージ・性格の心理第2巻—性格の変化と適応— ブレーン出版 237-253.
詫摩武俊(編著) 1970 性格の理論 誠信書房
Wechsler, D. 1958 *The measurement and appraisal of adult intelligence* (4th ed.). New York : Williams & Wilkins.

〈第2部第6章〉
土居健郎 1985 表と裏 弘文堂
平木典子 1990 学生相談室で行うカウンセリング 細木照敏・平木典子(編) 学生カウンセリング 同文書院 1-29.
神谷美恵子 1980 人間を見つめて みすず書房
笠原 嘉 1977 家族・概説 飯田 真・笠原 嘉・河合隼雄・佐治守夫・中井久夫(編) 岩波講座・精神の科学 第7巻 家族 岩波書店 1-34.
前田重治 1976 心理面接の技術 慶応通信
前田重治 1988 不適応の精神分析 慶応通信
村上 仁 1979 異常心理学 岩波書店
村瀬孝雄 1981 現代学生における自己確立の諸相 笠原 嘉・山田和夫(編) キャンパスの症状群 弘文堂 3-31.
中井久夫 1978 思春期患者とその治療者 中井久夫・山中康裕(編) 思春期の精神病理と治療 岩崎学術出版 1-15.
野上芳美 1983 不食と過食の精神病理 下坂幸三(編) 食の病理と治療 金剛出版 13-29.
大橋秀夫 1988 対人恐怖 土居健郎・笠原 嘉・宮本忠雄・木村 敏(編) 異常心理学講座Ⅴ 神経症と精神病2 みすず書房 3-67.
斎藤久美子 1978 適応の理解 倉石精一・芋阪良二・梅本尭夫(編) 教育心理学 新曜社 195-208.
高頭忠明 1987 青年期 土居健郎・笠原 嘉・宮本忠雄・木村 敏(編) 異常心理学講座Ⅲ 人間の生涯と心理 みすず書房 165-214.
鑪 幹八郎 1977 試行カウンセリング 誠信書房

鑪　幹八郎　1990　アイデンティティの心理学　講談社
土川隆史　1981　スチューデントアパシー　笠原　嘉・山田和夫（編）　キャンパスの症状群　弘文堂　143-166.

〈第3部第7章〉
Bull, P.　1983　*Body movement and interpersonal communication.* Chichester : Wiley.　高橋　超（編訳）　1986　しぐさの社会心理学　北大路書房
Ekman, P., & Friesen, W. V.　1969　The repertoire of nonverbal behaviour : categories, origins, usage and coding. *Semiotica*, **1**, 49-98.
Ekman, P., & Friesen, W. V.　1975　*Unmasking the face.* Englewood Cliffs, NJ : Prentice-Hall.　工藤　力（訳編）　1987　表情分析入門　誠信書房
Heider, F.　1958　*The psychology of interpersonal relations.* New York : John Wiley & Sons.　大橋正夫（訳）　1978　対人関係の心理学　誠信書房
Latané, B., & Darley, J. M.　1970　*The unresponsive bystander : Why doesn't he help ?* New York : Appleton.　竹村研一・杉崎和子（訳）　1977　冷淡な傍観者―思いやりの社会心理学―　ブレーン出版
中村陽吉　1990　対人行動Ⅰ―援助行動―　末永俊郎（編）　行動科学Ⅱ　放送大学教育振興会　109-121.
大渕憲一　2000　攻撃と暴力　丸善ライブラリー
大橋正夫・長戸啓子・平林　進・吉田俊和・林　文俊・津村俊充・小川　浩　1976　相貌と性格の仮定された関連性（1）　名古屋大学教育学部紀要（教育心理学科），**23**, 11-25.
高木　修　1982　順社会的行動のクラスターと行動特性　年報社会心理学，**23**, 137-156.

〈第3部第8章〉
Asch, S. E.　1951　Effects of group pressure upon the modification and distortion of judgments. In H. Guetzkow (Ed.), *Groups, leadership and men.* Pittsburgh : Carnegie Press. 177-190.
ベネディクト，R.　1967　長谷川松治（訳）　定訳・菊と刀　社会思想史
土居健郎　1971　甘えの構造　弘文社
Festinger, L.　1950　Informal social communication. *Psychological Review*, **57**, 271-282.
House, J. S.　1981　*Work stress and social support.* Reading, Mass. : Addison-Wesley.
Isozaki, M.　1984　The effect of discussion on polarization of judgments. *Japanese Psychological Research*, **26**, 187-193.
木下冨雄　1977　流言　池内　一（編）　講座社会心理学3　集合現象　東京大学出版会　11-86.
北川歳昭　1985　教室の座席行動　岸田元美・細田和雅（編）　教育心理学　ナカニシヤ出版　152-153.
工藤　力・西川正之　1983　孤独感に関する研究（Ⅰ）―孤独感尺度の信頼性・妥当性の検討―　実験社会心理学研究，**22**, 99-108.
Latané, B., Williams, K., & Harkins, S.　1979　Many hands make light the work : The causes and consequences of social loafing. *Journal of Personality and Social Psychology*, **37**, 822-832.
南　博　1994　日本人論―明治から今日まで―　岩波書店
三隅二不二　1964　教育と産業におけるリーダーシップの構造―機能に関する研究―　教育心理学年報，**4**, 83-106.
三隅二不二　1978　リーダーシップ行動の科学　有斐閣
水口禮治　1992　「大衆」の社会心理学―非組織社会の人間行動―　ブレーン出版
中根千枝　1967　タテ社会の人間関係　講談社

岡本浩一 1986 社会心理学ショート・ショート―実験でとく心の謎― 新曜社
坂口順治 1973 集団思考と組織 小口忠彦・早坂泰次郎(編) 集団思考の心理学 明治図書 271-285.
Sarason, I. G., & Sarason, B. R. 1986 Experimentally provided social support. *Journal of Personality and Social Psychology*, **50**, 1222-1225.

事項索引

あ

愛情・所属の欲求　*39*
愛他的行動　*150*
愛着（アタッチメント）　*77*
アイデンティティ（自我同一性）　*82*, *113*
明るさの対比　*24*
甘えたい気持ち　*115*
アルゴリズム　*68*
安全基地　*78*
安全の欲求　*39*
暗黙の性格観　*135*

いかだ　*9*
意識できない領域　*115*
意識できる領域　*115*
異常固定仮説　*41*
一次的動機　*32*, *35*
位置の恒常性　*23*
一面呈示　*146*
逸脱　*164*
遺伝子　*127*
遺伝的体質的素質　*127*
一般性セルフ・エフィカシー（自己効力感）尺度　*207*
イド　*117*
いのちの電話　*130*
意味記憶　*62*
因果関係　*181*
印象形成　*136*
印象操作　*140*

うそ発見器　*48*
打ち消し　*118*, *120*
宇宙食品　*4*
うつ病　*127*

エイジズム（年齢差別）　*88*
エイムズの歪んだ部屋　*26*
SMS　*234*
エピソード記憶　*62*
FAQ の正解（F）　*1*, *3*, *5*, *7*, *9*, *11*, *13*, *15*, *17*, *19*, *21*, *23*, *25*
FAQ の正解（T）　*2*, *4*, *6*, *8*, *10*, *12*, *14*, *16*, *18*, *20*, *22*, *24*
FM 送受信機　*5*
援助　*150*
援助者　*150*

大きさの恒常性　*25*
オールド・オールド　*86*

か

概念的枠組み　*27*
外発的動機　*32*, *36*
カウンセラー　*129*, *130*
拡散的思考　*106*
学生相談室　*130*
仮現運動　*20*
形の恒常性　*25*
葛藤　*42*
渇動機　*33*
カフェテリア実験　*33*
構え　*69*
感覚記憶　*62*
感覚遮断の実験　*36*
環境への不適応　*125*
干渉　*66*
感情　*43*
干渉説　*66*
感性動機　*37*
顔面表情　*143*

記憶痕跡自然崩壊説　*66*
幾何学的錯視　*23*
飢餓動機　*33*
キティ殺害事件　*153*

機能的固着　*69*
基本情動　*143*
基本的信頼感　*77*
客観性　*178*
キャノン=バード説　*50*
ギャングエイジ　*80*
救急箱　*7*
強化子　*57*
共感　*124*
強調化　*167*
恐怖喚起コミュニケーション　*146*

空間的枠組み　*25*
群化（記憶の）　*65*
群化（知覚の）　*18*
群化の要因　*18*
群衆　*156*
群衆行動　*165*

権威への服従　*166*
検索失敗説　*66*
検査法　*183*
原始行動　*73*
現実吟味　*117*
現実対応　*115, 117*
原始反射　*73*
現場実験　*181*
絹布　*8*

コ・アクション（共鳴動作）　*74*
好奇動機　*37*
攻撃衝動　*112, 121*
行動　*115*
行動の法則　*3*
行動の法則性　*181*
行動療法　*59*
合理化　*118, 121*
交流分析（理論）　*97, 98, 128*
高齢期　*86*
国民性　*173*
こころ　*3*
こころの病　*121*
個人空間　*145, 159*
個人モラール　*163*
個体発達分化の図式　*84*

古典的条件づけ　*56*
孤独感　*171, 172*

（さ）

座席行動　*159*
錯覚　*23*
参加観察法　*179*
酸素　*1*

ジェームズ=ランゲ説　*49, 51*
自我機能　*117, 127*
自我同一性（アイデンティティ）　*82, 113*
自我同一性のラセン式発達のモデル　*85*
自我のための退行　*121*
自我の統合性　*88*
刺激般化　*57*
自己愛　*231, 232*
思考　*115*
試行錯誤　*67*
思考枠　*69*
自己開示　*138*
自己開示の機能　*139*
自己開示の返報性　*139*
自己実現の欲求　*39*
自己中心性　*79*
自己呈示　*140, 234*
自己モニタリング　*141*
自己モニタリング尺度　*234*
思春期やせ症　*124*
姿勢　*144*
視線　*144*
自然観察法　*179*
自尊の欲求　*39*
実験室実験　*181*
実験的観察法　*179*
実験的消去　*57*
実証科学　*178*
実証性　*178*
児童期　*80*
社会的学習　*59*
社会的学習説　*154*
社会的機能説　*154*
社会的支援　*172*

事項索引　255

社会的承認欲求　168
社会的スキル　234
社会的促進　161
社会的怠惰　161
社会的手抜き　161
社会的動機　32, 35, 36
社会的比較　160
社会的微笑　75
社会的抑制　161
宗教カルト　149
自由再生　60
収束的思考　106
従属変数　181
集団　156
集団圧力　164
集団維持機能　157
集団規範　164
集団凝集性　163
集団極性化　160
集団決定　158, 241
集団思考　158
集団目標達成機能　157
集団モラール　163
主観的体制化　65
主観的輪郭線　24
趣味　128
昇華　121
条件刺激　56
条件づけ　46
条件反応　57
承諾先取り法　148
情緒　30, 43
象徴遊び（ごっこ遊び）　79, 212
情緒的動機　39
情緒的動機づけ　47
情緒の認知説　50, 52
情緒の発達　45
衝動　112, 115, 118
情動　43
情報的影響　160
譲歩の要請法　148
食欲不振　128
事例研究法　185
白さの恒常性　25
新生児期　73

心的活動　3
信憑性　146
親密性　83
信頼性　183
心理学の意義　4
心理物理的水準　15
親和動機　36

睡眠困難　128
スキーマ　63
スキナー箱　57
スキンシップ　38
スクリプト　64
スチューデント・アパシー（学生無気力症）　124
すっぱいぶどう　120
図と地　17
ストレス　127, 172

性格　92
性格検査　97, 183
性格の発達と形成　99
性格の変容　101
生活史　127
生活史の出来事　127
星座図　3
性衝動　112, 121
精神科医　130
成人期　83
成人発達心理学　81
精神分析学的心理学　112
精神分析理論　97
精神保健福祉センター　130
性動機　33
青年期　81
青年期の症例　122
性役割　82
生理的動機　32, 35
生理的欲求　39
責任の分散　153
世代性　86
接触動機　38
説得　146
説得メッセージ　146, 170
全体野　17

洗脳　149

相互性　86
創造性　105
創造性検査　107
相貌的知覚　79
ソーシャル・サポート　172, 245
ソーシャル・サポートのネットワーク
　　172, 245
素質　127
祖父母的世代性　86
素朴な心理学　1, 3, 4

【た】

第一反抗期　78
退行　41, 121
胎児期　72
対人恐怖症　124
対人距離　145
対人認知　135
体制化(記憶の)　65
体制化(知覚の)　18
第二次性徴　82
第二反抗期　82
タイプA行動パターン　94
代理的強化　60
達成動機　35
脱中心化　81
タテ社会の構造　173
タテマエ　113
妥当性　183
段階的要請法　147
短期記憶　60
暖房器　13

知覚　10
知覚―運動協応　22
知覚的恒常性　24
知覚的世界　10
知覚的促進　28
知覚的防衛　28
知能因子　103
知能検査　103, 183
知能指数　104
チャンク　65

中年期　85
長期記憶　60
長期記憶の構造　63
調査法　182
超自我　117

TAT　35
適性検査　183

動因　31
投影　119
投影法　28
同化　167
動機　30
同期性　75
動機づけ　30, 31
道具的条件づけ　57
統合失調症　125, 127
洞察　67
等質視野　17
同調　164
道徳　115
独自性欲求　36, 170, 196
特殊飢餓　33
特性論　94
独立変数　181
虎の威を借る狐　119
取り入れ　119

【な】

内因性　125, 127
内発的動機　32, 35, 36
内発的動機づけ　40
NASA課題　160, 241
喃語(バブリング)　77

二次的動機　32, 35
日本人の国民性　173
乳児期　75
認知　115
認知的バランス理論　137

ノンバーバル・コミュニケーション
　　142

は

パーソナリティ 92
パーソナル・スペース 145, 159
恥の文化 173
発火信号 10
発達 54
発病の準備状態 127
パニック 165
反動形成 120

PM型リーダー 157
pm型リーダー 157
被援助者 150
非言語的行動 142
ピストル 11
被説得性 147
人見知り 77
否認 118
ヒューリスティック 68
病気の意味 124
表象 67

ファッション 168
物理的世界 10
部分強化 58
フラストレーション 39
プレグナンツの原理 19
プログラム学習 59
雰囲気 163
分化 57
粉乳 12
分離 120

平均化 167
ベビー図式 76

防衛機制 97, 118
傍観者効果 153
方向の恒常性 23
保健管理センター 130
母子相互作用 75
母子同室制 75
保存概念 81
ポックリ願望 87

ボディ・ランゲージ 144
ホメオスタシス 32
ホメオスタシス性動機 32, 33
ホンネ 113

ま

マインド・コントロール 148, 166
マス・メディア 170
マッチ箱 15

水 2

無意識 118
無意味綴り 55
無条件刺激 56
無条件反応 56

面接法 184

モーダル・パーソナリティ 100, 173
網膜像 20
網膜非対応 20
モデリング 59
モデリング効果 151
モラトリアム 83
問題解決 67

や

役割性格 102
ヤング・オールド 86

誘因 31

幼児期 78
要請技法 147
抑圧 118
欲求 30, 31, 115, 117
欲求の階層構造 38
欲求不満 39
欲求不満異常固定仮説 41
欲求不満—攻撃仮説 39, 152
欲求不満退行仮説 41
欲求不満耐性 41, 117
世論調査 182

ら

ライフ・サイクル　*84*
ライフ・レビュー（人生回顧療法）　*88*
羅針儀　*14*
ランダムドット・ステレオグラム　*22*

リーダーシップ　*157, 164*
リーダーシップ測定尺度　*158*
リーダーシップのPM理論　*157*
理性感情行動療法　*202*
理想　*115*
リハーサル　*62*
流言　*165*
流言集団　*167*
流行　*168*

両眼立体視　*20*
両耳聴　*19*
良心　*115, 117*
両面呈示　*146*
臨床心理士　*130*
臨床的面接法　*184*

類型論　*93*

連続強化　*58*

ロープ　*6*

わ

われわれ意識　*163*

人名索引

A
安藤清志　**139**
アーガイル（Argyle, M.）　**142**
アッシュ（Asch, S. E.）　**136, 164**
アトキンソン（Atkinson, J. W.）　**36**

B
バンデューラ（Bandura, A.）　**59**
バーンランド（Barnlund, D. C.）　**138**
ベラク（Bellak, L.）　**117**
ベネディクト（Benedict, R.）　**173**
バーン（Bern, E.）　**98**
ビネー（Binet, A.）　**104, 183**
ブランスフォード（Bransford, J. D.）　**205**
ブラゼルトン（Brazelton, T. B.）　**100**
ブリッジェス（Bridges, K. M. B.）　**45**
ブル（Bull, P.）　**145**
バトラー（Butler, R. A.）　**37**
バトラー（Butler, R. N.）　**88**

C
キャノン（Cannon, W. B.）　**32, 50**
キャッテル（Cattell, R. B.）　**88, 96**
コーレン（Coren, S.）　**20, 24**

D
ダーウィン（Darwin, C.）　**143**
土居健郎　**113, 116, 126, 173**
ダラード（Dollard, J.）　**39, 152**

E
エビングハウス（Ebbinghaus, H.）　**55**
エクマン（Ekman, P.）　**143, 144**
エリス（Ellis, A.）　**202**
エリクソン（Erikson, E. H.）　**77, 81, 83, 84**

F
フェスティンガー（Festinger, L.）　**163**
フロイト（Freud, S.）　**97, 151**
古川竹二　**95**
古崎　敬　**28**

G
ゴールドステイン（Goldstein, E. B.）　**24**
ギルフォード（Guilford, J. P.）　**103**

H
ハーロウ（Harlow, H. F.）　**38**
ハイダー（Heider, F.）　**137**
平木典子　**130**
平沢尚孝　**221**
ホッホバーグ（Hochberg, J. E.）　**25**
ハウス（House, J. S.）　**172**
ホブランド（Hovland, C. I.）　**146**

I
井上勝也　**87**
イソザキ（Isozaki, M.）　**160**
イッテルソン（Ittelson, W.）　**26**

J
ユング（Jung, C. G.）　**94**

K
神谷美恵子　**110**
カニッツァ（Kanizsa, G.）　**24**
笠原　嘉　**122**
ケンドン（Kendon, A.）　**144**
木下冨雄　**167, 169**
北川歳昭　**159**
クレッチマー（Kretschmer, E.）　**93**
工藤　力　**172**
黒丸正四郎　**74**

L

ラタネ(Latané, B.) *151, 162*
レッパー(Lepper, M. R.) *40*
レヴィン(Lewin, K.) *3, 42*
リンゼイ(Lindsay, P. H.) *27*
ローレンツ(Lorenz, K.) *151*

M

前田重治 *128*
マズロー(Maslow, A. H.) *38*
松崎 学 *245*
ミード(Mead, M.) *101*
メーラビアン(Mehrabian, A.) *142*
メッツガー(Metzger, W.) *11, 14*
ミルグラム(Milgram, S.) *166*
ミラー(Miller, G. A.) *65*
ミラー(Miller, N. F.) *39*
南 博 *173*
三隅二不二 *157*
水口禮治 *173*
三宅 廉 *74*
モリス(Morris, C. G.) *31*
村上 仁 *125*
村瀬孝雄 *113*
マレー(Murray, H. A.) *35*

N

中井久夫 *111, 113*
中根千枝 *173*
南光進一郎 *127*
西田公昭 *149*
西川正之 *172*
西村純一 *221*
野上芳美 *124*
野口 薫 *18*
ノーマン(Norman, D. A.) *27*

O

大渕憲一 *151, 234*
大橋秀夫 *122*
大橋正夫 *135*
岡本浩一 *162*
岡本祐子 *85*
岡野憲一郎 *232*

大村政男 *95*

P

パルモア(Palmore, E.) *221*
パブロフ(Pavlov, I. P.) *56*
ピアジェ(Piaget, J.) *79*
プルチック(Plutchik, R.) *44*

R

ルビン(Rubin, E.) *17*

S

斎藤久美子 *117*
坂口順治 *241*
サラソン(Sarason, B. R.) *174, 245, 247*
サラソン(Sarason, I. G.) *174, 245, 247*
佐藤静一 *31*
シャクター(Schachter, S.) *50*
シモン(Simon, T.) *104*
シンガー(Singer, J.) *50*
スキナー(Skinner, B. F.) *57*
スナイダー(Snyder, M.) *141, 234*
スピアマン(Spearman, C.) *103*
鈴木乙史 *101*

T

高木 修 *150*
高頭忠明 *122*
鑪 幹八郎 *83, 130*
テダスキ(Tedeschi, J. T.) *140*
トーマス(Thomas, A.) *100*
サーストン(Thurston, L. L.) *103*
土川隆史 *124*

W

ワラス(Wallas, G.) *106*
ウォシュバーン(Washburn, A. L.) *33*
鷲見成正 *14*
ワトソン(Watson, J. B.) *46*
ウェブスター(Webster, J. D.) *220*
ウェクスラー(Wechsler, D.) *103*
ホワイト(White, R.) *164*

Y

ヤング（Young, R. A.） **220**

Z

ザイアンス（Zajonc, R. B.） **161**

編者・執筆者一覧

〔編　者〕
　　古城和敬　（大分大学名誉教授）
　　上野德美　（大分大学名誉教授）
　　髙山智行　（宇部フロンティア大学心理学部）
　　山本義史　（日本文理大学名誉教授）

〔執筆者〕（執筆順）
　　古城和敬　（編者）
　　　　序章，【第3部】第8章，【第4部】II-3, 19, 20
　　髙山智行　（編者）
　　　　【第1部】第1章，【第4部】II-1, 2
　　加來秀俊　（長崎大学教育学部）
　　　　【第1部】第2章，【第4部】II-4
　　山本義史　（編者）
　　　　【第1部】第3章，【第4部】II-5, 6, 7, 8
　　有馬比呂志　（近畿大学工学部）
　　　　【第2部】第4章，【第4部】II-9, 10
　　林　智一　（香川大学教育学部）
　　　　【第2部】第4章，【第4部】II-11, 12, 13
　　古川雅文　（兵庫教育大学名誉教授）
　　　　【第2部】第5章，【第4部】II-14, 15
　　高尾兼利　（佐賀短期大学）
　　　　【第2部】第6章，【第4部】II-16
　　上野德美　（編者）
　　　　【第3部】第7章，【第4部】I，II-17, 18

あなたのこころを科学する Ver.3

1992年5月30日	初版第1刷発行	定価はカバーに表示
1995年12月10日	初版第5刷発行	してあります
1997年3月30日	Ver.2第1刷発行	
2002年3月15日	Ver.2第9刷発行	
2003年3月25日	Ver.3第1刷発行	
2025年2月20日	Ver.3第12刷発行	

編　者　古　城　和　敬
　　　　　上　野　徳　美
　　　　　髙　山　智　行
　　　　　山　本　義　史

発　行　所　　（株）北大路書房

〒603-8303　京都市北区紫野十二坊町12-8
電　話　（075）431-0361（代）
FAX　（075）431-9393
振　替　01050-4-2083

© 1992, 1997, 2003　　印刷／製本　創栄図書印刷㈱
検印省略　落丁・乱丁本はお取り替えいたします

ISBN978-4-7628-2298-8　　Printed in Japan

・JCOPY 〈(社)出版者著作権管理機構 委託出版物〉
本書の無断複写は著作権法上での例外を除き禁じられています。
複写される場合は，そのつど事前に，(社)出版者著作権管理機構
（電話 03-5244-5088, FAX 03-5244-5089, e-mail: info@jcopy.or.jp）
の許諾を得てください。